해 있는 불안과 분노, 혐오 그리고 연민의 감정을 분석해 보면서 공동선을 향한 공동체의 의미를 살펴보도록 할 것이다. 그리고 인간 삶의 과정에서 누구나 겪게 되는 고통의 다양한 현상과 이에 대해 공감할 수 있는 도덕적 상상력과 윤리에 대해 생각해 보는 것이 함께 더불어 사는 우리의 삶에서 무엇보다도 중요하다고 여겨진다. 또한 오늘날 예술은 우리 삶의 일상이 되고 있다. 예술은 인류의 시초부터 존재해 왔고 인간 문화를 이끌어 오면서 우리 삶에 다양한 영향력을 행사해 왔다. 따라서 예술이 인간 삶에 미치는 다양한 역할, 즉 심미적 즐거움뿐만이 아니라 도덕적 치유의 역할과 더불어서 예술로서 삶이 무엇인지 생각해 보도록 할 것이다. 특히 이 저서에서는 우리 시대의 주요 이슈인 인간 탄생과 죽음의 과정에 개입하는 과학과 기술에 대한 여성주의 입장과 21세기 포스트-게놈(post-genome) 시대에 이루어지고 있는 생명정치의 특성을 다루고자 한다. 마지막으로 누구에게나 닥칠 인생 말년의 삶과 죽음의 의미를 성찰하고, 타자를 기억하는 애도와 용서의 과정이 현재 살아가는 자에게 어떠한 삶의 과제를 부여할 수 있는지 살펴보도록 할 것이다.

이 저서는 총 10장으로 구성되어 있다. 각 장의 내용을 간략히 소개하면 다음과 같다.

제1장 탄생한다는 것에서는 인간 탄생에 대한 이야기를 다룬다. 인간의 탄생이란 한 개인이 이 세상에 등장해서 최초의 삶이 시작되는 인간사의 사건이며 동시에 생식과 출산 과정을 통해 최초의 사회적 공동체인 부모와 자식과의 관계인 가족을 형성하게 한다. 그래서 탄생한 개인은 자신의 고유한 이름과 생일 그리고 탄생지역과 국적을 통해서 한 국가의 시민으로서의 정체성을 지니게 된다. 이 장에서는 삶의 시작으로서의 인간의 사실적 탄생의 차원을 다룰 것이다. 여기서

머리말

이 책은 삶의 시작으로서 탄생부터 인생의 말년과 죽음에 이르기까지 인간 누구나 직면하는 인간사의 주요 주제들에 대한 성찰을 담고 있다. 이 책에서 다루는 삶과 죽음에 대한 주요 주제들은 21세기를 살아가는 우리 시대의 인간에 대한 물음과 깊은 관련이 있다. 오늘날 유전공학과 첨단 의료기술의 급속한 발전은 인간의 자연적 탄생과 죽음의 과정을 의료화하면서 생(生) · 노(老) · 병(病) · 사(死)라는 인간 삶의 과정에서 누구나 받아들일 수밖에 없는 인간 삶의 자연적 조건에서 벗어나게 하려고 하고 있다. 또한 인공지능이나 자동화된 로봇 기술 등의 등장은 유한한 인간 삶의 조건의 개선과 수명연장에 대한 인간의 희망 또한 부축이고 있다. 그러나 동시에 인류 문명의 발전은 생태계의 교란을 자초하였고 우주에서 유일한 인간 생명체의 거주지인 지구 또한 기후변화 등으로 더 이상 인류의 안전한 거처가 될 수 없다는 위협을 받게 되었다. 다른 한편으로 인류의 시야는 지구에서 이탈하여 달과 화성 등의 다른 위성을 향해 넓히며 우주 시대의 개막을 알리고 있는 듯하다. 이러한 우리 시대의 인간 삶의 조건들과 상황의 급격한 변화는 다시금 인간답게 사는 것이 과연 무엇인지, 인류 역사를 이어온 세계 공동체의 일원으로서 인간이 어떻게 함께 살아야 하는지, 인간 누구나에게 다가올 의미 있는 죽음을 맞이하는 것이 무엇인지에 대한 근본적인 물음을 제기하도록 한다.

이 저서에서는 우리 삶에서 항상 부딪히는 삶의 시작으로 탄생과 죽음에 이르기까지 나의 몸을 지니고 한 개인으로 살아가는 자기 정체성에 대한 물음을 다루어 볼 것이다. 또한 인간이 공동체의 한 구성원으로서 더불어 살아가는 정치적 삶의 의미와 우리 사회에 만연

삶과 죽음

Life and Death.

공병혜 저

수문사
soomoonsa

인간 탄생의 강제성과 자유, 그리고 삶의 고통, 자식에 대한 부모의 의무와 책임, 그리고 삶의 과정에서 매번 스스로 시작하는 탄생성이 지니는 의미를 살펴볼 것이다.

제2장 몸이란 무엇인가에서는 인간의 몸에 대한 다양한 이해방식을 다룬다. 우선 현대의학의 눈부신 발전을 가져오게 생의학적 모델은 몸을 물질로 구성된 것으로 보고 몸의 기능을 기계론적으로 파악하여 과학적 탐구와 치료의 대상으로 삼는다. 그러나 과학적 탐구와 치료의 대상으로 객체화된 인간 몸에 대한 입장은 인격주의 의학에 의해 비판을 받아 왔다. 이 장에서는 객체화된 몸에 대해 비판적인 입장을 지닌 현상학에 기반하여 인격을 지닌 주체로서 몸에 대한 이해를 살펴본다. 특히 몸의 기억은 자기 정체성의 기반이 되며, 자신의 몸이 처한 상황마다 다양하게 현상된다. 이 장에서는 몸의 기억에 대한 현상학적 이해가 임상 현장에서 돌봄의 유용한 실천 방향을 제시해 주고 있으며, 이를 질병체험에 대한 사례를 통해 소개해 보도록 할 것이다.

제3장 나는 누구인가에서는 인격을 지닌 인간만이 물을 수 있는 '나는 누구인가'라는 자기 정체성에 대한 주제를 다룬다. 한 개인의 정체성은 그 개인의 삶의 이야기를 통해서 이해될 수 있다. 이 장에서는 인간의 자기유지를 위한 인격의 정체성의 차원을 삶의 이야기를 통해 탐구해 볼 것이다. '나는 누구인가'라는 인격의 자기 정체성을 구성하는 이야기는 좋은 삶을 추구하고 실현하고자 하는 자기 존중과 타자에 대한 배려의 윤리를 담고 있다. 이러한 이야기를 통한 배려의 윤리는 또한 배아나 태아 그리고 무의식 환자나 식물인간에 이르기까지 인격의 존엄성을 보호할 것을 요구한다. 이 장에서는 특히 의사결정

능력이 상실된 사람의 '자기 정체성'을 존중하고 보호해 주기 위한 생명 윤리의 태도를 이야기 윤리 차원에서 다루어보기로 하겠다.

제4장 활동적 삶과 공통감에서는 이 세상을 살아가기 위한 인간의 활동으로서 노동, 작업, 행위에 대해 살펴보기로 한다. 인간은 이 세상에 태어나 생존하기 위해 노동하며, 동시에 자신이 거주할 수 있는 문화적 세계를 만들어가며 안정된 삶의 지속을 위해 작업을 한다. 하지만 가장 인간답게 사는 삶이란 함께 공유하는 이 세계에서 서로 다른 사람들과 함께 공동선을 위해 말과 행위를 하며 자신의 인격을 드러내며 사는 삶이다. 그러나 오늘날 인간의 활동이 개인의 생존과 삶의 편익에 몰두하면서 공동체의 삶에서 말과 행위의 의미와 가치가 사라지는 삶의 황폐화를 경험하고 있다. 이는 사람들이 함께 갖추어야 할 공동체적 감각이나 판단력이 사라지고 있음을 의미한다. 이 장에서는 우선 인간의 활동적 삶의 조건인 노동과 작업 그리고 말과 행위의 특성에 대해 살펴보고, 현대사회에서 경험하는 삶의 황폐화 현상을 분석해 보도록 하겠다.

제5장 불안과 혐오 그리고 분노와 연민에서는 우선 인간 삶의 근본적인 기분으로 불안뿐만이 아니라 우리 일상 삶에서 경험하는 다양한 불안의 양태들, 특히 현대 성과사회에서 두드러지는 불안의 모습에 대해 생각해 볼 것이다. 또한 어느 사회에서나 개인이나 집단을 향한 혐오나 분노의 감정이 존재한다. 특히 국가적 재난 상황이나 정치적으로 불안정한 상태에서는 사회 문화적 혹은 역사적으로 은폐되어 온 다양한 양상의 혐오와 분노의 감정이 광범위하게 노출되기 마련이다. 이글은 우리 사회에 만연해 있는 인격 훼손으로 나아가게 할 수 있는 혐오나 분노의 감정을 분석해 보고, 이에 대항하는 연민의 감정에 대

해 살펴보도록 하겠다. 그래서 진정한 연민이 인격 존중과 인간 사이의 소통과 연대를 위한 윤리적 토대가 될 수 있음을 보여줄 것이다.

제6장 인간 고통에 대한 이해에서는 질병이나 상해, 상실 등의 경험으로 괴로워하는 인간을 이해하기 위해 고통이 드러나는 다양한 현상과 그 의미를 탐구해 볼 것이다. 특히 고통의 현상을 한 인격의 표현으로 이해하는 것은 고통 받은 인간에 대한 돌봄의 관점을 보여주는 것이다. 또한 인간 상호관계 속에서 열리는 고통의 윤리적 차원은 타자의 고통에 대한 도덕적 감수성에서 비롯된다. 윤리적 주체는 고통 받는 타자를 고통에서 벗어나게 해야 한다는 의무와 책임을 지니며, 이때 필연적으로 자기 고통을 동반한다. 이 장에서는 인간 고통에 대한 도덕적 감수성과 심정을 계발하기 위해서 고통 받는 사람의 처지를 그려낼 수 있는 도덕적 상상력에 대해 고찰해 보도록 하겠다.

제7장 삶과 예술에서는 아름다움은 인간이 추구하는 고유한 삶의 가치로서 자연이나 인간 그리고 인간이 창조한 예술작품을 통해 인간의 마음속에 감정을 일으키는 심미적 가치이다. 우리 삶에서 아름다움이란 무엇이며, 아름다움에 대한 체험은 어떻게 가능한가? 자연과 구분되는 진정한 예술이란 무엇인가? 예술은 우리 삶에 어떠한 영향을 미치는가? 예술은 인간에게 즐거움을 줄 뿐만이 아니라 전인적 인간교육과 인간성에 대한 계몽과 사회비판, 그리고 인간 삶을 건강하게 치유하는 역할도 하는 것이다. 이 장에서는 미학에서 다루어지는 핵심 주제들에 대해 생각해 봄으로써 인간 삶의 인식과 행위의 영역에서 예술이 어떠한 역할을 하는지 살펴보기로 한다.

제8장 여성주의 생명 윤리와 생명 정치에서는 여성의 몸과 관련된 임신과 출산과정에 대한 여성주의 윤리적 이슈들과 이를 에워싼 생명정

치에 대해 살펴본다. 특히 이 장에서는 여성의 권리와 여성의 체험을 중요시하는 여성주의 윤리의 주요 논쟁들을 기술해 보고 의료현장에서의 의사소통과정에서 실천되는 돌봄의 윤리의 특징을 살펴본다. 무엇보다도 유전자 편집기술이나 배아복제와 같은 생명공학과 생식보조기술과 관련된 21세기 생명정치의 이슈들을 이해하는 것이 중요하다. 특히 인간 게놈 프로젝트와 같은 생명공학의 성장은 인간 생명의 정의와 인간의 정체성을 유전자 단위로 바꾸어 놓고 있으며, 건강과 질병에 대한 새로운 지식-권력관계를 형성하고 있다. 이 장에서는 21세기 첨단 생명과학과 의료기술이 자신의 삶을 어떻게 변화시키는지에 대한 숙고를 통해 국가와 자본 그리고 과학자에 의해 통치되는 생명정치 현상에 대해 검토해 보도록 할 것이다.

제9장 죽는다는 것에서는 인간만이 자기 존재에 대해 놀라워하고 자기 존재의 의미를 묻듯이 지구상에서 인간만이 물을 수 있는 죽음의 의미에 대해 다룬다. 이 장에서는 현대의 실존철학자들이 인간의 실존적 한계 상황으로서 죽음의 의미를 어떻게 성찰하였는지를 탐구해 보도록 한다. 또한 인간은 자신의 죽음을 실제 경험할 수 없지만, 타자의 죽음을 추모하며 자신의 죽음을 예감하고 결국 육체의 죽음을 넘어서 내 삶의 의미가 영원히 기억되고 보존되길 원한다. 이 장에서는 타자의 죽어감과 죽음의 경험을 통해서 불가피하게 직면할 수밖에 없는 죽음에 다가가는 우리의 삶의 자세와 의미에 대한 성찰해 보도록 할 것이다.

제10장 죽음에 대한 애도와 용서에서는 죽은 자의 기억을 통한 애도와 용서의 과정을 고찰해 보기로 한다. 애도란 고인이 된 그를 기억해야만 한다는 기억의 의무 속에서 작동한다. 사랑하는 사람에 대한 기억은 나의 삶 속에 살아서 지속적으로 나의 행위에 영향을 미치며 나의 삶의 이야기를 만들어 나간다. 그러나 진정한 애도의 끝은 고인과의 상처받은 기억을 치유하는 용서의 과정을 통해서이다. 애도의 과정에서 발생하는 용서야말로 고인과의 상처받은 기억에서 벗어나 미래의 삶의 지평위에서 새롭게 시작할 수 있는 힘을 얻을 수 있는 사건이다. 따라서 이 글은 죽은 자를 기억하고 애도하며, 용서하는 과정이 살아가는 자의 삶의 지평에 어떠한 영향을 줄 수 있는지 고찰해 볼 것이다.

저자는 수년간 몰두해 작업해 온 인간 삶과 죽음에 관한 주제들을 중심으로 이 책의 내용을 구성하였다. 이 책의 내용의 일부는 저자가 주로 철학 및 인문학 관련 논문집들에 수록되었던 내용들을 바탕으로 재정리된 것이다. 그래서 이 책은 인간 삶의 시작과 과정 그리고 인생의 말년과 죽음에 이르기까지 누구나 직면할 수 있는 자기 자신은 물론 인간사의 전반에 대해 스스로 성찰할 수 있는 주요 물음들에 대해 응답하는 방식으로 집필되었다. 물론 여기서 우리 시대에 성찰해야 할 주요한 다양한 인간 삶의 많은 주제들을 전반적으로 다루진 못했다. 그러나 이 저서에서 다루고 있는 주제들을 통해서 21세기를 함께 살아가는 우리들 모두에게 진정 인간답게 사는 것이 무엇인지를 함께 사유하고 고민할 수 있는 기회가 될 수 있기를 바라는 마음이다.

2023년 새해를 맞이하며

저자 **공 병 혜**

LIFE AND DEATH.

CONTENTS

LIFE AND DEATH.

PART

01

탄생이란 무엇인가

인간의 탄생이란 한 개인이 이 세상에서 등장해서 최초의 삶이 시작되는 인간사의 사건이다. 동시에 한 개인의 탄생은 인간관계 속에서 발생하는 생식과 출산과정을 통해 최초의 사회적 공동체인 부모와 자식과의 관계인 가족을 형성하게 한다. 그래서 탄생한 개인은 자신의 고유한 이름과 생일 그리고 탄생지역과 국적을 통해서 한 국가의 시민으로서의 정체성을 지니게 된다. 그러나 무엇보다도 인간의 탄생이란 이 세상에 들어와 그 누구와도 대체할 수 없는 고유하며 유일한 그 누구도 예측할 수 없는 미래의 가능성을 열어주는 개인 삶의 시작인 것이다. 이러한 인간의 탄생의 연속은 지속적으로 개인과 가족, 그리고 공동체를 통해 세대를 이어주며 인간사의 중요한 사건과 의미를 구성하며 인류의 역사를 이어가게 한다. 이 글에서는 인간 탄생의 강제성과 자유, 그리고 삶의 고통에 대한 물음을 다루도록 할 것이다. 그리고 인간의 탄생과 부모의 의무와 그리고 인간 삶에서 제 2의 탄생이 지니는 의미를 살펴볼 것이다.

01
삶의 시작으로 탄생

01-1 인간 탄생에 대한 사유

인간 탄생에 대한 이야기는 인류의 역사 속에서 신화나 종교, 예술 등에서 인간사의 주요한 주제가 되어 왔다. 그럼에도 일반적으로 철학에서는 이 세상에 태어난 존재로서 인간에 대해 사유하기보다는 오히려 죽을 운명으로서의 유한한 인간의 조건에 대한 사유에 주로 몰두해 왔다. 왜냐하면 이미 태어난 자는 죽을 수밖에 없다는 인간의 유한성에 대한 자각을 삶의 지혜라고 여겼기 때문이다. 그러나 20세기 들어와서 생명공학과 의료기술이 급속히 발달하면서 자연의 신비의 영역이라고 여겨졌던 인간 생명의 탄생과 죽음의 과정에 대한 생명 과학적 탐구가 이루어지고 이 과정에 의료기술이 개입이 되기 시작하였다. 특히 생명공학과 의료기술은 인간의 죽음의 과정을 통제할 수 있게 되었고, 이에 따라 존엄사, 안락사 그리고 조력자살 등 인간의 죽을 권리나 잘 죽는 것(well dying)이 무엇인가에 대한 윤리적 질문을 하게 되었다. 또한 인간 생명의 탄생의 과정은 과학적 탐구의 대상이 되고 점차 그 생명의 신비는 생물학적 유전학적 지식으로 밝혀지게 되었다. 오늘날 첨단 생명공학과 의료 기술에 의해 과거에는 없었던 계획적 탄생이 이루어지게 되었다. 특히 생명 탄생 과정에 적용되는 인공유산, 인공수정, 생식보조 기술과 유전자 편집기술과 배아 연구 등은 과거에 없었던 인간에 대한 근본적 물음을 제기하게 하고 있다. 인간 생명의 시초는 언제부터인가? 인간 배아는 도덕적 지위를 지니고 있는가? 인간 배아나 태아도 인격체를 지니고 있는가? 이것들은 인간의 탄생 과정에서 제기되는 생명 윤리의 물음이기도 하다. 따라서 오늘날 인간 탄생과정에 대한 생명공학과 의료기술의 개입은 너무도 자명했던 인간 탄생에 대한 근본적인 사고를 요구하게 된 것이다.

우리는 보통 이 세상에 이미 탄생했다는 누구에게나 너무나 자명한 사실을 망각하며 살아간다. 그러나 우리는 자신의 탄생의 순간을 기억할 수 없지만, 분명한 것은 나 자신은 바로 생식자인 부모로부터 이 세상에 태어난다는 사실이다. 어느 누구도 생식자인 부모 없이는 이 세상에 태어날 수 없는 것이다. 그래서 부모로부터 태어나는 인간의 생물학적인 사실적 탄생이 인간 삶의 시작이다. 즉 인간은 이 세상에서 태어남으로서 삶을 시작한다. 그러나 현대의 실존철학자인 하이데거는 이 세상에 태어난 존재를 '죽음으로 가는 존재'로서 기술한다. 이러한 '죽음으로 가는 존재'란 바로 인간이 시간적 존재, 즉 유한한 존재임을 의미한다. 그래서 인간에게 가장 확실한 것은 미래에 언젠가 죽는다는 사실이다. 이것은 바로 이 세상에 탄생하여 삶을 시작하였기 때문에 인간은 죽을 수밖에 없다는 것을 의미하는 것이다.

인간이 자신의 '탄생'으로 되돌아가 사유한다는 것은 결국 자신은 기억할 수 없지만 누군가에 의해 생식되어 시작된 삶, 즉 '탄생의 강제'에 대한 사색으로 이끈다. 그것은 인간 탄생의 기원에 대한 물음이다. 이러한 물음은 스스로 동의하지도 않은 나의 탄생의 기원에 대한 것이다. 나의 탄생의 기원은 스스로는 체험할 수도 없는 생식자의 생식과정과 임신, 그리고 출산행위를 내포한다. 그래서 이 세상에 탄생한 자는 이미 시작된 삶과의 관계 속으로 들어와 부모와 고유한 이름과 생일을 지니고 가족의 구성원이 된다. 그는 국적을 획득하고 공동의 세계 속에서 들어와 시민으로서의 정체성을 점차 획득하게 된다.

인간의 탄생에 대한 사유는 우선 탄생한자의 입장에서 이 세상에 비자의적으로 이 세상에 태어났다라고 하는 사실적 탄생의 강제성을 전제로 한다. 그래서 인간의 탄생의 강제성으로 인하여 이 세상에 태어나게 한 부모의 의무와 책임이 불가피하게 다루어질 수밖에 없다. 왜냐하면 이 세상에 무력하게 들어온 아이는 그 누구의 돌봄과 도움이 없이는 이 세상에서 살아갈 수 없기 때문인 것이다. 이로부터 아이는 성숙한 인격체로 성장할 수 있을 때까지 세상과 부모로부터 보호와 돌봄을 받아야 한다. 이것은 또한 돌봄과 양육을 받을 자식의 권리이기도 한 것이다.

인간은 이 세상에 태어남으로 해서 스스로 시작할 수 있는 행위능력, 즉 '탄생성'을 지닌다. 인간의 삶이란 이 세상을 함께 살아가는 사람과 함께 '탄생성'을 실현할 수 있는 지속적인 과정이다. 그래서 인간은 삶을 사는 동안 본래 타고 나온 '탄생성' 덕분에 매번 새롭게 스스로 삶을 시작할 수 있다.

01-2 탄생의 물음과 자유

인간은 자신을 창조한 자, 생식한 자가 없이는 이 세상에서 삶을 시작할 수 없다. 그래서 인간은 살아가면서 너무도 자명하게 받아들였던 자신의 탄생의 이유와 그 책임을 태어나게 한 자에게 물을 수 있다. 왜, 어떤 목적으로 창조자, 혹은 부모가 나를 이 세상에 태어나게 했는가? 이에 대한 의문은 이따금 자신이 불행한 삶을 살고 있다고 생각할 때 삶에 대한 회의나 창조주나 부모에 대한 원망으로 나아가게 한다. 분명 인간이 이 세상에 태어난다는 것은 그 어떤 것과도 비교할 수 없는 유일무이한 사건이다. 아마도 대부분 사람들은 탄생이란 그 이유나 의미를 물을 수 없는 너무도 자명한 것이며 받아들일 수밖에 없다고 생각할 것이다.

그러나 탄생이 지닌 강제적인 성격은 인류의 역사 속에서 지속적으로 논의되어 온 주제이다. 탄생의 강제란 엄밀히 말해 '존재 한다'는 실존적 사실이 마치 운명처럼 그 어떤 선택의 여지없이 타의적으로 규정된다는 것을 의미한다. 물론 최고의 창조주나 부모의 의지가 있다고 가정할지라도 '아직' 태어나지 않은 자에게 동의를 구할 수는 없는 것이다. 이러한 탄생의 방식은 죽음의 방식과도 구별될 수 있다. 왜냐하면 대체로 많은 경우 사람들은 죽음을 앞두고 자신의 죽음의 방식이나 시점에 대해 말할 수 있고 또한 선택을 할 수도 있기 때문이다. 그러나 이 세상 어느 누구도 자신의 탄생을 선택할 수는 없는 것이다.

물론 동양의 불교전통에서는 탄생에 대한 업보설(業報設)이 있다. 업보설에서는 자기 스스로가 탄생의 원인이다. 즉 탄생은 스스로 한 자기 행위에 대한 결과이기 때문에 일종의 숙명과 같은 것이다. 또한 탄생한다는 것 자체가 자신의 영혼이 지니는 어떤 도덕적 수준에 대한 심판의 결과가 되는 것이다. 그래서 견디기 힘든 삶의 상황 조차도 전생에 자기가 저지른 행위에 대한 결과라는 자기 책임으로 여기도록 한다. 그래서 업보설은 탄생으로 인한 고통스런 삶의 윤회에서 벗어나기 위해서는 누구든지 자신의 영혼의 완성을 향해 선한 인생을 살아가야 한다는 의미를 담고 있다. 서구의 기독교에서 자기 탄생의 원인이 창조주인 신이었다면, 업보설에서는 태어난 자가 스스로가 되는 것이다. 그래서 이러한 탄생의 윤회설은 사회적 도덕적 기능을 지니고 있다. 거기서 고통 받는 사람들은 자신의 비참한 삶이 부당하고 고통스럽다고 할지라도 그 비참함은 그 전생의 인연에 따른 도덕적인 결과라고 생각하는 것이다.

그러나 탄생의 업보설은 근본적으로 인간 탄생성이 지닌 의미, 즉 삶의 시작의 의미를 부정한다. 왜냐하면 탄생을 인과응보라는 자기 원인에 의한 윤회의 결과로 본다면, 이는 새로운 삶의 시작이라는 탄생성의 의미를 지니지 않기 때문이다. 사람들은 아마도 여전히 풀리지 않는 혹은 풀릴 수 없는 의문을 여전히 제시한다. 무엇 때문에 나는 이러한 원하지도 않은 이 특정한 세상에 들어왔는가? 나의 탄생의 원인이 과연 무엇인가? 그 원인이 없었다면 결코 나는 결코 존재할 수 없지 않는가? 내 스스로 원하지 않는 탄생에 대한 의문은 특히 현대의 실존주의 철학에서 인간 실존의 자유에 대한 물음으로 나아간다.

특히 현대 철학자 하이데거는 태어난 인간을 이 세상에 내던져진 "세계 내 존재"라고 기술한다. 그는 인간은 자신이 왜 이 세상에 내던져졌는지 그 자체는 전혀 통찰될 수 없다고 말한다.[1] 인간은 다시는 그 이전으로 되돌아갈 수 없는 존재 상황에 처해 있다. 그러나 이 세상에 수동적으로 "내던져진" 존재는 또한 죽음을 향해 자신의 삶을 기획하는 자유로운 존재이다. 인간은 자신의 삶을 기획하는 자유에 의해 실존적 삶으로 나아갈 수 있다. 이는 이 세상을 살아가는 동안 미래의 죽음을 향해 자기 삶을 기획하는 것을 말하며, 자신을 이해하며 자신의 삶을 돌보는 방식인 것이다. 하이데거에 있어서 인간 현존재는 자신의 의지와 무관하게 이 세상에 내던져진 존재지만, 결국 인간이 본래의 자기로서 살아갈 수 있는 것은 바로 미래의 죽음을 향해 스스로 자신의 삶을 기획하는 자유에 있는 것이다.

실존철학자인 사르트르도 인간 탄생의 강제성과 더불어 인간 실존의 가능성으로서 자유라는 문제를 다루었다. 우선 인간은 자기 삶이 무의미하다는 회의에 직면해서 필연적으로 탄생의 강제에 대해

1) M. Heidegger(1993). *Sein und Zeit, Tuebingen*, p. 228.

질문을 하게 된다. 내가 탄생하는 것을 요구하지 않았음에도 "왜 내가 탄생했는가?"

"나는 나의 부모에 의해 이 세상에 나왔지만, 나를 위한 이 세상의 우연한 자리를 나는 탈취하지도 얻으려고 하지도 않았다. 왜 나는 도대체 이 세상의 자리를 차지하고 있는가? 아마도 탄생은 나의 자유에 대한 강력한 구속일지도 모른다."[2)]

사르트르에 따르면 이 세상에 탄생한 인간은 모든 것을 선택함에 있어서 자유로운 존재이다. 그러한 자유는 자기 책임에 속한다. 그러나 이러한 자유로운 존재는 자신의 탄생을 선택하지는 않은 것이다. 즉 자신이 탄생을 선택하지 않았지만, 탄생한 존재는 살아가면서 모든 것을 선택할 수 있는 자유를 지닌 것이다. 그래서 이미 태어난 존재는 자신의 탄생의 이유를 묻는 것이 뒤늦은 것일지라도 왜 내가 계속 살아야하는 지에 대해 물을 수 있다. 왜 내가 이 세상에 존재하는지, 이것이 내가 진정 원하는 것인지 물을 수 있는 것이다.

그래서 이 세상에 강제로 '내던져진' 인간은 또한 자신의 삶을 기획하는 자유라는 사태를 만드는 자이다. 인간은 자기 삶을 기획하고 선택하는 자유라는 열정이 있지만, 오로지 나의 탄생만은 뒤로 물러설 수도 없으며 스스로 선택할 수 없이 되어버린 삶의 조건인 것이다. 그래서 사르트르에 있어서 자기 삶을 자유롭게 기획하는 방식 중의 하나가 바로 자유로운 죽음을 선택할 수 있는 가능성이다. 이 가능성이야말로 뒤로 물러설 수 없는 나의 탄생이란 강제에 반항하는 인간만이 할 수 있는 유일한 자유의 사건인 것이다. 왜냐하면 나

2) J. P. Sartre(1995). *Das Sein und das Nichts*, Hrsg. Traugott Koenig, Reinbeck, Deutsch von H. Schoeneberg und T. Koenig, p. 847.

는 나의 탄생을 선택하지도 않고 책임이 없지만, 탄생으로 인해 '자유'라는 판결을 받았기 때문인 것이다. 인간은 결국 지속적으로 자기 삶을 기획하는 자유라는 사태로 만들며 살아가는 존재인 것이다.

01-3 탄생과 삶의 고통

서구의 기독교 전통에서 탄생은 '삶의 선물'이며 탄생의 순간 세상은 '빛'으로 이해되어 왔다. 성경의 창세기에서는 창조하고, 창조되는 것은 선한 것이고 좋은 것이며, 창조되지 않은 것은 엄청난 박탈이다. 남성과 여성은 자식을 많이 낳으라는 다산성의 계율에 따라 자신들의 자녀들에게 삶을 선사했다. 자녀들은 탄생의 순간 세상의 빛을 바라본다. 이렇듯 기독교적 전통에서 '삶의 선물'과 '세상의 빛'이라는 탄생에 대한 은유는 부모와 같은 창조자가 자식을 많이 낳는 것이 선한 행위라는 것을 당연시 여기도록 하였다.

그러나 '삶의 선물'이고, '세상의 빛'이라는 탄생에 대한 은유는 고통스럽게 이 세상에 탄생하며 죽음을 향해 다가가는 인간에 대한 실존적 사색과는 동떨어져 있다. 아이는 엄마의 뱃속에서 나오기 위해 생명을 위협하는 비좁은 통로와 빛이 비추이는 어두움의 길을 통과하여야 한다. 막 탄생한 아이는 오히려 너무도 밝고 넓은 세상의 빛과 차가움의 충격에 지체 없이 내맡겨진다. 그 어느 누구도 웃으면서 이 세상에서의 삶을 시작하지 않는다. 또한 탄생 이후 어둠과 삶의 고통은 더욱 두드러지게 나타나게 된다. 만약 탄생하는 것이 원칙적으로 선한 것이고 선물이어야 한다면, 우리의 삶의 고통과 어둠은 설명되고 정당화되어야 했다. 그래서 기독교의 원죄설은 삶의 고통을 정당화 할 수 있는 삶의 수단이었다. 기독교의 변신론자[3)]들은 탄생한 자는 이미 아담으로 인해 죄를 범했으며, 그래서 인간은 애초부터 아담처럼 고통을 정당하게 받은 것이라고 하였다. 즉 인간이 죄인으로 탄생하여 그 죄에 대한 댓가로 고통을 받는다는 것이다.

그러나 사람들은 다음과 같이 원죄설에 대해 반문할 수 있다. 왜 모든 탄생한 자가 자신에게 책임이 없는 자신의 탄생으로 인해 죄인으로 고통을 겪어야 하는가? 왜 창조자는 고통을 태어난 자에게 떠넘기면서 그들의 고통에 대해서는 책임을 지지 않는가? 왜 탄생한 자들이 어두워지는 '세계의 빛'을 바라보면서, 그들의 삶이 '선물'이 아니라 오히려 짐스런 고통이 되는 지에 대해 설득력 있게 설명할 수 없는가? 기독교가 세속화됨에 따라서 탄생한 자들은 창조주에게 점점 더 철저하게 자신들의 근원을 향해 질문을 한다. 그러나 신의 존재를 믿는 사람들은 세계의 악과 관련하여 '완전한 선'이자 '전능한' 신을 변호하기 위해 삶의 고통을 인간이 저지른 죄의 결과라고 정당화시킨다. 그래서 그들은 인간의 죄를 대속하여 십자가의 고통을 짊어진 예수 그리스도의 믿음에 의한 구원을 설파한다. 대부분 삶에 대해 낙관적인 사람들은 이러한 삶의 고통에 대해 정당화하는 것을 선호하는 것이다.

그러나 이에 반해 삶의 고통에 대한 구원을 거부하는 사람들이 있다. 이들은 자신의 탄생으로 인한 고통스런 삶에 직면해서 자신의 현존재를 완전히 부정하는 방식으로 존재한다. 예를 들어 독일 전통에서 세계적인 연극이며 인간의 비극인 괴테의『파우스트』를 살펴보자.[4)] 파우스트는 메피스토의 유혹에 이끌려 사도 요한의 "로고스"로 존재했던 "태초의 말씀"인 창조주에 대한 믿음을 부정하게 된다. 그

3) 기독교의 변신론자들이란 세상에 존재하는 악의 존재가 이세상의 창조주인 신의 의지에 반하는 것이 아니라 오히려 신의 계획에 속한다고 신을 변호하는 학자들을 일컫는다.

4) 요한 볼프강 폰 괴테(1999).『파우스트』(정성웅 옮김). 민음사, 364~365쪽.

는 이 세계는 "서툰 세계"일 뿐이며 발생한 모든 것은 예외 없이 그저 소멸하는 무가치한 것이며, 그렇다면 태초부터 아예 아무것도 생겨나지 않았더라면 차라리 더 나을 수 있었을 것이고 한탄한다. 메피스토는 이것을 실제로 실행한 악마적인 역할을 담당한다. 파우스트가 죽는 장면에서 메피스토는 신성모독적인 발언을 하며 지속적으로 "영원한 공허"에 대한 칭송의 노래를 부른다. 이 노래는 "창조된 것은 '무' 속으로 휩쓸려가기 마련이다!"라는 탄생에 대한 비극의 칭송인 것이다.[5)]

또한 성경에서 『욥기』는 성경의 원형이며 변신론의 고전으로 간주되기도 한다. 『욥기』는 의롭고 신앙심 깊은 욥이 부당하게 고통을 받는 악마의 시험을 견뎌내는 시련의 과정을 거치며 그의 믿음이 단단해지고 마침내 구원에 이른다는 이야기다. 거기서 욥은 창조주이며 역사의 주재자이인 신에 대한 도전을 감행한다. 욥은 정의로운 자가 부당한 고통을 겪게 하는 신에게 전력을 다하여 대항하면서 강력하게 탄생의 거부로 나아간다. 『욥기』에서 신은 욥의 신앙심을 시험하기 위해 그를 사탄에게 맡긴다. 욥은 마치 『파우스트』에서처럼 신에 대한 신앙심에 대한 시험을 당하는 것이다. 욥은 탄생한 자의 고통의 부당함에 대해 항의한다. 자신이 사랑하는 자들과 정의로운 자들이 부당한 고통을 받아야 한다면, 왜 탄생해야만 했던 것일까? 아무것도 이 세상에서 소망할 만한 가치가 없는데, 왜 도대체 살아야만 하는 하는가? 욥의 저주는 창조주인 신이나 자신의 부모에게 똑같이 해당된다. 욥은 다음과 같이 저주한다.

---

5) 괴테(1999), 364~365쪽. 파우스트는 어머니의 사랑이 자식의 살해로 이어진 그레트헨의 비극의 끝에서 "아아, 나는 결코 태어나지 말았어야 했다."라고 자신의 탄생을 저주한다. 물론 『파우스트』의 시인은 비극의 성스러운 종말을 위해 치유로서 존재의 질서, 즉 로고스를 복원시킨다. 신이 "창조하는 기쁨"에 가까이 오는 끝나지 않는 "생성의 기쁨" 속에서 『파우스트』의 시인은 그레트헨이 파우스트를 구원하는 장면을 통해 "현존재의 미약함"으로부터 "치유로 성취하는 힘"을 칭송한다.

"마침내 욥이 입을 열어 제 생일을 저주하였다 … '차라리 없어져 버려라, 내가 태어난 날, 사내아이를 배었네!'하고 말하던 밤! … 정녕 그 밤은 불임의 밤이 되어 환호 소리 찾아들지 말았더라면. … 그 밤은 새벽의 별들도 어둠으로 남아 빛을 기다려도 부질없고 여명의 햇살을 보지도 말았더라면. 그 밤이 내 모태의 문을 닫지 않아 내 눈에서 고통을 감추지 못하였구나. 어찌하여 내가 태중에 죽지 않았던가? … 젖은 왜 있어서 내가 빨았던가? 나 지금 누워 쉬고 있을 터인데. 잠들어 안식을 누리고 있을 터인데."[6]

욥은 이미 태어난 자가 죽음을 통해서만이 탄생하기 이전의 고요함, 쉼, 근심 없음, 편안함 등을 얻을 수 있지만, 죽음을 원하는 것조차 금지되어 있음을 한탄하는 것이다. 차라리 창조 이전, 태어나기 이전의 상태는 곧 태초의 암흑 상태이며, 이것이 오히려 삶에서의 빛의 충격이나 추위의 충격이 없는 은총의 밤인 것이다. 이렇듯 사탄의 시험에 맡겨진 욥은 탄생 이전의 상태를 열망하고, 자신의 탄생에 대해 탄식하는 고통스러운 인간의 모습을 보여준다.

그러나 기독교의 성경의 전통과는 달리 고대 그리스인들은 '무'로부터 창조하는 그 어떤 창조주도 알지 못한다. 그들에게는 기독교처럼 창조주가 존재하지 않기 때문에 기독교적 변신론적인 삶의 고통에 대한 정당화가 필요 없다. 그래서 고대 그리스에서 인간 삶의 고통에 대한 탄식은 신에 대한 강력한 항의로 나아가지 않는다. 그들은 더욱 더 철저하게 "무엇을 위해서 살아가는가?"라는 삶의 가치와 의미에 대한 실존적인 질문을 한다. 특히 그들에게 깊이 깔린 인간 탄생에 대한 부정적이며 비극적인 기록은 그리스 및 근동 지역의 신

6) 『성경』, 한국천주교중앙협의회, 2015, 9쇄, 욥기 3장, 1~13절

화에서 발견할 수 있다. 근동 지역의 이 신화에 관한 이야기는 니체가 『비극의 탄생』에서 자주 인용된다. 거기서 디오니소스의 추종자인 숲의 신 실레노스는 숙명적으로 모든 것을 금으로 변하게 만드는 어리석고 교활한 미다스 왕에게 슬픈 소식을 전한다.

"오래된 전설에 따르면 미다스 왕은 디오니소스의 동반자인 현명한 실레노스를 잡기 위해서 오랫동안 숲 속을 헤매고 있었다. 미다스가 실레노스를 결국 손아귀에 넣었을 때 왕은 인간에게 가장 좋은 것과 가장 훌륭한 것이 무엇인지를 물었다. 숲의 신인 실레노스는 경직된 채 움직이지 않고 침묵했다. 왕이 강요하자 그는 크게 웃으며 이 말을 내뱉는다. '가련한 하루살이 종이여, 우연의 자식이여, 시련의 자식이여, 왜 하필이면 듣지 않는 것이 그대에게 가장 복될 일을 나에게 말하라고 강요하는가? 최선책은 그대가 도저히 성취할 수 없는 것이네. 탄생하지 않는 것, 존재하지 않는 것, 무로 존재하는 것이 바로 그것이네. 그러나 그대에게 차선책이 있다면 그것은 바로 죽는 것이네'"[7]

니체의 『비극의 탄생』에서 등장하는 실레노스는 그저 인간을 "가련한 하루살이 종"이라고 비웃는다. 인간에게 차라리 태어나지 않는 것이 최선책이지만 영원히 놓쳐버렸고, 그래서 차선책은 빠른 죽음에 이르는 것뿐이다. 그래서 죽는 날이 탄생한 날보다 더 좋은 것이다. 실레노스는 오로지 이러한 빠른 죽음이야말로 탄생의 비극으로부터 구제되는 것이라는 일종의 냉소가 담긴 위로의 말을 전하는 것이다.[8]

7) F. 니체(2005). 「비극의 탄생」, 『니체전집 2』(이진우 옮김). 책 세상, 41쪽.
8) 같은 책, 43쪽. 니체는 이러한 실레노스의 비극적 발언을 아킬레우스가 발언하는 긍정적인 인생관과 대조시킨다. "최악의 것은 바로 죽는 것이며 두 번째 악은 인 한 번은 죽는 것이다." 그래서 삶에 낙관적인 호메로스적 인간관에 따르면, 인간이 죽어야 할 운명이라면, 그들을 구제할 수 있는 자는 바로 탄생한 자들

또한 쇼펜하우어는 인류의 불행이 생식을 통해서 지속된다고 주장한다. 그는『성애에 대한 형이상학』에서 성교를 쾌락이라는 혜택을 입은 성적인 이성의 간계라고 폭로하였다. 그래서 그의 후계자들은 탄생을 통해 지속되는 인간 삶의 비극을 중단하기 위해 부모로서의 생식자의 역할에 종지부를 찍고, 금욕을 수행할 것을 권고한다. 쇼펜하우어에 따르면, 삶의 충동에 대한 집착이야말로 고통의 원인이다. 그중 인간의 성욕이야말로 가장 강한 삶의 충동의 표현이다. 이 충동은 개체보존을 위한 생식을 통해 새로운 개체로 넘어가 세대를 이어가게 한다.[9] 유한한 인간은 성충동을 통해 생식을 함으로써 끊임없이 반복되는 고통과 욕망의 수레바퀴에 빠지게 되는 삶을 세대를 통해 지속적으로 이어나간다. 인간은 자신이 육체적 존재로서 죽음에 대한 불안과 동시에 자신을 지속적으로 보존하고 싶은 강한 이기심사이에서 시달린다. 거기서 인간은 성충동을 통해 새로운 개별자를 생식하는 것이다. 인간의 성충동은 생존투쟁으로서의 인간 삶의 고통을 새롭게 태어나는 자식을 통해 지속적으로 이어준다. 그래서 쇼펜하우어는 인간 삶의 고통으로부터 벗어나기 위해서는 생식을 지속시키는 성욕을 억압, 단절 혹은 체념을 하게하는 금욕을 강조하는 것이다.

인 것이다.

9) A. Schopenhauer(1977). *Die Welt als Wille und Vorstellung II*. Band IV, zweister Teilband, in; Zürcher Ausgabe, Werke in zehn Bände, Zürich, p. 661.

02
인간의 탄생과 부모의 의무

02-1 첫 울음과 인간의 자유

인간은 자신의 탄생의 기원에 대한 물음을 통해 고통스러운 삶을 거부하기도 혹은 삶이란 선물에 대해 감사해야 하는 의무로 여기기도 한다. 그러나 누구나 무엇보다도 자신을 태어나게 한 부모와의 관계에 대해 생각한다.

칸트는 인간 탄생에 대한 사유로부터 인간의 성숙의 과정에 대한 비판적 사유를 전개시켰다. 칸트의 탄생에 대한 사유는 인간 탄생의 강제성과 탄생한 자의 자율성, 그로부터 부모의 의무와 자식의 권리에 대한 사유로 나아간다. 칸트는 아이는 인격적 존재로 태어나기 때문에 아이가 터뜨리는 최초의 울음이 다른 동물과 구분하게 하는 인간 자유에 대한 요구라고 기술한다.

"엄마의 자궁으로부터 해방되어 나온 아이는 모든 다른 동물과는 구별되는 것 같다. 아이는 크게 울면서 이 세상에 나오는 데, 그 이유는 자신의 손과 발을 사용하는 것에 대한 무능력을 강제라고 느끼고 그래서 자유(그 어떤 다른 동물은 이에 대한 표상을 가지고 있지 않다)에 대한 자신의 요구를 곧바로 알리는 것이다."[10]

10) I. Kant(1977). *Schriften zur Anthropologie, Geschichtsphilosophie, Politik und Paedagogik*, Werkausgabe Bd, XII, W. Weischedel (hrsg.). Frankfurt/M.: Suhrkamp 1977, p. 603, 682.

칸트는 아이의 첫 울음이란 자신의 몸을 자유롭게 움직일 수 없는 무능력한 강제적 상황을 체험하고 이에 대한 자유를 호소하는 것이라고 해석한다.

"막 태어난 아이가 내는 울음소리는 비탄의 음조가 아니라, 격분과 폭발한 분노의 음조를 자체로 가지고 있다. 왜냐하면 아이는 무언가에 대해 고통스러워하는 것이 아니라, 불쾌해하고 있기 때문이다. 짐작하건대 아이는 움직이고 싶은데 그가 그럴 능력이 없음이 마치 그에게서 자유를 박탈한 속박인 것처럼 느끼기 때문일 것이다. 자연은 어린아이가 큰 소리로 울면서 이 세상에 태어나게 하는 것으로써 어떤 의도를 지니는 것일까? 이런 일은 야만의 자연 상태에 있는 어린아이에게나 어머니에게나 극도로 위험한 일일 것인데 말이다. 왜냐하면 늑대 같은 것은, 심지어 돼지 같은 것도, 그런 울음소리를 통해, 어머니의 부재 시에 또는 출산으로 인해 엄마가 쇠약해져 있는 때에 아이를 먹어치울 유혹을 받을 터이기 때문이다. (현재와 같은) 인간 외에 어떠한 동물도 태어날 때 자기의 실존을 큰 소리로 알리지 않는다. 이것은 종의 보존을 위해 자연의 지혜에 의해 그렇게 안배된 것으로 보인다."[11]

막 태어난 아이는 자신의 탄생에 대해 격분하고 분노하고 있다. 아이는 첫울음을 통해 자기 몸의 무능력을 자유를 침범당한 것처럼 불쾌해하면서 이에 대해 항의하고 있다. 그러나 이와 달리 동물은 태어날 때 울지 않는다. 그 이유는 동물은 자신의 울음소리로 인해 다른 동물로부터 잡혀 먹힐 수 있는 생존의 위협에 처할 수 있기 때문이다. 칸트는 이것을 일종의 자연의 지혜로서 해석한다. 그러나 아이의 첫울음은 자신의 자유가 침해당한 것이라고 항의하는 일종

11) 임마누엘 칸트(2014). 『실용적 관점에서의 인간학』(백종현 옮김). 아카넷. 422쪽.

의 본성적인 자유의 외침이라는 것이다.

일반적으로 신생아의 첫울음을 홀로 이 세상에 내맡겨졌다는 트라우마나 고립에 대한 예감 혹은 어머니의 자궁에서 나올 때 경험하는 신체적 충격에 의한 아픔으로 이해할 수 있다. 그러나 여기서 칸트가 말하는 아이의 첫울음은 자신을 자기 의지대로 제어할 수도 없고, 그렇다고 벗어날 수도 없이 강제되어 있는 존재의 상황에 대한 표현이다. 즉 아이는 스스로 빼도 박도 못하는 무력한 곤궁에 처한 상황을 알리는 것이다. 그래서 아이가 태어나서 몇 달에 걸쳐 줄기차게 외쳐대는 울음이야말로 동물과 구분되는 인격으로 태어난 인간의 특징이다. 아이는 본성적으로 자유로운 존재로 태어났음에도 불구하고, 자신의 생명 보존을 위해 아무것도 할 수 없는 무력한 상태에 대해 분노하고 항의하는 것이다. 신생아가 겪는 곤궁의 상태란 스스로 자기 몸도 제대로 가눌 수 없고, 타자의 보살핌이 없이는 양분 섭취도 할 수 없는 상태, 즉 운동의 무능력과 양육의 의존 속에 빠져 있는 상태이다. 신생아의 울음은 바로 외부환경과 신체내부에 대해 처해 있는 존재론적으로 곤궁한 무의탁이라는 상황을 보여주는 것이다.

아이는 일반적으로 성장 과정에서 자유분방하게 자신이 추구하는 어떤 의지가 방해받을 때 강한 "모욕감"을 느낀다. 이 모욕감이란 바로 인격의 특징인 의지의 자발성에 대한 강력한 표현이다. 이때 자신의 신체적 무능력과 자발성 사이의 충돌로 인한 울음이 인간 최초의 생명감정이기도 한 것이다. 이 생명감정은 태어난 아이가 자신의 자유를 최초로 배워야 하는 신체적 유기체이며 동시에 인격이라는 확실성을 보여주는 것이다.

02-2 부모의 의무

이러한 자식의 동의도 없이 태어나게 한 부모는 자식에 대한 의무를 지닌다. 부모의 의무는 바로 이러한 탄생의 강제성에서 비롯된 것이다.

" … 즉 하나의 인격을 그의 동의 없이 이 세상에 등장시키고 멋대로 이 세상에 데려오는 생식행위를 했기 때문에 '힘이 닿은 한 그 인격이 자기 상태에 만족할 수 있도록 만들어주어야 하는 구속성'이 부모에게 부과된다."[12]

자식은 인격이다. 그 인격은 물리적으로 제작될 수 없는 천성적으로 자유로운 자이다. 부모는 자유로운 인격을 그의 동의 없이 이 세상에 등장시키는 생식행위를 했기 때문에 자식의 자율성을 침범한 것이다. 아이는 자신의 탄생을 선택하지 못했다. 아이의 첫 울음은 자신의 동의도 없이 태어나서 아무것도 할 수 없는 상태에 대한 분노의 표현이기도 한 것이다. 이로부터 부모는 생식자로서 양육과 돌봄에 대한 의무를 필연적으로 부과 받는다. 부모는 본성적으로 자유로운 인격인 자녀를 마치 자기 재산처럼 파괴하거나 그냥 우연에 맡기어 방치해서는 절대로 안 되는 것이다. 부모의 자녀에 대한 양육과 교육에 대한 의무는 자식이 자신의 이성 사용에 있어서 미성숙상태에서 성숙의 상태로 나아갈 수 있도록 하는 데 있다.

남녀가 결혼하여 서로 성적인 공유로 인하여 아이가 출생했을 때, 그 아이는 천성적으로 자유로운 인격으로 성장할 능력을 지닌다. 누구나 자신의 인격 안에 있는 인간성의 존중에 대한 의무를 지니는

12) 임마누엘 칸트(2018). 『도덕 형이상학』(이충진, 김수배 옮김). 한길사, 119쪽.

것과 마찬가지로 부모는 하나의 인격으로서 자녀를 보호하고 양육해야 할 의무를 지닌다. 자녀가 부모로부터 보호와 양육을 받는 것은 자녀의 타고난 권리이기도 하다. 칸트는 다음과 같이 말한다.

" … 이러한 성의 공유 안에서의 생식에서 생식된 자를 보호하고 양육할 의무가 나온다. 그와 함께 동시적으로 인격으로서 자녀들이 그들이 자기 자신을 보호하는 능력을 갖추게 될 때까지 부모에게 양육 받을 (유전적 권리가 아닌) 근원적-생득적 권리를 지니게 된다. 자녀들은 그러한 권리를 법칙을 통해 직접 갖게 되며, 이를 위한 특별한 법적 행위는 필요 없다."[13)]

이렇듯 자녀가 부모로부터 양육과 보호를 받을 생득적 권리를 지니는 이유는 바로 이러한 "한 인격을 그의 동의 없이 이 세상에 데려오는 생산행위"를 했기 때문이다. 그래서 인격으로서 태어난 아이는 자기 자신을 보호하는 능력을 갖출 수 있을 때까지 부모로부터 돌봄을 받을 권리를 지닌다. 부모는 자녀가 자유로운 성숙한 인격체로서 이 세계의 시민으로서 역할을 다할 때까지 최선을 다해야 할 의무를 지닌다. 자녀를 돌보고 교육해야 할 부모의 권리는 필연적이다. 칸트는 다음과 같이 말한다.

"이것은 자녀가 자신의 신체사용과 지성사용에 능숙하게 되기 전까지 지속된다. 이 권리는 먹이고 입히는 것 이외에도 자녀를 양육할 권리이며, 자녀를 실용적이고 도덕적으로 교육할 권리이다."[14)]

13) 같은 책, 119쪽.
14) 같은 책, 120쪽.

우선 부모는 자녀의 생존을 보존하기 위해 돌봄과 양육을 해야 하며, 교육은 자녀를 성장시키기 위해 실용적이어야 한다. 이 교육은 자녀가 자신이 하고자 하는 목적에 맞게 신체를 사용하고 또한 지성을 계발하여 스스로 자립할 수 있을 때까지 이루어져야 한다. 즉 자유로운 인격으로 태어난 아이는 자신의 생물학적 신체를 유지하고 지성을 능숙하게 사용할 수 있는 기술을 습득해야 한다. 그래서 부모의 양육과 교육의 의무는 스스로 자립할 수 있는 성년에 이르기까지 지속되어야 한다. 또한 자녀교육은 무엇보다도 도덕적으로 이루어져야 한다. 만약 자녀의 교육이 도덕적으로 이루어지지 않으면, 그 책임이 부모에게 돌아간다. 부모의 교육과 교육에 대한 수고는 부모의 책무이다. 그러나 부모가 자신의 수고에 대해 자녀에게 기대할 수 있는 것은 일종의 '감사함'이라는 단순한 '덕 의무'뿐인 것이다.

그래서 한 가정의 자녀들은 부모와 함께 하나의 가족을 구성한다. 자녀들은 자연적인 성장 과정에서 자신의 자연적 소질을 계발함으로써 성년이 된다. 자식은 성인에 이르러 부모의 보호와 돌봄이 없이도 스스로 자립을 할 수 있다. 이때 자기 자신이 주인이 되어 행사하는 주권적 권리는 별도의 법적 행위 없이 자연적으로 획득하게 된다. 따라서 자녀가 비로소 자립적인 상태에 도달하게 되어 부모의 의존성으로 벗어나게 되면, 부모도 역시 부모의 의무라는 구속성에서 벗어나게 되는 것이다.

02-3 자녀의 교육

아이는 우선 가정에서 자기 보존을 위해 양육을 받는다. 그러나 아이가 시민사회의 일원으로서 자유로운 이성적 존재로서 성숙하기 위해서 실용적 · 도덕적 교육을 받아야 한다. 즉 자녀교육이 도덕적이어야 하는 이유는 결국 시민사회에서 성숙한 이성적 존재가 되기 위한 것이다. 왜냐하면 교육은 이 세상에 탄생한 아직 미성숙한 인격에게 스스로 이성을 사용할 수 있는 존재로 성숙할 수 있을 때까지 이루어져야 하기 때문이다.

그렇다면 자녀의 교육은 어떻게 이루어지는가? 칸트는 양육과 훈육, 숙련성과 영리 그리고 덕성을 교육의 단계로 구분하여 설명한다.[15)]

1. 첫 번째 양육의 단계에서는 생의 초기 이루어지는 인간의 자기 보존을 위한 신체적인 교육이 이루어져야 한다. 이에 해당하는 간호와 수유는 부모가 아기에게 쏟는 자상한 돌봄과 주의이다.
2. 두 번째 훈육의 단계에서는 각자 자기의 소질을 계발하는 것이다. 훈육은 인간의 자연적 본성 안에 잠재해 있는 동물적 속성으로부터 자신을 제어하게 하는 방식이다. 아이에 대한 훈육은 생의 초기부터 무법적인 자연의 경향성이 자라나지 않도록 하여 인류 보편의 법칙에 순종해야 한다는 감정을 갖도록 한다.
3. 세 번째 숙련성의 단계에서는 자립을 위해 필요한 다양한 실용적 목적들을 성취하기 위해 갖추어야 기술적 능력의 교육이 이루어져야 한다. 이성적 동물로서 인간은 이미 그의 손과 손가락 및 손가락 끝의 형태와 조직이 지닌 구조에서 섬세함을 지니고 있다.

15) 임마누엘 칸트(2005). 『윤리형이상학정초』(백종현 옮김). 아카넷, 124~128쪽.

이러한 손과 같은 인간의 자연적 구조는 인간이 숙련된 기술을 습득하여 자신이 추구하는 목적을 달성하도록 이루어져 있다. 그러나 다양한 목적들을 성취하기 위해 해야 할 것과 하지 말아야 할 것을 분별해 주는 준칙과 명법의 학습은 실천적 교육에 속한다. 또한 읽기, 쓰기, 음악적 능력 등을 육성하기 위한 교육의 목적은 자연적 기질을 계발함으로 아이를 이성적으로 성숙하게 하고 행복이나 도덕적 완전성과 같은 미래의 궁극목적을 성취하기 위한 수단을 획득하기 위한 것이다.

4. 네 번째 영리(榮利)의 단계에서는 세상에서 행복하게 사는 기술을 습득한다. 영리의 육성은 인간을 행복하게 하는 실용적 소질과 사교성을 계발하는 것이다. 이때 교육이란 인간을 영리하게 하여 사회생활을 잘하도록 하는 것이며, 바른 몸가짐, 예의범절 등을 갖추는 것을 포함한다. 즉 영리란 세상에서 우리의 지능과 기술을 미래에 이르기까지 개인의 행복을 위해 사용하는 기술이다. 숙련성의 육성이 기술적 소질의 계발하는 것이지만 영리는 사람과의 사교적 관계에서 발휘되는 실용적 소질을 육성하는 것이다. 이러한 실용적 소질의 육성은 인간의 행복과 안녕을 촉진시키는 기술을 습득하는 것이다.

5. 도덕성의 계발은 인간 교육에서 가장 중요하다. 훈육이나 숙련성, 그리고 실용적 행복을 위한 영리의 개발도 궁극적으로 도덕성을 준비하는 과정이다. 여기서 도덕교육은 훈육이나 숙련성의 개발에 의한 것이 아니라 실천이성에 의해 도덕법칙에 따르고자 하는 도덕성의 개발에 있다. 칸트에 따르면 도덕법칙에 따르고자 하는 덕목은 성격의 견고성과 단단함에 있다. 이것은 삶의 방황에서도 절대적인 내적인 원칙으로 습득되는 것이다. 칸트는 자녀에게 실용적인 자기 보존을 위한 숙련성이나 영리의 차원을 넘어서 스스로 자기 목적을 지닌 도덕적 주체에 이르는 두 번째 탄생

의 길을 제시한다. 이러한 도덕성의 계발에 따른 도덕적 주체의 탄생은 적어도 40살 이전의 성인에서 "일종의 폭발, 마치 혁명" 처럼 발생한다. 왜냐하면 도덕성은 양육이나 훈육과 숙련성, 영리의 육성처럼 순차적으로 달성될 수 있는 성향이 아니라, 마음속에서 마치 혁명처럼 일어나는 것이기 때문이다. 이러한 혁명은 도덕적 이성적 존재로의 인간성 실현을 향한 '참된 제2의 탄생'인 것이다.

이처럼 교육의 과정은 양육, 훈육, 육성, 그다음 도덕성의 단계로 설명할 수 있다. 즉 인간은 이러한 교육의 과정을 통해 자연인의 상태로부터 이성에 의해 인도되는 문명인의 상태로 전환하며, 더 나아가 도덕성의 단계로 도약하는 것이다. 칸트는『실용적 관점에서의 인간학』에서 인간은 양육을 받으며 자기 이성을 계발하는 교육을 통해 인간성의 완성을 향해 나아갈 수 있다고 말한다. 이러한 인간성의 완성은 사회 속에서 다른 사람들과 함께 기예와 학문을 습득하며 자신을 개화하고, 문명화하고, 도덕적으로 자신을 개발하는 과정에서 이루어진다. 인간에게는 물론 자신이 행복이라고 부르는 안락함과 유복한 생활의 자극에 수동적으로 자기를 맡기려는 동물적 성벽이 있다. 그러나 오히려 인간은 교육을 통해 능동적으로 이러한 자연적 성벽과 이기심과 같은 감정의 투쟁을 이겨낸다. 그래서 인간은 인간성에 적합하게 시민사회의 구성원으로서의 도덕적 성숙에 이르고자 하는 것이다.

궁극적으로 인간은 일종의 동물의 유로서 생애 초기에 자신을 보존하고 유지하도록 양육 받아야 한다. 또한 자립하여 가족을 보존할 능력을 갖추고 시민사회의 구성원으로 역할을 할 수 있도록 하는 기술 습득과 실용적 교육이 중요하다.[16] 그러나 인간은 궁극적으로 자신의 타고난 '선의지'를 계발하기 위해서 도덕교육을 받아야 한다. 인간은 자신의 자유를 사용하기 시작하자마자 선천적으로 악의 성벽이 곧바로 끈질기게 일어나기 때문에 이를 물리칠 수 있는 덕성을 길러야 한다. 도덕교육은 결국 스스로 부여한 도덕법칙에 모든 인간 삶의 기술적 혹은 실용적 목적들을 종속시키는 오로지 선한 의지를 지닌 인격을 기르기 위한 것이다.

그러면 탄생한 자에게 도덕교육이 지니는 의미는 무엇일까? 도덕교육은 아이를 자유의 세계로 나아가게 한다. 도덕 교육은 탄생 이후의 이성 사용에 무능력한 삶에서 벗어나 스스로 도덕적 주체가 되어 자신의 탄생을 받아들이도록 한다. 부모가 자녀가 탄생 직후 자기 상태에 대한 불만족 상태에서 스스로 도덕적 자기규정에 따른 인격적 존재로서의 만족 상태에 이를 때까지 양육과 교육을 해야 한다. 이러한 상태가 진정한 제2의 탄생이 이루어지는 인생의 전복지점이라고 말할 수 있다. 이때 비로소 자식은 부모에 대한 감사의 마음으로 자신의 탄생에 대한 도덕적 동의를 할 수 있는 것이다.[17] 왜냐하면 이 세상에서의 자기 삶을 적극적으로 받아들이는 도덕적 동의라는 형식은 자기를 보존할 수 있는 실용적 삶의 자립에서 이루어지는 것이 아니라 바로 자유의 법칙에 따르는 도덕적 세계에서 가능하기 때문이다. 이것이 바로 제2의 탄생인 것이다. 결국 자신을 탄생하게 한 부모에게 감사함은 자기 스스로 삶의 목적을 부여하는 성숙한 인격이 지닌 덕의 표현으로 이해할 수 있다. 부모의 자식에 대한 사랑과 배려에 대한 엄청난 노력은 자신의 의도와 무관하게 이 세상에 내보낸 부모를 용서할 수 있게 한다. 그래서 부모는 자식의

16) 임마누엘 칸트(2014). 『실용적 관점에서의 인간학』(백종현 옮김). 418~419쪽.

17) C. Schüs(2008). *Philosophie des Geborenseins*. Freiburg/Muenchen, p. 151.

탄생이 마치 "삶이란 선물인 것처럼, 이 세상이 빛이 될 수 있는 것처럼" 받아들일 수 있도록 헌신을 다해 자식을 돌보아야 하는 것이다.[18)]

지금까지 칸트의 인간 탄생에 대한 사유를 살펴보았다. 다시 그 내용을 정리해 보자. 인격으로 태어난 아이의 첫울음은 인간 자유의 결핍에 대한 자발적 외침이며, 다른 생명체와 구분되는 인간학적 특징이기도 하다. 부모는 아이 스스로 자립해서 자기 목적을 부여하는 이성적 존재로서 성숙해 나아가도록 돌봄과 양육과 교육의 의무를 지닌다. 아이는 부모와 세상의 헌신적인 보호와 돌봄, 그리고 교육이 없이는 자신의 생존을 유지하지도, 그리고 성숙한 이성을 사용하여 자기 목적을 부여하는 자유로운 인격이 될 수 없다. 만약 아이가 양육과 돌봄이 이루어지는 가정생활과 부모의 보호 없이 세상에 그대로 맡겨진다면, 그의 생명력은 파괴될 것이다. 양육과 돌봄이 가정이라는 사적인 공간에서 이루어진다면, 학교는 가정과 공적 세상을 매개하는 역할을 하는 곳이다. 학교에서 자녀는 공적 세상에 나아가 성숙한 시민사회의 구성원으로 행위할 수 있도록 기술적, 실용적, 도덕적 교육을 받아야 하는 것이다. 그래서 인간은 양육과 교육을 통해 성숙한 이성을 사용하여 공적 시민사회의 구성원으로서 행위할 수 있는 것이다.

18) 뤼드거 뤼케하우스(2006). 『탄생철학』(공병혜, 이선 옮김). 이학사, 193~194쪽.

03
제2의 탄생과 새로운 시작

03-1 시작으로서 탄생성

우리는 모든 인간의 탄생이 내포하고 있는 '탄생성'이 지닌 본질은 '새로운 시작'이라는 의미로 이해할 수 있다. 이러한 새로운 시작으로 '탄생성'에 대한 깊이 있는 사유는 한나 아렌트의 탄생 철학에서 발견할 수 있다. 한나 아렌트는 중세의 기독교 철학자인 아우구스티누스의 인간창조설에 대한 해석을 바탕으로 인간 탄생성에 대한 사유를 전개 시킨다. 아렌트는 아우구스티누스의 저서인 『신국』에 있는 인간 탄생에 대한 문장을 다음과 같이 해석한다. 인간은 그 이전에 전혀 존재하지 않았던 '시간적 인간{homo temporalis}'라는 것이다. 그리고 "새로운 것이 존재하기 위해서는 시작이 존재해야 하며, 이러한 시작은 그 이전에는 존재하지 않았다."는 것이다.[19)]

아렌트는 시간적 존재로서 인간 창조에 대한 아우구스티누스의 신학적 통찰로부터 바로 인간의 실존적 조건인 새로운 시작으로서 "탄생성"의 의미를 이끌어낸다. 탄생한 자는 이 세계로 와서 살다가 죽음으로 이 세상을 다시 떠난다. 여기서 피조물의 삶은 시간적 존재로서 죽음을 향해 달려간다. 결국 삶의 끝은 삶의 시작이 있었기 때문이다. 삶의 끝으로서의 죽음은 다시 삶의 시작으로서 탄생의 관

19) 한나 아렌트(2001). 『인간의 조건』(이진우, 태정호 옮김). 한길사, 237쪽.

점으로 전환되는 것이다.

아렌트는 삶의 시작을 열어주는 탄생의 관점은 사실적 탄생이 지닌 강제적 성격보다는 시작하는 존재의 자발성을 우위에 놓는다. 그래서 스스로 시작하는 인간의 자발성은 무엇보다도 '누군가(who)'라는 개별적 인간의 시작함을 의미한다. 그래서 탄생한 인간은 '시작으로서의 인간'이다. 이 세상에 새로운 인간이 등장한다는 것은 바로 스스로 새로운 세계의 시작이어야만 한다. 마치 한 인간이 그가 살던 세계와 함께 죽는 것처럼 한 인간의 탄생으로 하나의 새로운 세계가 시작하는 것이다. 그래서 모든 개별자가 "마치 이 세계가 그와 함께 새로이 발생하듯이" 하나의 시작이며, 그는 이 세계 속에서 "새로 온 자들"이면서 "낯선 자들"인 것이다.[20] 그래서 이러한 인간의 탄생은 개별적이고 유일하고 불가역적인 '누군가'의 시작이다. 아우구스티누스의 신학에서는 '누군가' 이전에 창조된 세계와 신이 존재했으며, 그래서 인간은 이미 창조된 세계에 들어와 탄생한 것이다. 그러나 아렌트는 인간으로서의 '누군가'의 시작 이전에는 아무것도 아니다.[21] 모든 인간은 우선 한 번 유일하게 새로운 자로서 이 세상에 나타난다. 탄생한 인간은 최초로 이 세계에서 새롭고 유일한 '누군가'의 시작함이라는 의미를 지닌다. 즉 부모가 된 사람도 누구나 이 세상에 유일무이한 시작하는 자로 태어나서 또 다른 그 누구와도 대체할 수 없는 '누군가'를 자식으로 이 세상에 탄생시킨다. 그래서 이 새로운 시작은 또 다른 새로운 시작의 조건인 것이다.

아무것도 아니었던 자가 왜 도대체 유일한 새로운 '누군가'로 존재하는 것은 무엇을 의미하는가? '누군가'란 하나의 시작을 지녔을 뿐만 아니라 스스로 시작하는 자이다. 그리고 '누군가'는 개별적이며

20) 세계에 대한 근원적인 낯섦과 새로움의 체험인 '놀라움'에서 철학적 사유가 발생하는 것이다.
21) 한나 아렌트(2001). 『인간의 조건』(이진우, 태정호 옮김). 한길사, 236~238쪽. 아렌트는 사실적(생물학적) 탄생과 스스로 시작하는 "누구"로 거듭나는 탄생성을 구분하여 사용한다.

대체 불가능하며 유일하며 단수가 아니라 다양한 사람들 속에 존재한다. 이 다양한 사람들 속에서 '누군가'들은 서로 다르면서 각자 자신들로부터 시작이 있다는 점에서 서로 같은 것이다. 그래서 이 세상에 "새로 온 자"들은 다양성을 지닌 모든 개별자들이다. 이 세상에 탄생하여 시작하는 자는 "너는 누구인가?"라는 자기 자신에 대한 실존적 물음을 던지는 자이다. "너는 누구인가"라는 질문을 통해서 사람들은 각자 스스로 시작할 수 있는 인격을 지니게 되는 것이다.

"너는 누구인가"라는 자신에 대한 질문을 통해 인간은 새롭게 시작하는 '누구'로 태어난다. 이러한 탄생성의 특성을 마치 아렌트는 '기적'이라는 용어를 통해서 설명하면서, 신의 아들인 예수의 탄생, '한 아이가 탄생했도다'에 비유한다. 예수의 탄생은 인간들과 함께 행위를 실현할 수 있다는 새로운 시작을 의미한다. 예수의 탄생은 이 세계 안에서 신뢰를 가질 수 있고 이 세계의 희망을 가져도 된다는 사실에 대한 복음서의 전파라는 것이다.[22] 이러한 탄생의 의미는 신의 아들인 예수가 자신의 죽음을 통해 아담과 이브로부터 받은 원죄로부터 해방시켜 인류의 구원을 가져온다는 의미가 아니다. 아렌트의 탄생성은 이러한 기독교의 구원과 결부된 새로운 시작이 아니다. 여기서 탄생성이란 끊임없이 새롭게 시작할 수 있는 인간의 실존적 능력을 의미한다. 아렌트는 아이의 기쁜 탄생의 소식에 대해서 "탄생 그 자체의 신성"은 곧 시작이 지닌 신성이라고 말한다. 즉 이것은 창조라는 신적인 시작에서 유래하지만, 인간 세계 속에서 인간 스스로의 시작인 것이다. 아렌트는 인간의 "탄생성"을 다음과 같이 기술한다.

22) 같은 책, 312쪽.

"인간은 각자가 탄생함을 근거로 해서 시작이면서 세계로 새로 온 자이기 때문에 스스로 시작하는 자발적 능력을 지니며, 그래서 시작하는 자가 되며, 새롭게 시작할 수 있다."[23]

여기서 새롭게 시작하는 자유로서 '자발적 능력'이란 논리적으로 풀 수 없는 마치 기적과 같은 특성을 지니지만, 인간은 자신의 실존적 삶속에서 끊임없이 시작을 보여줄 수 있다. 왜냐하면 인간은 태어날 때부터 본성적으로 시작하는 능력을 지니기 때문이다. 인간은 이 능력 덕분에 우리의 삶 전체 속에서 시작들을, 즉 행위를 창조할 수 있는 것이다. 이것이 바로 탄생성이 지닌 의미인 것이다.

03-2 탄생성의 실현과 행위

인간의 시작으로서 탄생성을 실현시킬 수 있는 것은 행위이다. 인간은 새로 시작할 수 있는 자유를 다양한 복수의 사람들 사이 속에서 행위를 통해 실현한다. 즉 새로 시작하는 자는 주도권을 쥐고 행위하게 된다. 그래서 인간의 탄생성을 실현시키는 것이 바로 행위이며, 이 행위를 통해서 스스로 시작을 만들며 다른 사람과 함께 하는 세계 속에 참여하는 것이다. 바로 다양한 인간들 속에서 시작할 수 있는 행위능력은 바로 탄생 그 자체로부터 나온 것이다.

"말하고 행동하면서 우리는 인간의 세계에 참여한다. … 그리고 이러한 참여가 두 번째 탄생과 같다. … 우리의 탄생으로 이 세계에 왔던 … 그 시작은 우리 자신에게 고유한 스스로 하는 능력으로부터 새로운 것

---

23) 같은 책, 235~237쪽.

을 시작 한다."[24)]

인간의 탄생성을 실현시킬 수 있는 '시작'으로서의 행위는 그 어떤 도덕이나 윤리규정이나 법전에 기대어 판단하는 것이 아니며, 그 규범이나 규칙에 종속될 수 없다. 왜냐하면 우리가 어떤 행위를 규범이나 규칙에 종속시켜 평가하게 되면, 행위의 최초와 시작하는 자유가 사라지기 때문이다. 행위 한다는 것은 곧 모든 주어진 선입견이나 규칙, 척도로부터 벗어나서 이해가 가능한 새로운 시작인 것이다.

그래서 새로운 행위를 시작하는 사람은 인간사의 모든 계산 가능한 것, 미래의 예측 가능한 것을 거부한다. 왜냐하면 모든 시작의 본성은 이미 있었던 것과 일어난 것으로부터 전혀 예기치 않은 헤아릴 수 없는 것이 세계에 나타나는 것에 있기 때문이다. 그래서 행위를 이해하는 것은 곧 시작함을 이해하는 것이다. 어떤 원칙에 근거한 추론이나 확률에 따른 결론을 요구하는 통계학이나 진단학과 미래학 등도 행위를 시작하는 데는 불필요하다. 즉 새로운 어떤 것이 시작된다는 것은 언제나 일상적이고 실제적인 모든 목적을 위해 확실성을 제공하는 통계나 확률의 법칙에 적용되지 않는 마치 기적처럼 나타나는 것이다. 그래서 이 세계가 시작하는 행위를 통해 날마다 지속적으로 새로워진다는 사실은 미래에 대한 예측가능성이나 인식가능성을 거부하는 것이다.

그래서 아렌트는 다양한 사람들이 서로 함께 말하고 활동하는 정치적 공간에서 모든 행위의 시작이 발생한다는 것을 강조한다. 정치적 공간에서 새로운 시작으로서 행위란 예를 들어 어떤 새로운 것

24) 같은 책, 235쪽.

을 원하는 혁명이나 새로운 제도의 혁신 등이다. 이는 역사 속에서 항상 새로운 시작을 알렸다. 성공하든 실패한 모든 새로운 시작에 참여하는 정치적 열정은 인간이 실제로 역사에서 새로운 질서를 세우기 위해 새로운 시작을 만드는 경험에서 출발하는 것이다. 여기서 정치적인 의미를 지니는 혁신과 개혁은 원래의 것을 새롭게 하는 것, 다시 말하면 새로운 탄생이다. 그러나 낡은 체제의 지속이나 독재와 전체주의나 특히 인종주의는 역사 속에서 기적처럼 진행되는 행위능력을 살해하는 것이다. 행위의 시작 안에는 바로 자유가 있는 것이다.

그러면 정치적 의미에서 시작으로서의 행위란 어떠한 의미를 지니는 것일까? 인간의 역사 속에서 새로운 정치체계를 구성하는 진정한 행위는 자유라는 본질적 특성을 지닌다. 그리고 이것은 마치 기적과 같이 작동한다. 아렌트는 기본적으로 전제 정치 등에서 사용되는 폭력을 일종의 목적–수단과의 관계에서 오는 강제력으로 파악한다. 그리고 진정한 공적 정치세계를 형성하게 하는 것은 목적–수단이라는 범주로부터 벗어나는 시작하는 행위능력에 있다. 물론 인간을 포함한 모든 생명체들은 생존과 편익이라는 목적을 위해 자연으로부터 얻은 수단을 이용한다. 그러나 인간의 정치적 실존은 자유로운 행위를 통해 이러한 생명체들의 목적–수단 관계로부터 벗어난다. 그래서 인간이 단순히 생물학적 욕구와 삶의 편익을 충족시키는 데에서 벗어난 자유로운 복수적 존재로서 인간의 실존을 보장하는 공간이 바로 공적인 정치적 공간인 것이다. 거기서 반복적인 목적–수단이나 통계적 논리를 벗어난 기적과 같은 행위가 발현된다. 물론 인간은 개인 생존과 편익이라는 목적을 위해 노동과 제작활동을 하며, 그곳에서 생산과 소모가 이루어진다. 그러나 인간이 자신의 실존을 드러내는 공간은 목적을 위한 수단으로 노동하거나 제작하는 활동이 아니라, 공적 공간에서 다른 사람들과 자유롭게 자신의 인격을 드러내며 말하고 행위하는 공간이다. 예를 들어 간호사는 주어진 간호업무의 대가로 보수를 받지만, 그는 또한 좋은 간호를 위해 공적 조직 내에서 동료들과 논의하고 새로운 제도를 제안하면서 자신의 인격을 드러내며 행위하는 것이다.

인간이 인간답게 실존할 수 있는 영역은 무엇인가? 이 영역은 각자의 인격을 드러내며 행위의 시작이 이루어지는 공적 공간이다. 즉 서로 다른 사람들이 만나 대화하는 공적 공간은 인간 사이를 연결하는 네트워크와 같은 그물망을 형성한다. 여기서 인간은 목적-수단 관계를 넘어서 대화와 토론, 논쟁을 통해 서로의 인격을 존중하며 실존적 자유를 누릴 수 있다.

참고문헌

- 공병혜(2019). 「칸트의 탄생 철학과 부모의 의무」. 『칸트연구』43.
- 뤼트케하우스, L.(2006). 『탄생 철학: 죽음의 철학을 넘어서』 (공병혜, 이선 옮김). 이학사.
- 괴테, 요한 볼프강 폰(2005). 『파우스트』 (정서웅 옮김). 민음사.
- 칸트, 임마누엘(2014). 『실용적 관점에서의 인간학』 (백종현 옮김). 아카넷.
- 칸트, 임마누엘(2005). 『윤리형이상학정초』 (백종현 옮김). 아카넷.
- 칸트, 임마누엘(2018). 『도덕형이상학』 (이충진, 김수배 옮김). 한길사.
- 프리드리히 니체(2005). 『비극의 탄생. 반시대적 고찰』 (이진우 옮김). 니체전집2. 책세상.
- 아렌트, 한나(1996). 『인간의 조건』 (이진우. 태정호 옮김). 한길사.
- 한국천주교중앙협의회(2015). 『성경』.
- Arendt, H.(1981). *Vita activa oder Vom tätigen Leben*, München/Zürich.
- Heidegger, M.(1984). *Sein und Zeit*, Max Niemeyer Verlag, Tuebingen.
- Lütkehaus, L.(2006). *Natalität: Philosophie der Geburt*. Kusterdingen.
- Sartre, J. P.(1995). *Das Sein und das Nichts*: Versuch einer Phänomenologischen Ontologie, Hrsg. Traugott König, Deutsch von Hans Schöneberg und Traugott König, Reinbek.
- Schopenhauer, A.(1977). *Die Welt als Wille und Vorstellung II*. Band IV, zweister Teilband, in; Zürcher Ausgabe, Werke in zehn Bände, Zürich.
- Schües, C.(2008). *Philosophie des Geborenseins*. Freiburg/Muenchen.

LIFE AND DEATH.

PART

02

몸이란 무엇인가

현대의학의 눈부신 발전에 기여한 생의학은 몸을 물질로 보고 몸의 작동을 기계론적으로 파악하여 과학적 탐구와 치료의 대상으로 삼는다. 그러나 과학적 탐구와 치료의 대상으로 객체화된 인간 몸에 대한 입장은 인격주의 의학에 의해 비판을 받아 왔다. 특히 객체화된 몸에 비판적인 입장을 지닌 메를로-퐁티 등의 현상학자들은 주체로서 몸을 이해한다. 이글은 현상학적 입장에서의 인격으로서 몸에 대한 이해를 살펴보고, 우리가 항상 세계에 거주하도록 매개해 주는 주체로서의 몸의 능력을 고찰해 볼 것이다. 또한 이 세계에 거주하도록 하는 몸의 기억은 인간의 자기 정체성의 근원으로서 우리의 삶에서 활동한다. 그래서 이 글은 몸의 기억에 대한 다양한 유형에 대해 기술해 보고, 특히 이것이 임상 현장에서 돌봄의 유용한 실천 방향을 제시해 주고 있음을 질병체험에 대한 현상학적 질적 연구 사례를 통해 소개해 보도록 할 것이다.

01
현대 의학에서 몸

01-1 의학의 역사에서 환자의 몸

현대의 서양의학은 환자의 몸을 정신과 분리시켜 기계론적으로 이해하기 시작한 근대 과학의 영향을 받은 17세기 이후의 생의학과 관계한다. 여기서 생의학이란 생물학적 의학을 말한다. 의학의 역사에서 생리학적으로 혹은 실체적으로 질병을 해석해 왔다. 생리학적으로 이해하는 질병관은 몸을 자연으로 바라보고, 질병의 근원을 병든 사람의 내부와 외부의 자연적 힘의 불균형에서 찾는다. 그러나 질병을 실체적으로 해석하는 질병관에서는 몸을 기계론적으로 해석한다. 이것은 외부에서 질병의 원인이 되는 실체(세균이나 바이러스 등)가 몸의 어떤 부분에 국소적으로 존재한다. 실체적 질병관에서는 인간의 몸을 일종의 생물학적인 기계로 간주하여 질병을 특정한 원인에 의한 생물학적 결함이라고 간주한다.[1] 현대의 생의학에서는 주로 질병을 몸속의 일정장소를 차지하는 실체로서 본다.

그러나 동서양을 막론하고 몸을 과학적 탐구의 대상으로 삼기 이전의 몸은 자연으로서의 몸이었다. 몸은 스스로 치유능력을 지닌 자연적 본성이며, 주거환경과 기후, 섭생을 중요시하고 외부환경과 동화된 신체내부의 균형을 강조했다. 특히 고대 동아시아 의학에서는 몸과 자연을 연관시켜서 자연의 운행과 몸의 운행을 유비적 관계로

1) 에릭 카셀(2002). 『고통 받는 환자와 인간에게 멀어진 의사를 위하여』(강신익 옮김). 코키토, 238쪽.

파악했다. 고대 그리스에서는 우주가 물, 불, 흙, 공기의 네 가지 원소로 구성되었다는 사원소설을 인체에 확대 적용하였다. 고대 그리스의 히포크라테스의학에서는 우리의 몸은 네 가지 원소에 대응하는 점액, 혈액, 흑담즙, 황담즙으로 구성되었다는 사체액설이 제시되었다. 그래서 건강과 불건강은 바로 이 체액의 조화이며, 이는 신체와 마음을 분리시켜 생각하지 않았다. 중국에서는 우주가 나무, 불, 흙, 쇠, 물이라는 오행으로 이루어져 이것들이 우리의 간, 심, 비, 폐, 신장의 오장과 대응한다는 오행설이 제시되었다. 사체액설에서의 건강은 네 가지 체액 사이의 균형이 유지되고 있는 상태이며, 오행설에서는 다섯 가지의 행의 역동적 조화가 건강을 의미하는 것이다. 또한 이러한 조화는 인간의 성격과 감정의 상태와도 관계하는 것이다. 이러한 고대 동서양의 자연의학에 근거한 건강의 의미는 몸과 마음을 분리시키지 않고 자연의 본성으로 이해하다는 점에서 동일한 것이다.[2] 오늘날까지도 동양의학이나 대체의학에서는 몸과 자연 또는 우주와의 유기적 관계가 손상되는 생태적 균형의 파괴로서의 질병관이 주를 이룬다.

중세에서도 우주를 구성하는 사원소설에 근거한 네 가지 체액설에 의해서 건강과 불건강을 설명하며 천체의 운행의 법칙을 인체의 기능에 대응시켜 생각했다. 그래서 사람의 몸의 운행은 그가 속한 자연의 움직임과 분리되지 않았다.[3] 유럽의 경우 기독교 사상으로 육체적 몸을 천시하고 초월적 영혼을 중시하는 사상이 풍미하기는 했지만, 중세 실제 현장에서 행해지는 의료 행위는 사액설에 근거하여 여전히 나쁜 피를 뽑고 땀을 내고 먹은 음식을 토해내거나 설사를 시켜 배설시키는 등의 자연 요법에 의존하였다. 특히 중세의 해

2) 강신익(2007). 『몸의 역사, 몸의 문화』. 휴머니스트, 314~315쪽.

3) 같은 책, 161쪽.

부학은 천체운행과의 관련성을 더욱 강조하여, 신체부위를 별자리의 체계와 연관시켜 설명하였다. 이것이 바로 천체의 운행을 관찰하고 설명하는 천문학적 자연주의에 의해 자연적 몸에 대한 구조를 설명한 것이다. 그러나 16세기 들어 세계를 바라보는 시각의 근본적 변화가 일어나고, 몸을 보는 시각도 변화하였다. 그래서 의학자들이 이전에 몸에 대한 생리적 기능과 경험을 중심에 두고 설명하는 방식에서 벗어나서 몸의 구조와 형태를 중심으로 탐구하면서 근대적 의미의 인체해부학이 대두하게 되었다. 또한 우주를 기하학적 구도로 설명할 수 있게 됨에 따라 사람의 몸도 기하학적 구도로 재편성이 되었다.

프랑스 철학자 데카르트는 인간의 몸을 마음과 구분해서 이해를 했다. 마음의 고유한 특징은 사고하는 능력이며, 물질의 고유한 특징은 공간에 존재하며 공간을 점유하는 연장(延長)성에 있다. 데카르트는 마음과 구분되는 물질로 구성된 몸에 대한 기계론적인 해석을 하였다. 또한 뉴턴은 물질로 구성된 세계의 작동원리를 수학적 기하학적 원리로 설명하였다. 그래서 17세기 유럽의 임상의학은 한편으로 육체를 영혼과 분리시키는 이원론적 인간관 그리고 육체를 물질로 간주하여 몸을 자연 과학적 탐구의 대상으로 삼기 시작한 것이다. 그 시기에 병원에서의 임상의들은 질병으로 죽은 사람의 몸속을 열어서 질병의 자리를 찾아내어 사인을 밝히는 일을 하게 되었다. 이것은 주로 몸속에 특정한 자리를 차지하는 실체로서 질병을 보는 현대의학을 발전하게 한다. 거기서 그들은 형태와 질감이 다른 장기를 찾아내어 사망의 원인으로 기록하게 되었다. 특히 질병이 특정한 자리를 가지게 되고 현미경에 의한 조직 관찰이 가능해짐에 따라 질병의 자리는 장기에서 조직 세포단위로 낮아지게 되었다. 몸속을 들여다보게 된 임상의들은 몸의 생리적 부조화로 인한 질병도 그 몸의 구조 및 형태의 변화와 관련되어 있을 것이라고 믿었다. 이렇듯 해부학과 병리학이 발전하게 됨에 따라 이제 몸은 구조와 형태에 기반을 둔 기능을 중심으로 파악되었다. 그래서 임상의학에서 몸은 고대에서 중세에 이르기까지 자연으로서의 몸이 지닌 우주론적 의미와 목적을 상실하게 되었다. 그리고 몸은 개인의 실존적 체험이나 의미와는 무관한 하나의 객체로 전락하게 되었다. 여기서 근대 이후 과학적 생물의학이 질적으로 성장하고 양적으로 커짐에 따라서 의학의 중심은 점차 전문적으로 질병을 치료하는 병원으로 옮겨가게 된 것이다. 병원에서 치료의 대상의 중심은 환자에서 질병으로 옮겨지고, 환자의 실존적 경험은 하나의 '증례(사례)'로 환원되었다.

이러한 객체로서의 몸이 더욱 확고히 자리를 잡은 것이 실험실 의학이다.[4] 실험실 의학은 19세기 들어 세균이 발견되고 그것이 전염병의 원인임이 밝혀지면서 생겨났다. 그래서 미생물학과 각종 검사의학이 발전함에 따라 진실이 밝혀지는 장소는 부검실에서 실험실로 이동하게 된 것이다. 각종 첨단 장비를 갖춘 임상 실험실의 역할은 외부에서 침입하는 미생물이나 화학물질뿐만이 아니라, 우리 몸속에서의 발병 여부를 결정하는 유전자를 찾아내는 데까지 이르렀다. 임상의학에서 증례로서 환원되었던 환자의 몸의 실존은 이제 유전정보의 수준에서 해명되기 시작한 것이다. 실험실 혹은 검사실에서 객관적 관찰에 의해 수집된 정보가 모든 지식의 원천이다. 이로부터 추론된 지식의 체계는 다시 임상적 실천의 유일한 근거가 된다. 이제 온갖 자동화된 진단기계들이 의사의 역할을 대신하여 엄청난 정보를 생산해주고 있다.

따라서 특히 20세기 중반과 후반부터 몸의 메커니즘을 보호하기 위한 각종 소독제와 항생물질 등 균을 퇴치하는 치료제가 발견되고, 방사선 장치와 같은 세균과 몸이 싸우는 전체 상황을 파악할 수 있

4) 강신익(2007), 45쪽.

게 하는 진단 기계들이 발명되었다. 의학은 이제 몸의 기제를 감시하고 통제하고 직접 그 질병과의 싸움을 수행하게 된 것이다. 환자의 몸은 과학적 진단과 검사, 처치의 대상으로서 철저히 객관화되고 수동적 역할을 하게 된 것이다. 따라서 X-ray, 영상기술에 의해 가시화된 환자의 몸은 과학적 진단과 검사, 처치의 대상으로서 철저히 객관화되고 수동적이 되어갔다. 또한 기관조직, 세포의 수준에서 구조와 형태와 기능을 탐구하던 생물학적 의학은 이제 분자와 유전자 수준에서 몸의 구조를 모형과 화학식으로 설명할 수 있고 그것의 기능을 추론할 수 있게 하였다. 그러나 이러한 미시적 수준에서 발견된 몸은 경험 가능한 몸이 아니라 고도의 추상성을 지닌 몸인 것이다.

또한 현대의 극단적인 물리주의에서는 인간의 마음 혹은 정신도 물질상태로 환원시킨다. 사고나 감정과 같은 정신적 현상은 단순히 물리적 상태, 전형적으로 뇌의 상태와 동일하다. 여기서 정신적 현상(우리의 사고, 감정, 지각)들은 단지 뇌에서의 화학적 반작용 같은 물리적 현상일 뿐이다. 그래서 모든 질병(diseases)은 물리적 현상이기 때문에, 이에 대한 모든 치료는 아마도 어떤 개인의 물리적 상태를 변화시키는 데 목적을 두고 있다. 왜냐하면 물리적 상태가 개인의 질병을 구성할 것이라는 믿음이 있기 때문이다. 이러한 물질로서의 몸에 대한 관점이 오늘날의 생의학적 모델이 된 것이다. 생의학적 모델에 따르면, 인간은 폐, 간, 심장 등의 해부학적 체계와 호흡기, 순환기 등의 생리학적 체계들의 복합체인 것이다. 그래서 인간은 전적으로 물리적인 것, 생물학적 하부 체계로 구성된 생물학적 유기체이다. 질병은 신체적 기능의 일탈로서 이해되며 질병의 증상은 단순히 물질적 상태로 환원이 가능한 것이다. 오늘날 신경학적, 인지적 기능의 장애, 예를 들어 치매나 파킨슨병과 같은 퇴행성 질병도 뇌의 기능과 관련이 있다. 현대 의학에서 물질로서 뇌의 각 영역들은 예를 들어 시각적 과정이나 청각적 과정의 어떤 기능을 수행하고 있음이 확인되었다.

이렇듯 현대의 의학은 몸을 마음과 분리된 단순히 물질로 파악한 과학적 탐구에 의해 발전한 것이다. 오늘날까지 발전해 온 현대의학은 특정 병인론에 근거하여 질병을 몸속에 위치한 하나의 실체로 바라보고, 그 실체를 찾아 퇴치하려고 노력한다. '질병(diseases)'은 일반적으로 원인에 의해 발생하는 신체적 손상이나 비정상과 관련해서 의미를 지닌다. 골절상, 바이러스 감염, 신장 기능의 부전 모두가 여기서 생각하는 질병에 해당된다. '아픔(illness)'은 전형적으로 우리가 무언가가 평안하지 못하다거나 어떤 의료적 지지를 필요로 한다고 생각하는 그러한 불건강한 느낌의 유형을 의미한다. 예를 들어 어떤 사람이 바이러스에 감염된 질병을 가지고 있지만, 병이 있다고 느끼지 않을 수 있다. 현대의학은 바로 아픈 사람보다는 질병 그 자체에 집착하게 만든다.[5] 특히 의료기술의 혁신에 따른 영상기기 등은 몸에 대한 침습 행위가 없이도 몸을 투명하게 관찰하여 해부병리학적 병소는 물론, 몸의 내부전체를 가시성을 드러내게 한다. 이러한 질병 퇴치를 향한 몸의 병소를 관찰하는 의료기술은 환자의 아픔보다는 질병에 관심을 기울이기 때문에, 모든 사람들을 질병이 있는 환자로 보게 하는 의료화에 기여할 수 있다.

5) 에릭 카셀(2002), 243쪽.

01-2 생의학적 몸에 대한 비판

그러나 현대의학의 기반이 된 생의학적 모델은 환자를 총체적인 인격체로 보는 인격주의 의학에 의해 비판을 받아왔다. 인격주의 의학은 환자의 몸의 주체적 능력이나 체험을 강조한다. 인격주의 의학에 영향을 미친 철학이 현상학이다. 현상학에서 나의 몸은 뼈와 살, 혈액과 같은 물질적 구성요소로 되어있을 뿐만이 아니라, 세계에 대한 지향성을 지닌다. 나의 몸은 경험의 총체이며 나의 의지를 실현시키는 자아의 기반으로 이해된다. 병을 앓는 것도 나의 몸이고 따라서 치유과정의 주체가 되는 것도 나의 몸이다. 특히 질병으로 고통 받는 환자의 입장에서 본다면 현대의학에서 영상자료를 통해 전송된 몸의 실체적 변화와 현상적 변화에 대해 수치화된 객관적인 정보는 자기 몸의 체험이 아닌 것이다. 몸의 현상학에서는 몸의 현상을 나의 지각과 나의 영향력, 나의 힘, 나의 욕망, 나의 의지 등과 분리 불가능한 나의 신체의 체험으로서 바라본다. 거기서 나의 몸은 총체적인 삶의 역사가 육화된 몸으로 이해된다. 즉 나의 손과 발, 그리고 나의 눈과 귀는 우리의 생활세계에서 직접적으로 참여하는 체험의 주체인 것이다.

위에서 살펴보았듯이 오늘날 현대 의학에서는 자기 몸을 개인의 인격과 분리시키고 신체의 부분별로 진단과 치료적 행위를 한다. 즉 신체를 부분별로 나누어서 진단을 내리고 그에 따라 구분하여 의학적 치료를 한다. 그래서 만약 종양을 제어하는 외과 수술이 성공적으로 끝나고 질병이 잘 치료되었다는 것은 단지 분리된 신체적 기능의 회복을 의미한다. 이러한 현대 의학의 기반이 된 기계로서 신체를 주장한 데카르트는 자신의 철학이 의학의 진보와 생리학의 발전에 기여할 것이라는 확신을 하였다. 실제로 그의 이론은 해부학과 의학의 발전에 방법적인 틀을 제공했다. 현대의 과학적 의학의 기초가 되고 있는 물질로 이루어진 기계론적인 신체는 통합적인 몸이 아니다. 거기서 신체는 보다 하위의 부분 및 요소, 세포, 조직, 장기 등의 체계나 종합으로 파악되며, 그 요소나 부분 등은 원칙적으로 대체가 가능하거나 보수될 수 있는 것으로 본다. 그래서 과학적 의료에서 신체의 전체기능은 그 부분의 기능에 의존하게 되며, 진단과 검사, 처치의 대상으로 철저하게 분할되고 파편화되어 객관적으로 분석이 가능하여야 한다. 오늘날 기초의학으로서 해부학 생리학 등은 이러한 신체관에 의해 발달했다. 이러한 신체는 자기 체험의 주체로서의 인격성과 통합성을 철저히 배제시킨 객체화된 신체인 것이다. 따라서 각종 검사와 진단, 처치의 대상으로서 환원된 신체는 실제 세계 속에서 노력하거나 지각하거나 의지하는 그러한 신체가 아닌 것이다. 그래서 DNA 검사를 통한 나의 유전자 정보도 나의 신체와의 체험적 관계를 맺지 못한다. 물론 유전자 검사가 법정에서의 친자를 확인하는 경우와 같은 특정한 상황에서 자기 및 타자관계에서의 책임의 계기를 제공하는 최소한 물리적 기반임에는 틀림없다. 그러나 내 속에 있는 DNA에게 혹은 나의 두개골 안에 있는 뇌(腦)의 물질정보에게 나의 체험의 의미를 물을 수 없다. 이러한 몸은 자기 체험의 주체로서의 인격성을 철저히 배제시킬 때 가능한 것이다.

오늘날까지 이러한 현대의학의 비약적 발전을 가져온 생의학에 기초하고 있는 신체관은 끊임없이 비판을 받아왔다. 이는 생의학이 가정하고 있는 마음과 분리된 기계론적 몸과 동시에 마음마저 물리적 현상으로 환원시킨 현대의 극단적 물리주의에 대한 비판인 것이다. 데카르트는 몸이란 기계 속에 송과선이라는 부분이 있어서 몸과 마음이 교통할 수 있다고 했지만, 현대의학에선 송과선 대신 대뇌의 신경세포들이 정해진 역할에 따라 다양한 마음의 기능을 수행하는 것으로 알려져 물질에서 마음을 추론한다. 이러한 이원론적 혹은 극단적 물리주의에 기초한 현대의학은 몸을 단순히 연장을 가지는 존재로 파악하게 된 것에서 기인한 것이다.[6] 따라서 물질로서의 기계론적 몸에 기초하여 오늘날까지 발전해 온 현대의학은 질병을 몸속에 위치한 하나의 실체로 바라본다. 그래서 현대 의학은 그 질병 때문에 나타나는 다양한 증상들을 질병의 개념에 포함시키지 않으며, 오로지 질병의 결정적 원인과 그 실체만을 찾아 퇴치하려고 노력한다. 이러한 현상은 현대의학이 병든 사람의 체험과 이에 대한 보살핌보다 질병 그 자체에 집착하게 함을 보여준다.[7]

그러나 이러한 인간 신체에 대한 생의학적 모델은 주로 환자의 몸의 주체적 능력과 체험을 강조하는 인격주의 의학의 비판을 받아왔다. 인간학적 또는 인격주의 의학의 흐름은 1930년대 유럽을 중심으로 시작되었다. 인격주의 의학은 과학적 의학이 배제한 주관을 의학적 탐구의 주요영역으로 설정하여 환자의 인격적 참여를 강조한다. 거기서 질병이란 물질적 몸의 고장이 아닌 삶의 문제이며, 이 삶의 문제를 푸는 것이 곧 병을 낫게 하는 것이다. 인격주의 의학의 전통은 20세기 말에 특히 현상학적 의학, 담론 의학 등으로 이어졌다. 인격주의 의학자로는 자연과학적 치료방법을 본격적으로 비판한 바이체거, 야스퍼스 등이 있다. 이들은 딜타이나 베르그손[8] 그리고 메를로-퐁티 등과 같은 현대철학자의 몸에 대한 이해에 고무되어 통합된 주체로서 몸을 주시하기 시작했다. 특히 야스퍼스는 현상학과 실존철학을 의학에 접목시키면서 구체적인 현실상황에서 인간실존에 대한 전반적 이해를 치료의 중요한 문제로 삼기 시작한다. 따라

6) 히포크라테스 이래로 자연과의 조화를 강조한 자연으로서의 몸을 다루는 자연의학은 근대에 독립된 생명체로서의 몸을 다루는 근대의 생물의학으로 발전해 왔다. 생물의학은 또 다시 과학적 사실의 발견을 목표로 하는 기초의학과 그것을 실제 환자에 적용하는 임상의학으로 분화되었고, 다루는 신체부위와 시스템에 따라 다시 오늘날 수많은 전문분야로 세분화되었다.

7) 에릭 카셀(2002), 243쪽.

8) 딜타이나 베르그손은 생 철학자로서 인간의 생생한 체험을 중요시 하였다.

서 인간의 몸은 주체로서 자기 인격의 토대가 되며 몸에 대한 체험은 바로 자기 인격적 주체로서의 실존적 삶의 경험과 연관된다. 이러한 인격주의 의학에 따르면 신체적 질병에 의한 고통에 대한 체험은 고장 난 몸에 대한 장애의 체험이 아니라, 전 생애에 영향을 미치는 인격적 자아의 훼손이라는 실존적 경험이다. 병을 앓는 것도 나의 몸이고 따라서 치유과정의 주체가 되는 것도 나의 몸이다. 자신의 몸을 체험하는 환자의 입장에서 본다면, 현대의학에서의 몸에 대한 검사결과에 따른 객관적인 정보는 나의 몸의 체험과 다를 수 있는 것이다. 내가 체험하는 주체로서 몸에 대한 이해는 오늘날 특히 인격주의 의학에서 중요하다.[9)]

9) 공병혜(2009). 「현대 의료실천에서 몸에 대한 현상학적 이해」. 『인문학 연구』37집, 190~200쪽.

02
인간 몸의 이해

02-1 주체로서의 몸

현상학에서 다루어지는 주체로서의 몸에 대한 이해를 하고자 한다. 현상학의 정초자인 후설에 따르면 내가 살고 있는 생활세계는 나의 신체를 중심으로 직접적이며 구체적인 지각에 의해 체험되는 삶의 지평이다. 즉 나의 신체는 외부세계에 대해서 언제나 '여기'로서 지각의 지평, 즉 삶의 지평을 가능하게 한다. 이러한 신체는 내적으로 시각, 청각, 미각, 촉각 등의 감각기관이며, 동시에 행위의 동기를 부여하는 자발적인 의지의 기관인 것이다.[10] 여기서 신체의 내적인 능력으로서 신체감각은 위치를 지닌 국소화된 감각이다. 예를 들어 이것은 단맛이나 신맛을 혀끝이라는 신체의 상태로 느끼는 것일 뿐만이 아니라, 쾌감과 통증과 신체적 장애에 따른 불쾌감, 쾌적함, 긴장감, 이완감, 내적인 장애감, 해방감 등을 체험한다. 이러한 신체감각은 자발적으로 움직일 수 있는 신체의 운동능력과 결합한다. 이러한 신체의 운동능력은 외부세계의 자극을 받아 어떤 목표를 향하여 자발적으로 움직일 수 있는 일종의 의지의 기관이다. 따라서 나의 신체는 우리의 삶의 지평에서 행위의 동기를 부여받아 움직일 수 있는 능력으로 체험하게 된다. 이렇듯 나의 신체는 외부세계에 대해서는 방위의 중심이며, 내적으로 보았을 때 감각기관을 지녔다. 또

10) 한전숙(1998). 『현상학』. 민음사, 233~236쪽.

한 나의 신체는 자발적인 운동이 가능하며, 주위환경에서 어떤 목표를 향한 행위의 동기를 부여받는 것이다. 이렇듯 신체적 주관에 대한 사고는 바로 메를로-퐁티의 『지각의 현상학』에서 변형되어 그의 실존적 인간이해의 핵심주제가 되는 것이다.

메를로-퐁티는 『지각의 현상학』에서 나의 몸은 세계로 나아가는 체험의 주체이라고 기술한다. 예를 들어 사고나 수술로 인해 팔이 없어진 환자가 없어진 팔에 대해 환각통증을 경험한다. 이것은 우리의 신체가 우리의 삶의 세계에 지향성을 가지고 지속적으로 교섭하는 체험의 주체임을 보여준다.[11] 즉 우리 몸은 팔이 잘려나가기 이전에 팔이 지니고 있던 세계로 나아가 참여했던 방식에 대한 몸의 기억을 지니고 있기 때문에 환각 통증을 경험하는 것이다.

메를로-퐁티는 이러한 세계로 나아가는 몸의 존재능력을 몸 습관을 통해 설명한다. 우리의 몸은 세계를 향해 교감하고 지각하고 행위할 때, 세계에 대해 특정한 방식으로 구조화된 형태를 취하게 된다. 이러한 행위가 반복적으로 이루어질 때 몸의 습관이 생긴다. 따라서 우리가 몸 습관을 지닌다는 것은 몸을 통해서 우리가 특정한 방식으로 세계 속에 거주하고 참여하고 세계를 체험하고 있음을 의미한다. 예를 들어 우리는 몸속에 이미 형태화된 운동습관을 통해 일상생활이나 그 상황이 요구하는 과제를 수행하는 것이다. 또한 우리의 몸은 도구의 사용을 통해 존재능력을 확장시킨다. 마치 장님의 지팡이가 그의 몸의 일부가 되고 음악가의 악기가 그의 몸의 일부가 되듯이 그의 지팡이나 그의 악기는 지각의 대상이 아니라, 이미 자신의 몸에 익숙한 습관의 일부로서 상황 속에 주어진 과제를 수행하는 것이다. 이러한 몸 습관은 예를 들어 자신의 자연적 몸을 통해 혹은 일반적 도구를 사용하거나 새로운 도구를 매개로 하여 문화

11) 메를로-퐁티(2002). 『지각의 현상학』(류의근 옮김). 문학과 지성사, 131쪽.

적으로 습득되어 손이나 눈, 귀, 팔, 다리 등 우리의 몸속의 기억이 된다.

또한 리쾨르는 나의 몸을 통해서 모든 의지와 행위가 실현된다고 말한다. 몸을 통해 일어나는 의지활동에는 동기가 부여되는 차원, 동기가 부여된 것을 실행해 옮기는 차원(행위단계), 인정하고 따를 수밖에 없는 필연성의 차원(승복단계)이 있다. 나의 신체의 능력은 이러한 의지의 세 가지 차원을 통해 실행된다. 의지활동에 동기를 부여하는 신체적 능력, 의지가 행위로 실현되게 하는 신체적 기관, 그리고 의지가 주어진 운명처럼 따를 수밖에 없는 신체의 필연성 차원인 것이다. 첫 번째 차원은 인간의 의지에 동기를 부여하는 신체의 생명을 유지시키는 가치의 차원이다. 이것은 무엇을 하고자 하는 인간의 의지에 동기를 부여하는 근원적인 신체적 능력이다. 즉 나의 신체는 생명을 유지시키는 가치로서 목마름이나 배고픔과 같은 나의 생리적 욕구나 신체적인 감응과 같은 나의 통증 등을 경험하는 것이다. 예를 들어 내가 배가 고파서 무엇인가를 먹고자 하거나, 신체적 통증에서 벗어나고자 하는 절박한 요청에는 바로 생존하고자 하는 욕구가 있는 것이다.[12)]

또한 나의 신체는 의지에 동기를 부여하는 생명유지의 근원일 뿐만이 아니라, 그러한 의지를 현실 속에서 실현시키는 행위의 기관이다. 인간은 자신의 신체로부터 동기가 부여되어 그 신체를 통해서 이 세계 속에서 행위를 한다. 그래서 인간의 모든 행위는 신체를 거치지 않으면 안 된다. 우리는 행위를 할 때 보통 자신의 신체를 자각하거나, 생각하지 않는다. 예를 들어 우리가 걷거나 식사를 하거나 어떤 일을 할 때 자신의 신체에 대해 특별히 주목하지 않는다. 우리의 신체란 세계를 연결하는 유기적 매개체로서 우리의 의지를 세계

12) 공병혜(2008). 「보살핌의 학문과 철학」, 『범한철학』48. 범한철학회, 332쪽.

속에서 실행하는 신체적 자발성을 지니고 있다. 신체적 자발성의 구체적 형태들에는 무의식적인 신체의 움직임이 있다. 거기엔 신체를 통해 직접적으로 드러나는 놀라움, 충격, 열정 등의 감정의 움직임, 그리고 몸에 밴 습관 등이 있다. 그 중에서 몸의 습관은 자연스럽게 나의 의지 활동을 직접적으로 세계와 유기적으로 연결하여 직접적으로 신체적 행위를 가능하게 한다.

이렇듯 나의 몸은 의지로 하여금 동기를 부여해 주며 행위의 유기적 기관으로서 세계에 참여하는 역할을 한다. 동시에 나의 몸은 의지를 구속하기도 한다. 몸은 숙명과 같은 자연의 필연성을 지닌다. 인간 몸에 깃든 타고난 기질이나 무의식의 세계 그리고 태어남과 성장, 그리고 늙어감과 죽음이란 생명의 흐름에 우리의 의지는 어쩔 수 없이 따를 수밖에 없다. 이러한 우리의 의지를 필연적으로 구속하는 몸은 비의지적인 본성과 같은 것이다.[13)]

이렇듯 우리의 몸은 의지에 동기를 부여하며, 또한 의지를 실현하는 행위의 기관이지만 우리의 의지를 필연적으로 구속한다. 특히 몸의 늙음은 우리가 무엇인가를 욕구하여 실행하고자하는 의지를 필연적으로 제한하는 것이다. 이러한 몸에 대한 현상학적 이해는 환자의 몸에 대한 체험으로 고통의 현상을 이해하는 데에 통찰력을 제공한다. 예를 들어 호흡곤란, 연하장애, 배변장애에 대한 통증의 호소는 단지 생리적 기능의 결핍에 대한 몸의 체험일 뿐만이 아니라, 그 결핍상태로부터 벗어나고자 하는 육화된 의지의 표현인 것이다. 또한 질병과 상해, 스트레스 등으로 인한 개인의 신체적 부자유는 바로 신체가 자신의 의지를 세계 속에서 제대로 실현시킬 수 없음을 의미한다. 특히 오랫동안 만성적으로 병에 시달리는 환자는 자신의

13) 윤성우(2004). 『폴 리쾨르의 철학』. 철학과 현실사, 38쪽.

의지를 제한하는 신체적 부자유로 더욱 괴로워한다.[14] 이 경우 환자는 신체적 자발성의 제한을 받아 자신이 추구하는 의지를 실현시키지 못하기 때문에 고통을 겪게 되는 것이다. 따라서 질병으로 인해 환자가 겪는 고통의 체험은 신체적인 기능적 구조적인 결함 때문이 아니라 자신의 의지대로 신체적 지각과 운동과의 결합이 자유롭지 못한 데서 오는 몸의 부자유의 표현인 것이다. 예를 들어 호흡곤란, 통증, 불편함, 피로감 등은 육화된 의지의 표현이며, 세계와의 유기적 관계를 맺고 세계 속에서 자신의 의지를 실현하는 신체적 능력이 방해 받고 있다는 고통에 대한 호소인 것이다.

따라서 나의 신체는 생명을 유지시키는 유기적 힘의 근원이며, 이러한 근원적 힘의 결핍은 생존하고자 하는 나의 의지의 동기로서 작용하게 된다. 그리고 나의 신체의 기관은 자신을 세계와 연결시키는 유기적 매개체로서 나의 의지를 이 세계 속에 실현하게 한다. 그러나 인간의 의지적 삶은 또한 신체가 지닌 숙명과 같은 타고나온 기질이나 무의식, 그리고 거역할 수 없는 생명의 흐름, 즉 사멸성이라는 자연의 필연성을 받아들일 수밖에 없는 것이다.

02-2 질병체험과 몸

지금까지 현상학적 관점에서 바라본 몸은 인격의 근원으로서 몸이다. 그래서 이러한 현상학적 몸에 대한 담론은 의학이 주체가 되고 환자의 몸을 진단과 검사 처치의 대상으로서 객체화시키는 의료행위에 대한 비판을 담고 있다. 왜냐하면 나의 노력, 의지, 총체적인 지각과 운동의 습관이 배인 나의 손과 발, 그리고 눈과 귀는 생활세

14) 에릭 카셀(2002), 70~89쪽.

계 속에서의 나의 존재방식에 직접적으로 참여하는 체험의 주체인 것이다. 그래서 주체로서 몸이 경험하는 아프다는 곤경상태는 자신의 몸이 구체적인 상황에서 의지대로 자신의 몸을 실행할 수 없는 실존적 삶의 위기의 경험이라고 이해될 수 있다.

이렇듯 몸의 능력이란 현실적으로 몸이 상황에 참여할 수 있는 구체적인 능력이다. 이는 보고, 느끼고 만지고 접촉하는 모든 지각과 우리의 사고와 몸의 움직임을 통합시키는 몸의 실존능력이다. 우리의 몸이 아프거나 병들어 몸의 실존능력에 장애가 오면 이 세계는 낯설게 느껴지며 의욕에 따라 몸이 따라주지 않는 고통을 경험하게 되는 것이다. 이것은 주위 세계와 소통하여 교감할 수 있는 몸의 통합능력에 장애를 받기 때문이다. 이러한 몸의 통합능력은 몸 습관을 통해 주위 세계 속에서 행위로서 실현된다. 특히 무의식적으로 몸 습관에 따른 나의 행위는 우리가 생활하면서 형성된 오래된 습관, 태도 등 상황에 참여하는 능력을 반영한다. 예를 들어 사지를 움직일 수 없는 뇌졸중 환자의 몸 경험은 세계에 참여할 수 없고 의욕의 주체가 될 수 없는 삶에 대한 좌절의 경험을 보여준다. 그래서 몸이 상황에 익숙하게 참여할 수 있는 몸 습관을 회복하는 과정은 상황에 자신의 지각과 의지와 욕망 등을 투사하여 실현하는 신체의 실존적 참여의 과정과 관계한다.[15)]

우리는 건강할 때 자기 몸의 현상에 특별히 주의를 기울이지 않는다. 그러나 우리는 질병이나 상해 등을 경험할 때 몸의 현상에 대해 주의와 집중을 하게 되는 것이다. 특히 신체적 통증이나 호흡곤란, 거동의 불편함을 느낄 때, 우리의 몸의 체험은 몸의 곤경상태가 자신의 삶에 총체적으로 영향을 주게 되는 것이다. 이때 우리의 몸에 익숙한 생활 세계는 통합적인 자신의 신체적 능력에 대한 신뢰를

15) 공병혜(2017). 『돌봄의 철학과 미학적 실천』. 서울대 출판부, 70~80쪽.

주며 주체로서의 몸의 실존적 능력을 발휘하도록 한다.[16] 만약 자신이 현대의 첨단 의료장비로 둘러싸인 의료 환경에 놓여 있다고 생각해 보자. 이때 우리는 세상과의 소통을 잃고 갇혀 있다는 몸에 대한 체험을 한다. 이는 흔히 중환자실에 전실해서 치료받는 과정에서의 몸의 체험이다. 거기서 그는 자신의 인격으로부터 분리되어 세상으로부터 고립된 무력한 몸을 체험하게 된다. 이때 돌보는 사람은 세상과의 소통을 잃고 무력해진 몸의 체험을 곧 삶의 위기의 경험으로 이해하여 익숙한 생활세계에게로 다시 몸이 복귀할 수 있도록 도와주어야 한다. 여기서 몸의 복귀를 도와주는 치유와 돌봄이 이루어지는 환경이 무엇보다도 중요한 것이다.[17]

또한 예를 들어 호흡곤란, 통증, 불편함, 피로감 등의 신체적 체험은 바로 자신의 의지를 세계 속에서 실현시킬 수 없다는 부자유의 표현이다. 물론 이러한 증상은 각각의 질병의 원인에 따라 신체적으로 체험하는 방식이 다르다. 그러나 이러한 질병으로 인해 겪는 몸의 고통은 결국 나의 몸이 세계와 유기적 관계를 맺고 제대로 행위를 할 수 없는 부자유에 대한 표현이다. 따라서 질병으로 인해 경험하는 신체적 고통이란 자신의 의지와 신체적 지각과 운동과의 결합이 자유롭지 못한 것에 대한 표현이며, 이것은 결국 신체적 자아의 위협이나 손상에 대한 경험인 것이다. 결국 아픈 몸은 자신의 노력과 지각활동 그리고 의지활동의 주체로서 살아가기 어렵게 한다. 그래서 우리가 몸의 능력을 회복시킨다는 것은 결국 이 세상과 소통하고 참여할 수 있는 행위의 주체로서의 신체 능력의 회복을 의미한다. 여기서 우리가 체험하는 몸이란 생활 세계 속에서 우리의 노력, 지각 그리고 의지 활동을 실현하는 온전한 주체로서의 통합적인 몸인 것이다.

16) P. Benner & J. Wrubel, Benner(1987). *The Primacy of caring, Stress and Coping in Health and Illness*. CA: Addiso-Wesley, pp. 78~79.

17) 게오르그 가다머(2002). 『현대의학을 말하다』(이유선 옮김). 몸과 마음, 127쪽.

03
몸의 기억

03-1 몸의 기억과 형태들

인지심리학에서는 비의지적으로 작동하는 몸의 능력을 몸의 기억, 일종의 '암묵적(implicit) 기억'의 형태로 탐구하여 왔다. 우리가 일반적으로 알고 있듯이 과거를 의식적으로 기억해 내어 다른 사람에게 설명하거나 전달할 수 있는 기억은 '명시적(explicit) 기억'이다. 그러나 이에 반해 '암묵적 기억은 몸에 밴 일종의 '노하우(know how)'이며 설명이나 기술될 수 없다.[18] 몸의 기억은 지금 할 수 있는 것으로 즉각적인 행위로 실현된다. 몸의 기억은 몸에 침전된 몸 습관처럼 작동한다. 이것은 개인의 지각 습관과 운동 감각, 상황과 공간 경험 그리고 다른 사람과의 신체적 상호 작용 속에서 형성된 행위구조 속에 침전되어 평생 개인의 삶에 영향을 미친다. 이러한 몸의 기억은 개인이 몸담고 있는 자연환경이나 문화적인 환경에 그 뿌리를 두고 있다. 그래서 몸의 기억은 주위 환경과 소통하며 형성된 몸 습관과 소질들의 총체성을 의미한다. 그리고 몸의 기억은 근원적으로 이 세계와 소통하며 지속적으로 자기 자신으로 신뢰할 수 있는 기반이 되며 자기 자신으로 머물게 한다.

프랑스철학자 베르그손은 몸의 습관적 능력들과 관련된 비의지적

18) 공병혜(2018). 「몸의 기억과 자기 정체성」, 『철학과 현상학 연구』 78, 150~153쪽.

으로 작동하는 기억에 대해 연구하였다. 그는 의식적인 재현적 기억, 비의지적인 자발적 기억 사이를 구분한다.[19] 여기서 재현적인 기억이란 의식적으로 과거의 어떤 경험을 다시 현재에 나타나도록 이미지를 불러내는 작용을 한다. 이것은 일종의 명시적 기억이다. 비의지적인 자발적 기억은 의식적인 노력이 없이도 과거에 경험한 모든 사건들을 저절로 자연발생적으로 지금 현재 즉각적으로 작동한다. 이것이 바로 몸의 기억인 것이다.

몸의 기억과 관련된 몸 습관은 지성으로 습득되는 것이 아니라, 암묵적 형태로 저장된 육화된 지식인 것이다. 그래서 몸 습관을 지닌다는 것은 몸의 지향적 작용에 의해 우리를 특정한 방식으로 세계에로 나아가게 하는 모든 운동적, 지각적, 인지적, 언어적, 정서적 능력 모두를 포함하는 것이다. 그래서 우리는 태어나서부터 지각하고 자고 움직이며 걷는 몸동작에는 이미는 문화가 스며들고 습관화되면서 점점 우리의 몸은 생물학적 몸에서 문화적 몸이 되는 것이다.[20] 이러한 몸의 습관은 항상 현실적 상황에 의해 자동적으로 실행되며 비의지적인 암묵적 기억의 유형으로 이해될 수 있는 것이다.

인지 심리학에서는 일찍부터 의식적으로 기억을 하지 못하지만 단순한 행동으로 과제를 실행하는 기억상실환자에 대한 연구를 하였다. 거기서 다양한 기억시스템이 있음을 발견하였다. 무엇보다도 거기서 명시적 기억과 구분되는 암묵적 혹은 진행적 기억이 있음을 발견하였다. 명시적 기억은 의식적으로 재현되어 기술될 수 있는 정보들을 포함하지만, 반대로 암묵적 기억은 마치 어떤 상황에서 춤을 어떻게 추는지, 컴퓨터의 자판을 어떻게 두드리는지 몸이 현재 직접 반응하며 과거가 살아나 행위 하게 되는 것이다. 즉 우리가 한번

19) 앙리 베르그손(2007). 『물질과 기억』(박종원 옮김). 아카넷, 138~157쪽.
20) 메를로-퐁티(2002), 233쪽.

어떤 기술이나 습관을 습득하고 경험으로 익숙해진 것은 지금 할 수 있는 즉각적인 행위로 실현되는 것이다. 이러한 암묵적 기억은 몸이 단순히 기계적으로 반응하는 것이 아니라, 일종의 습관적 앎의 형태로 호출되어 직접적으로 행동으로 옮겨진다. 주체로서의 몸의 기억은 개인의 인격을 지속하게 하는 기반이다. 즉 개인의 인격은 개인의 삶의 이야기를 통해 지속되지만, 그것은 개인의 삶의 역사가 담겨 있는 지금, 여기 현재화되는 몸의 기억을 기반으로 한다.

몸의 기억이 일어나는 과정을 가장 잘 기술한 마르셀 프루스트의 『잃어버린 시간을 찾아서』를 예로 들어보자. 거기서 주인공이 만델린 과자와 홍차의 냄새와 맛을 통해 불현듯 발현된 몸의 기억은 과거의 경험에 대한 기억의 문을 열어 본래의 자기를 향해 찾아 나서는 삶의 여정을 시작하게 한다.[21] 이렇듯 몸의 기억은 몸이 속한 환경에서의 지각적 경험에 의해 깨어나는 우리가 항상 되돌아가는 자기 신뢰의 지점이며 자기 정체성의 기반이 되는 것이다. 그래서 우리가 개인에 대한 삶의 이야기를 기술한 전기나 혹은 자기 자서전도 결국 살아오면서 형성된 자기 몸의 기억이 지닌 지속성과 신뢰성을 바탕으로 기술될 수 있다.

이처럼 몸의 기억은 우리의 과거를 즉각적으로 행위를 통해 활성화시킨다. 우리의 몸의 기억은 우리를 상황에 거주하는 것으로 느끼게 하며, 내가 행위할 수 있는 실천적 능력의 기반이 되는 것이다. 몸의 기억은 진행적, 상황적, 그리고 상호 신체적, 통합적인 그리고 통증과 트라우마의 기억으로 구분하여 기술될 수 있다.[22] 여기서는 주로 진행적, 상황적, 상호 신체적 기억, 트라우마의 기억에 집중해

21) 마르셀 프루스트(2012). 『잃어버린 시간을 찾아서1』 (김희영 옮김). 민음사.

22) 공병혜(2018). 「몸의 기억과 자기 정체성」, 『철학과 현상학 연구』78, 150~153쪽.

서 기술해 보도록 하겠다.

03-1-1. 진행 기억

진행 기억은 일상 삶을 살아가는 필수적인 운동감각적 습관이다. 예를 들어 자동적으로 익숙해진 움직임들, 즉, 계단 오르기, 자동차 운전, 숙련된 악기 연주, 혹은 컴퓨터의 자판기 위에 10개의 손가락으로 단어들을 즉각적으로 두드리는 행위들이다. 처음 자판기를 배울 때는 우선 각각의 자판에 글자를 연결시키고 그 다음에 점차 그 연결에 익숙해질 때까지 반복적으로 연습하면 자동화가 생겨난다. 이러한 자동화과정은 각각의 운동을 일종의 통일적인 시간형태로 통합시킨다. 그러나 그가 익숙해져서 습관이 되면 결국 각각의 자판들을 어떻게 두드렸는지 더 이상 알지 못한다. 이와 유사하게 읽는 것을 배우는 아이는 개별적인 알파벳을 단어의 형상에 결합을 시키면서 그 다음에는 그것들을 '한번에' 단어로 인식을 하게 되며, 결국 수월하게 읽으면서 문장의 의미를 파악한다. 또한 오르겔을 연주하기 위해서는 악보를 시각적으로 지각할 때, 그것이 특별한 유형의 몸동작을 불러일으킬 수 있어야 한다. 즉, 오르겔 연주자의 몸의 기억이 악보의 음악적 의미를 부여하면서 그 의미를 오르겔의 공간으로 즉각적으로 옮겨 놓을 수 있기 때문이다. 오르겔 연주자는 몸의 운동적 의미에 덧붙여 음악적 의미도 알고 있다. 연주자의 몸은 그 악보의 의미를 자신의 것으로 이미 획득하고 있기 때문에, 매번 연주할 때마다 정확하게 똑같이 칠 수는 없지만, 연주자는 의식적으로 일일이 상기하지 않아도 그 곡을 연주할 수 있는 것이다. 몸의 기억은 음악적 의미를 스스로 이끌어낼 수 있기 때문에 연주자는 특정한 의도에 따라 음악적 의미를 몸의 기억을 통해 실현시킬 수 있다. 그래서 연주자는 의식적으로 악보에 따라 실행해야하는 동작들을 회상하지 않고도 자발적으로 연주를 한다.

이렇듯 운동 감각적으로 체험된 몸의 기억은 우리가 지속적으로 그것을 기억하려고 애쓰지 않아도 이미 몸에 익혀진 일종의 실천적 지식이다. 몸의 기억이 된 것은 상황이 바뀌어도 항상 자신이 몸담고 있는 세계에 대한 근본적인 신뢰를 지닌다. 예를 들어 춤을 추는 것과 같은 운동습관은 몸을 통해 스스로 세계에 의미를 부여하는 숙련된 기술이다.[23] 또한 자신이 항상 쓰는 안경이나 신발 혹은 지팡이 등을 다루는 몸 습관은 자신의 몸의 일부가 된 도구를 통해 자기 존재를 세계를 향해 확장시킨다. 몸의 기억이란 의식적으로 떠올릴 수 없는 과거로부터 침전된 우리 자신을 있는 그대로 보여주는 것이다.

03-1-2. 상황에 대한 기억

우리의 몸은 자신이 처해 있던 상황에 대해 기억한다. 우리에게 익숙해 있던 상황의 기억에 대한 예를 들어보자. 우리는 그 이전에는 특별히 의식하지 않았던 벽에 걸려 있던 그림이 없어진 것이 갑자기 눈에 들어온다거나, 항상 그냥 지나치던 곳에서 있었던 가구의 배치가 바뀐 것을 금방 알아챈다. 이때 우리의 몸의 기억은 자신이 처해 있었던 상황으로 끌리는 공간에 대한 기억인 것이다. 이러한 공간의 기억은 거주의 공간, 이웃, 고향 등을 발견하도록 한다. 몸의 기억은 특별히 자신이 살았던 거주 공간의 과거의 경험을 일깨우는 신뢰적 분위기로 가득 차 있게 된다. 특히 다음의 바슐라르의『공간의 시학』에서 몸의 기억이 담고 있는 거주 공간과 이에 대한 몸 습관에 대한 기술을 살펴보자:

23) 메를로-퐁티(2002), 222쪽.

"그러나 우리들이 태어난 집은 추억들 너머로, 신체의 이미지로 우리들 내부에 새겨져 있다. 그것은 우리들의 기관들이 가지고 있는 습관들의 모음인 것이다. 20년이 지난 후에도 그동안 우리들의 기억에 남아 있지 않은 많은 층계들을 오르내렸지만, 우리들은 '최초의 층계'에 대한 조건반사를 되찾을 것이다. 다른 계단들보다 약간 더 높은 어떤 계단에서 비틀거리지 않을 것이다. 그 집의 전 존재가 우리들의 존재를 변함없이 잊지 않고 있으면서, 스스로를 펼칠 것이다. 우리들은 예전과 같은 몸짓으로 삐꺽거리는 대문을 열 것이고, 불빛이 없이도, 저 꼭대기 지붕 밑 곳간(다락) 안으로 들어갈 수 있을 것이다. 제일 작은 빗장 걸쇠의 느낌까지도 우리들의 손 안에 남아 있는 것이다."[24)]

나의 거주 공간의 기억에는 몸속에 이미 형태화된 지각습관이나 운동습관이 들어와 있다. 마치 그것은 사물과 익숙한 상황이 매번 몸속에 들어와 있듯이 나와 교감하고 반응하는 것이다. 그래서 우리는 지각습관을 통해서 반복적으로 다시 인식하게 되는 유사한 상황들에 대해 신뢰감을 느낀다. 어떤 상황에 대한 경험이 있는 노련한 자는 매번의 상황에 대해 본질적이거나 특징적인 것을 금방 알아챈다. 예를 들어 문지기는 문을 막아야하는 위험한 상황을 직감하며, 뱃사람은 먼 곳의 폭풍이 오는 신호를 느낀다. 노련한 정신과 의사는 개별적인 증상이나 객관적 증거들이나 경과기록에 따라 진단을 하는 것이 아니라, 환자와 처한 삶의 상황에서 얻을 수 있는 전체적인 인상에 의해 진단한다. 그의 경험이 풍부해질수록 객관적인 자료로는 파악할 수 없는 자신의 고유한 몸의 체험에 의해 특징과 병식을 처음 만남에서 금방 알아챈다. 노련한 전문 간호사는 몸속의 상황에 대한 기억을 통해 자신이 만나는 환자가 처한 상황에 대한 전

24) 가스통 바슐라르(2003). 『공간의 시학』(곽광수 옮김). 동문선, 92쪽.

체적인 패턴을 지각하여 직접적인 돌봄의 행위로 옮겨간다. 거기서 전문 간호사의 임상 상황에 대한 지각과 이에 대한 대처는 익숙한 상황에 대한 몸의 기억에서 발생하는 것이다.[25)]

따라서 각자의 분야에서 경험이 풍부하고 숙련된 자는 복잡하고 불투명하고 개별적인 모든 것들을 인지하기 어려운 상황에서 특별한 인상을 인지하고 친숙한 표본을 보고 즉각적으로 판단한다. 즉 그는 어떤 상황에 접하면서 자세히 설명할 수 없지만, 몸의 상황 속에 침전되어 있는 몸의 기억을 떠올리는 것이다. 몸의 기억은 그 상황과 교류를 하며, 신뢰할 수 있는 지각과 행동과정에서 일종의 친숙한 느낌을 갖는다. 예를 들어 춤을 추는 사람은 그 상황에서 익숙한 자신의 동작의 리듬을 타고 춤을 추며 친숙하고 고유한 분위기를 경험한다. 그래서 그는 자신에게 익숙한 리듬 감각을 제자에게 말로서는 전달할 수 없다. 그는 그 상황에서 제자가 스스로 '몸으로' 배우게 하며 기억하게 하는 것이 중요하다. 또한 노련한 정신과 간호사는 우울증 환자들과의 만남에서 그들을 분별하게 하는 그 상황의 전형적인 분위기를 미묘한 감정의 파동으로 판단한다.

03-1-3. 상호 신체적 접촉에 대한 기억들

사람들과의 신체적 접촉과 만남들을 통해 침전된 몸의 기억은 인간 상호 관계에서 무의식적으로 작용하는 태도나 행위로 작동한다. 나의 신체는 다른 사람과의 관계하는 상황 속에 들어서자마자 다른 사람의 신체와 서로 상호작용하면서 섬세한 감응들이 생겨나며 서로 교류하게 된다. 몸의 기억은 비의지적으로 신체적 상호작용이 발생하는 인간관계의 영역에서 작동하는 것이다. 우리는 신체적 상호작

25) 공병혜(2006). 「메를로-퐁티의 몸의 현상학과 간호에서의 실천적 지식」. 『한국현상학회』제31집, 102쪽.

용을 통한 지각을 통해 몸의 외적 형태뿐만이 아니라, 개별 인간에 대해 경험하는 독특한 스타일이나 어떤 본질적인 것에 대해 직감할 수 있다. 인간의 개성은 제스처, 몸짓, 태도, 발걸음, 음성이라는 자신의 신체의 출현을 통해서 표현된다.

이러한 신체적인 태도와 행동방식들은 인간관계의 상호 교류를 위한 일종의 몸 도식으로 구조화되어 있다. 이러한 몸 도식은 사람들과의 관계 속에서 비의지적인 기억으로 일깨워서 서로의 감정이나 관점을 상호 교류하게 한다. 예를 들어 권위적인 사람에 대한 복종적인 태도는 구부린 윗몸, 높이 앞당긴 어깨와 경직된 몸의 모양이나 동작, 불안 등의 감정의 요소를 포함한다. 신체적 상호교류는 지각과 감정을 행위와 통합시켜 우리의 '피와 살'로 육화되어 전체적으로 **신체적인 인격의 구조**를 형성하게 한다.[26] 이러한 인간 상호간의 교류에서 일어난다. 몸짓이나 감정 등의 기본적인 태도나 전형적인 반응이 일어난다. 이는 몸의 기억에 침전되어 자신의 고유한 인격을 구성하는 것이다.

최근의 발달심리학의 연구에 따르면, 상호 신체적인 기억은 개인의 인격의 형성에 영향을 미친다. 특히 개인의 인격형성은 어린 시절의 운동 감각적 습관이 정서적인 사회적 발달이 통합되는 과정과 밀접하게 관계한다. 어린아이의 초기의 사회적 행동양식은 다른 사람과의 반복적인 신체의 상호 교류를 통해 생긴다. 즉 엄마의 모유수유 경험, 아버지와 축구놀이를 한 나의 경험은 다른 사람과의 신체적 접촉을 통해 다시 되살아난다. 몸의 기억은 인간관계에서 한 개인의 특성이나 사건에 대한 '무엇'에 대한 기억이 아니다. 그것은 인간의 신체적 상호 작용의 '노하우'가 몸속에 침전되어 무의식적으로 습관적인 태도나 행위를 통해 드러난다. 신체적 상호작용을 통해 축척된 몸

26) 공병혜(2018), 159~161쪽.

의 기억은 다른 사람들과 상호작용에 있어서 명료하지 않지만 마치 깊은 '저음'처럼 진동하며 울리는 소리 같은 것이다.

특히 어린 시절부터 습득해 온 다른 사람과의 신체적 상호작용은 몸의 기억으로 저장되어 인간관계의 상황 속에서 어떤 태도나 행동을 취하기 위해 준비되어 있다. 예를 들어 나의 걸음은 나의 어머니와 매우 유사하다든지, 어린 시절 아버지와의 경험이 다른 남성을 만날 때도 무의식적으로 영향을 미친다든지, 어린 시절 신체적 접촉의 반복적인 경험은 일종의 몸 습관을 형성하며 인간관계에 영향을 주게 된다. 이러한 어린 시절 경험한 신체적 상호작용들은 평생 동안 한 개인의 인간관계의 형성에 영향을 미친다.

이렇듯 어린아이는 어른과의 신체적 접촉을 통한 태도와 행위에 대한 모방을 통해서 다른 사람과의 관계에서 취하는 태도와 사회적, 혹은 성별 역할까지 몸으로 습득하게 된다. 신체를 매개로 표현되는 인간 상호 관계성은 일종의 문화적 습관으로 몸의 기억 안으로 들어간다. "신체란 육화된 것으로서 본성이 되어간 그래서 잊어진 역사이며, 전체 과거가 작용하는 현재이다."[27] 그래서 상호 신체적 만남을 통해 형성되는 몸의 기억은 지속적으로 다른 사람과 교류함에 있어서 자신의 인격을 드러내는 것이다.

03-1-4. 통증과 트라우마에 대한 기억

통증에 대한 경험은 몸의 기억 안에 새겨진다. 역사적으로 통증에 대한 기억은 일종의 처벌이나 훈육의 방법으로도 사용하는 것으로 알려졌다. 특히 니체는 「도덕의 계보학」에서 인류의 역사에서 끊임없이 고통을 주는 것에 대한 기억만큼 더 무섭고 섬뜩한 것은 없다

27) P. Bourdieu(1987). *Sozialer Sinn*, Suhrkamp, Frankfurt/M., p. 101.

고 말한다. 니체는 다음과 같이 말한다.

"인간이 스스로 기억을 만들어야 할 필요가 있다고 여길 때 피나, 고문, 희생이 끝난 것이 없었다. 가장 소름끼치는 희생과 저당(첫아이를 받치는 희생도 여기에 속한다), 가장 혐오스런 신체 훼손(거세), 모든 종교의례 가운데 가장 잔인한 의식의 형태(모든 종교는 그 가장 깊은 근거에서 잔인성의 체계이다)의 모든 것의 기원은 고통 속에 가장 강력한 기억의 보조 수단이 있음을 알아차린 저 본능에 있다."

"인류가 '기억에 남겨둔 것'이 나쁘면 나쁠수록, 인류의 관습의 모습은 더욱 무섭게 된다. 특히 형법의 냉혹함은 인류가 망각을 극복하고 사회적 공동생활은 몇몇 원시적 요건을 순간적으로 감정과 욕망의 노예가 된 이러한 사람들의 기억 속에 자리 잡게 하기 위해 얼마나 많은 노력을 했는지 알 수 있는 척도를 제공해 준다."[28)]

위의 인용문은 인류 역사에서 고통에 대한 기억술이야말로 인류에게 형벌을 가하는 가장 가혹한 처벌이나 훈육의 방법으로 사용되어 왔음을 보여준다. 특히 어린 시절의 극심한 고통이나 폭력에 시달렸던 아이들의 고통의 기억은 지속적으로 심신 상관 질병(psychosomatic illness) 같은 현상으로 활성화되어 나타난다. 이것은 고통에 대한 기억만으로 신체적으로 극심하게 고통을 느끼는 것이다. 어린 시절의 고통과 통증에 대한 기억은 몸 안에 각인되어 고통을 경험한 유사한 상황을 만나게 되면 지속적으로 활성화되는 것이다.

그러나 무엇보다도 가장 지울 수 없는 몸의 기억은 심각한 사고나 강간이나 고문 혹은 죽음의 위협과 같은 트라우마에 대한 기억이다.

28) F. 니체(2009). 「도덕의 계보학」(김정현 옮김). 『니체전집 』14, 책 세상, 400~401쪽.

트라우마의 경험은 이미 의식적으로 떠올려지는 것이 아니라, 망각되어 있거나 퇴행됨으로써 몸의 기억 속에 잠재적으로 남아 있게 된다. 그러나 이러한 몸의 기억은 트라우마를 경험했던 유사한 상황에서 유사한 방법으로 재활성화된다. 예를 들어 어떤 폭행 사건의 피해자는 현재 자신이 처한 상황이 그 이전의 트라우마를 경험한 환경과 유사할 때 다시 그 공포를 경험한다. 자는 동안 강간을 당한 여성은 항상 폭행을 당했던 그 시점에 깬다. 고문을 받은 피해자의 과거의 경험은 현재 갈등상황에 다시 나타나서 정확히 고문을 당했던 몸의 부분에서 반응한다. 몸의 기억은 통증, 불안과 공포 그리고 강력한 이미지의 파편과 결합해서 다시 트라우마를 발생시킨다. 트라우마를 받은 사람의 상호 신체적인 기억은 깊게 변화되어 방어할 수 없이 항상 폭력에 노출되어 무력감으로 남아 있다. 맛, 냄새, 혹은 소리, 어떤 날씨의 상황에 대한 감각적 경험은 과거의 트라우마를 다시 떠올리기에 충분하다. 이러한 몸속에서 이질적인 강요가 일어나는 느낌의 기억은 불가역적으로 세계에 대한 근원적인 신뢰를 뒤흔든다. 예를 들어 전쟁 중 고문을 받고 생존한자는 더 이상 집에 있다는 거주에 대한 안전함, 세상 어디에도 친근한 거주의 경험을 느낄 수 없는 것이다.[29)]

03-2 몸의 기억과 자기 정체성

우리는 현실을 일종의 우리 자신을 에워싸고 있는 주위에 대한 감응과 이에 대한 기억들이 서로 얽혀서 경험한다. 즉 우리가 경험하는 현실이란 다름 아닌 나의 몸에 의한 모든 지각과 그 지각과 관계

29) 공병혜(2018), 161쪽.

하는 잠재적인 몸의 기억들로 에워싸인 상황인 것이다. 우리 자신의 과거를 의식적으로 회상을 해 보자. 그러면 그 회상은 단지 지나간 과거의 것을 부분적으로 재현한다. 그러나 몸의 기억은 종합적이며 전체적으로 과거를 지금 생동하는 현재로서 경험하게 한다. 즉, 일생동안 형성되는 몸의 기억은 개인의 운동과 지각습관, 그리고 행위구조에 영향을 미치며 자기 자신을 지속적으로 변화하게 한다. 그래서 우리의 몸의 기억이 침잠되어 있는 몸 습관들은 자기 자신에게 지속적으로 신뢰를 가지고 자신의 인격이 되어가며, 그 어떤 외적인 변화에도 개인 그대로 머물게 한다.

따라서 몸의 기억에는 바로 개인의 정체성의 기반이 되는 자기 지속성이 구현되는 것이다. 물론 개인의 정체성은 의식적으로 과거의 기억들을 떠올려 통일적으로 기술될 수 있다. 그러나 예를 들어 중증 치매에 걸린 환자들처럼 더 이상 자신의 과거 상태, 즉 자신의 이름을 기억할 수 없다고 해서 자기정체성이 없다고 말할 수 없다. 그들에게도 매 상황, 장소마다 스스로 설명할 수 없는 몸의 기억이 행동으로 불현듯 출현하는 것이다. 특히 몸의 기억은 냄새와 맛, 익숙한 멜로디 혹은 또한 내가 신뢰하는 장소의 분위기이라는 특별한 지각의 방식으로 과거를 현재 활성화시키며, 가장 강력하게 기억들을 실어 나른다. 프루스트는『잃어버린 시간을 찾아서』에서 자신의 과거의 기억의 그림들이 펼쳐지기 전에, 어린 시절 맛보았던 차의 냄새와 만달리데의 맛을 다시 인지하고, 일종의 강력한 행복감을 경험한다. 마르셀 프루스트의 다음의 글을 살펴보자:

“ … 그러나 내가 기억해 낼 수 있는 것은 단지 의지적인 기억, 지성의 기억에 의해 주어진 것으로, 이런 기억이 과거에 대해 주는 지식은 과거의 그 어떤 것도 보존하지 않으므로, … 사실 내게 있어서 이 모든 것은 죽은 것이나 다름없었다.”

"… 침울했던 하루와 서글픈 내일에 대한 전망으로 마음이 울적해진 나는 마들렌 조각이 녹아든 홍차 한 숟가락을 기계적으로 입술로 가져갔다. 그런데 과자 조각이 섞인 홍차 한 모금이 내 입천장에 닿는 순간, 나는 깜짝 놀라 내 몸속에서 뭔가 특별한 일이 일어나고 있다는 사실에 주목했다. 이유를 알 수 없는 어떤 감미로운 기쁨이 나를 사로잡아서 고립시켰다. 이 기쁨은 마치 사랑이 그러하듯 귀중한 본질로 나를 채우면서 삶의 변전에 대해 무관심하게 만들었고, 삶의 재난을 무해한 것으로, 그 짧음을 착각으로 여기게 했다. 아니, 그 본질은 내 안에 있는 것이 아니라 바로 나 자신이었다. 나는 더 이상 나 자신을 초라하고 우연적이고 죽어야만 하는 존재라고 느끼지 않게 되었다. 도대체 이 강렬한 기쁨은 어디서 온 것일까? … 내가 찾는 진실은 차에 있는 것이 아니라 바로 내 안에 있는 것이 분명하다."[30]

"… 분명히 내 마음 깊은 곳에서 팔딱 거리는 것은 그 맛과 연결되어 맛의 뒤를 따라 내게로까지 올라오려고 애쓰는 이미지, 시각적인 추억임에 틀림없다. 그러나 그것은 너무도 멀리서 너무도 희미하게 몸부림치고 있어, 내가 알아볼 수 있는 것은 기껏해야 휘저어 놓은 색채들의 포착할 수 없는 소용돌이가 뒤섞인, 어렴풋한 그림자일 뿐이다.

… 그러나 갑자기 추억이 떠올랐다. 그 맛은 내가 콩브레에서 일요일 아침마다 레오니 아주머니 방으로 아침인사를 하러 갈 때면, 아주머니가 곧잘 홍차나 보리수차에 적셔서 주던 마들렌 과자 조각의 맛이었다.

… 그러나 아주 오랜 과거로부터 아무것도 남아있지 않을 때에도, 존재의 죽음과 사물의 파괴 후에도, 연약하지만 보다 생생하고, 비물질적이지만 보다 집요하고 보다 충실한 냄새와 맛은, 오랫동안 영혼처럼 살아남아 다음 모든 것의 폐허 위에서 회상하고 기다리고 희망하며, 거의

30) 마르셀 프루스트, 『잃어버린 시간을 찾아서 1』(김희영 옮김), 민음사, 84~87쪽.

만질 수 없는 미세한 물방울 위에서 추억의 거대한 건축물을 꿋꿋이 떠받치고 있다."[31]

여기서 프루스트는 우연히 맛과 냄새 같은 감각에 의해 과거에 대한 총체적인 이미지가 발현되는 비의지적 기억을 기술한다. 어머니가 홍차와 함께 준 마들렌 과자조각의 맛과 냄새로 인해 우연히 살아난 비의지적 몸의 기억은 자신의 어린 시절 가족이 함께 살던 집의 주인인 레오니 아주머니에 대한 기억을 되살린다. 레오니 아주머니는 남편이 죽은 후에 스스로를 자신의 방에 가두는데, 이는 프루스트에게 어머니의 죽음 후에 창작 활동('잃어버린 시간을 찾아서'의 집필)을 이어가는 자신의 모습과 동일하다는 느낌을 갖게 한다. 그래서 냄새를 통해 발현된 몸의 기억은 뜻하지 않게 과거를 다시 직접적으로 살아나게 하면서 자기를 찾아나서는 명시적인 기억을 향한 문들을 열게 한다. 이러한 냄새를 통해 발현된 몸의 기억에 대해 벤야민은 다음과 같이 말한다:

"그 냄새는 여기서 잃어버린 시간바다에서 어부가 과거 속의 무게를 느끼는 감각이다. 그리고 이 문장들은 예지적 신체의 전 근육운동이며, 이 그물을 들어 올리는 형언할 수 없는 노력 전체를 담고 있다."[32]

몸의 기억에 의한 감각은 이미지도 없고 형태도 없이, 불확실하면서도 묵직한 전체로서 느껴지는, 마치 잃어버린 시간의 바다에서 어부가 건져 올리는 그물을 통해 과거 속 전체 무게의 느낌과 같은 것이다. 그 감각 속에 각별히 끈질기게 보존되어 깊은 심층에서 떠올

31) 마르셀 프루스트(2012), 86~90쪽.
32) 발터 벤야민(2014). 『서사, 기억, 비평의 자리』. 도서출판 길, 273쪽.

려지는 기억들은 더 이상 개별적인 이미지들이 아니라 자기 자신의 본질이 담긴 것이다.

이렇듯 프루스트의 홍차와 만델린의 냄새를 통해 되살아나는 몸의 기억은 "내 정신이 결코 망각해서는 안 되는 과거의 충실한 수호자"인 것이다.[33] 이것은 본래의 자기로 항상 되돌아갈 수 있는 신체적 자아로서의 자기 신뢰의 지점인 것이다. 그래서 신체적 자아의 기반이 바로 몸의 기억인 것이다. 이는 과거의 계기에 대해 회상하는 능동적 반성이 일어나기 이전에, 자기 자신을 총체적으로 체험하게 한다.

이러한 몸의 기억에 의한 자기 체험은 명시적 기억에 의해 자기를 이야기하는 서사적인 자기정체성의 기반이 된다. 거기서 물론 우리는 의식적이며 반성적인 기억에 의존하여 어린 시절부터 지금까지 살아 온 일생을 스스로 이해하여 이야기 할 수 있다. 그러나 이러한 의식적인 자기 이해의 관점에도 신체적 자아의 자기 체험의 차원인 몸의 기억이 내재하고 있는 것이다. 즉, 개인의 삶의 역사는 현재화되는 몸의 기억 속에서 통합이 되며, 특히 과거를 충실히 보존하고 지키는 습관적 몸은 항상 개인의 역사를 이해하는 출구가 된다. 그래서 개인의 인격의 지속성은 의식적인 기억이 계기별로 현재화된 자기 자신에 대한 자서전인 기술에서 총체적으로 드러나는 것이 아니다. 그 인격의 지속성은 바로 몸의 기억 속에서 침전되어 암묵적으로 현전하는 탄생부터 지속된 나의 몸의 역사로부터 나오는 것이다. 자기반성과 의식적인 자기 회상에 의한 내러티브와 자기 자서전적인 개인의 정체성의 의미는 결국 자기 지속을 위한 몸의 기억이 지닌 자기신뢰성을 바탕으로 한다. 따라서 '나는 누구인가'라는 개인의 정체성에는 암묵적인 몸의 기억과 이를 바탕으로 한 자전적인 자

33) 마르셀 프루스트(2012), 19쪽.

기 기술이 함께 존재하는 것이다.

정리하자면, 나의 몸의 기억은 일상 삶을 수행하기 위한 자기 이해의 근원이며, 동시에 의식적인 우리의 행위의 배경에서 세계에 대한 근원적인 신뢰를 자명하게 드러낸다. 몸의 기억은 언제나 삶의 세계에 닻을 내리고 있고, 우리가 세계에 거주하도록 매개해준다. 이러한 삶의 세계에 정박에 있는 몸의 기억은 우리가 지각하고 느끼고 행위하는 기반인 몸 습관 속에 침전되어 있으며, 개인이 살아온 삶의 역사가 담긴 자기 정체성의 근원이 되는 것이다. 따라서 개인의 인격의 지속성은 한 개인에 대한 명시적 앎이나 주체가 스스로 기술한 자기 기록으로만 확인되는 것이 아니다. 이는 암묵적으로 침전된 개인의 역사가 지금, 현재화되는 몸의 기억에서 근본적으로 확인된다. 특히 냄새와 맛과 상황과 신체적 상호작용에 의해 촉발되는 인간 몸의 기억은 자기 인격의 정체성의 기반이 되며, 우리가 항상 되돌아가는 자기 신뢰의 지점인 것이다. 그래서 개인의 삶의 서사나 자기 자서전적으로 매개된 자기 정체성도 결국 이러한 자기 몸의 기억이 지닌 신체적 자아의 정체성을 바탕으로 형성되는 것이다.

03-3 몸의 기억과 돌봄

03-3-1. 뇌졸중 환자의 회복 경험

메를로-퐁티의 몸의 현상학에 기초한 질병 체험 연구에서는 몸의 기억에 대한 이해가 임상 현장에서 유용한 돌봄의 실천 방향을 제시해 주고 있음을 보여준다. 다음은 뇌졸중 환자의 회복 경험을 연구한 현상학적 질적 연구의 사례를 소개하고자 한다.[34]

뇌졸중 회복에 대한 생의학적 연구의 대부분은 신체기능의 회복과 자기 돌봄을 할 수 있는 자립성에 초점을 주고 있다. 그러나 몸의 현상학에 기반한 질적 연구에서는 환자의 몸의 회복이 신체적 자아를 지속하게 하는 몸의 기억의 회복에 있음을 보여준다. 뇌졸중 환자들에 있어서 중요한 몸의 회복이란 신체적 자아의 총체적 회복을 의미하며, 이를 위해서는 그들의 자연적, 문화적인 몸 습관에 대한 이해가 중요한 것이다. 뇌졸중 환자는 우선 자신이 처한 상황에서 이루어지는 모든 신체적 활동을 서투르고 어색하며 낯설게 느낀다. 왜냐하면 그의 왼팔과 다리가 몸의 습관에 따라 자발적으로 움직여지는 것이 아니라, 의식적으로 자신의 마음의 통제를 받는 수동적 대상이 되었기 때문이다. 그들은 강한 의지를 가지고 운동감각에 대한 훈련을 하면 뇌졸중 이전의 상태로 돌아갈 수 있다고 믿었다. 그러나 그들은 더딘 자신의 회복과정에 대해 만족하지 못했다. 왜냐하면 이 환자들에게서 몸의 회복은 물리적인 신체의 기능적 회복뿐만이 아니라, 뇌졸중 이전의 사회적 · 문화적 신체의 회복을 통한 총체적 삶으로의 재통합을 의미하기 때문이다. 그래서 이들에게는 무엇보다도 뇌졸중 이전의 삶에서의 개인의 관심이나 사회적 관계가 침

34) P. 벤너(ed. 2002).『해석학적 현상학과 간호연구』(지성애 외 번역). 정담미디어, 291~305쪽.

전 된 몸의 기억을 활성화시킬 수 있는 치유 환경이 중요한 것이다.

일반적으로 재활시설에서는 환자들을 예를 들어 세수하기, 옷 입기, 신발신기 등등의 일상 활동하기 위한 운동 감각을 회복시키기 위한 훈련에 초점을 두고 있다. 그러나 이러한 신체적 기능의 회복이 신체적 자아의 사회적 문화적 습관 속에 침전된 몸의 기억을 활성화시키는 것은 아니다. 왜냐하면 그의 신체적 자아의 회복을 위해서는 재활시설에서 운동(물리)치료사가 처방한 일상적인 기능적 일을 완수하도록 하는 것뿐만이 아니라, 자기의 삶에서 중요한 의미를 지니는 문화적으로 습득한 자신의 몸 습관의 기억을 활성화시켜야 하는 것이다. 예를 들어 어떤 환자는 뇌경색증이 발생하여 왼팔과 손의 힘과 조절력이 손상되었다. 뇌졸중 경험 이전에 그는 열광적인 낚시꾼이었다. 뇌졸중 발생 후 그의 회복의 정도는 자기 자신이 얼마나 낚시를 잘 할 수 있는지, 즉, 왼팔과 손으로 물고기를 끌어당기고 던져 올리는 차원에서 판단되었다. 그에게 낚시를 할 수 있는 몸 습관을 회복시키는 것은 신체적 자아의 통합적인 회복을 의미하는 것이다.[35)]

뇌졸중 환자는 대체로 신체적 자아의 정체성의 상실을 경험한다. 그들은 자신의 마음의 의지에 따라서 신체적 운동과 감각과의 통합이 자발적으로 이루어지지 않아서 고통은 계속된다. 그들은 운동프로그램을 통한 몸의 기능의 회복이 자신의 의지와 노력으로 가능하다고 여겼지만, 뇌졸중 이전의 총체적인 몸의 능력으로 돌아갈 수는 없었다. 왜냐하면 개인의 총체적인 과거를 담고 있는 습관적 몸의 기억이 지금의 상황 속에서 실행되고 있지 않기 때문이다. 뇌졸중 환자의 신체적 자아의 상실에 대한 경험은 결국 몸 습관 속에 침전된 몸의 기억이 되살아나지 않기 때문인 것이다. 그리고 이것은 마음의 의지나 노력에 의해 실행되는 것이 아니다. 자신의 삶에서 습

35) 공병혜(2018), 167~168쪽.

관으로 형성된 신체적 통합능력의 상실은 바로 환자에게 엄청난 무력감을 경험하게 한다. 그래서 뇌졸중 환자는 몸 습관에 친숙한 상황적 기억이 일깨워지는 과정에서 신체적 통합능력의 회복을 경험한다.

예를 들어 어떤 환자는 왼쪽 다리에 심각한 쇠약증세가 있었고 최소한의 활동을 권유했지만 병원에서는 두세 걸음 이상 걷지 않았다. 그러나 그녀는 퇴원 후 자신의 집의 친숙한 환경과 상황에 그녀의 신체가 이끌리고 반응하는 것을 느꼈다. 인간의 몸이 익숙한 상황의 요청에 이끌려 반응한 것이다.[36] 그녀는 자신이 평소 좋아하던 앞마당을 거닐면서 거기에 놓여 있는 의자에 이끌렸다. 친숙한 환경에는 만질 수 있고 움직일 수 있고 접근할 수 있는 자기 몸에 육화된 기억들로 가득 차 있다. 그녀가 걷도록 놀라운 반응을 끌어낸 것은 그녀의 몸에 익숙한 환경이었다. 몸의 기억은 그 상황에 속하여 상황과 함께 공동의 의미를 엮어나가며 자기 자신에게로 돌아오게 한다. 그녀는 자신의 집이라는 친숙한 환경에 대한 몸의 기억으로 가득 찬 집안 곳곳에서 신체적 접촉이 일어날 때마다 자신의 신체가 반응하는 것을 체험할 수 있었다.[37]

그래서 뇌졸중 환자는 물론 그 이전으로 몸 습관으로 완전히 되돌아 갈 수 없다. 그러나 그 환자의 회복이란 자기가 거주하는 삶의 세계에로 복귀하는 것이며, 이는 자신의 몸의 기억이 되살아가는 상황을 만들어가는 것을 의미한다. 이것은 단순히 감각적 신체적 운동의 회복뿐만이 아니라, 자신의 신체가 거주하는 환경과 엮여 있는 그들 삶의 관심, 생활습관, 가치관 등의 의미가 육화되어 있는 통합적인 자기 몸으로의 회복을 목표로 하는 것이다.

36) 메를로-퐁티(2001), 222쪽. 몸의 습관적 움직임이란 우리 몸의 지각에 가해지는 익숙한 상황과 사물의 요청에 따라 몸이 반응하는 것이다.

37) P. Benner(ed.2002), pp. 300~304.

03-3-2. 치매 환자와 돌봄

뇌가 정신능력의 기관이고, 몸은 단지 수동적인 기계라는 이원론적인 사고에 따르면 뇌의 기능인 인지적 능력의 상실은 자기 존재 기반의 위협 혹은 인격의 소실로서 간주될 수 있다. 그러나 치매환자의 초기에는 의식적인 합리성을 동반한 명시적인 기억들이 점진적으로 상실된다. 그러나 암묵적인 몸의 기억의 폭넓은 영역은 질병의 후기단계에 이르기까지 그렇게 손상되지 않는다. 예를 들어 이들에게서 운동감각의 습관이나 상황에 대한 기억, 특히 후각이나 미각, 청각 등에 의한 소환되는 몸의 기억들을 질병 후기에서도 발견할 수 있다. 특히 이러한 몸의 기억의 떠오름은 자신의 몸담고 살았던 익숙하고 친숙한 주위의 환경조건과 결합되어 있다. 그래서 이들이 주위환경에 놓인 사물들의 이름과 그것의 작용을 더 이상 말할 수 없다고 할지라도, 일상생활에 익숙한 식기다루는 것, 옷 입는 것 등의 진행적 기억 등은 아직 오랫동안 남아있다. 마찬가지로 개인의 삶에 친숙한 주위상황, 음성, 멜로디, 냄새 등은 감정만을 일깨우는 것이 아니라 의식 밑에 침전된 몸의 기억을 자주 일깨운다.

이러한 몸의 기억에 대한 이해는 치매를 앓고 있는 사람에게 세상에 대한 신뢰와 자기 자신에 대한 안정감을 되찾을 수 있는 돌봄의 방향을 제시해 줄 수 있다. 특히 삶의 과정에서 환경과의 상호소통을 통해 형성된 익숙한 몸 습관에 대한 이해는 치매환자를 위해 어떻게 돌봄과 지원을 할 것인가에 대한 구체적인 대안을 마련해 줄 수 있다. 왜냐하면 몸의 습관에 침전된 몸의 기억은 환경에 대한 신뢰를 주어 남아있는 활동성을 촉진시키기 때문이다. 그래서 이들 치매 환자를 돌봄에 있어서 가장 중요한 과제는 몸 습관에 내재된 신체적 자아의 연속성을 보증해 주는 몸의 기억들이 활성화 될 수 있는 주위 환경을 유지하는 것에 있다. 그래서 이들에게 친숙한 거주 공간에 살게 하는 것은 환자의 불안이나 공격성을 감소시킬 뿐만이 아니라, 또한 그들 자신의 고유의 활동성을 보존할 수 있도록 한다.[38)]

만약 치매라는 질병이 자신의 명시적인 기억을 빼앗았다고 할지라도, 그는 항상 자신의 몸의 기억을 간직한다. 그는 이러한 몸의 기억의 친숙함의 이유나 그 증거를 제시하지 못하고 자신의 삶의 역사를 더 이상 이야기할 수 없다. 그럼에도 자신의 삶의 역사는 친숙한 눈길, 냄새, 접촉 그리고 자신의 삶의 환경과 사물 속에 현재 남아 있다. 그래서 치매환자에게는 의식적인 기억에 의존하기보다는 말없이 그러나 자신에게 신뢰의 감정을 느끼게 해주는 몸의 기억을 일깨워 주는 돌봄이 중요한 것이다. 특히 치매환자에게 전체 인생에서 형성된 몸 습관은 익숙한 환경 속에서 자신에 대한 지속성과 신뢰의 감정을 갖도록 한다. 예를 들어 78세 중증 치매 환자는 거의 자신의 친척을 알아볼 수 없다. 그는 무기력해져 있으며 신체적으로 쇠약해서 거의 자립적으로 움직이려고 하지 않았다. 어느 날 두 명의 손자가 그를 방문해서 집 앞에서 축구를 했다. 그 환자는 젊은 시절 오랜 세월을 어느 단체에서 축구를 했다. 그러자 그는 갑자기 벌떡 일어나서 손자들과 축구를 했다. 그는 젊은이로 변신한 듯 보였으며, 자신의 드리블 기술을 보이며 다양한 축구의 기교를 보여주었고 전문적인 설명까지 했으며, 그에게서 병식은 더 이상 인식되지 않았다.[39)] 그 뿐만이 아니라 매일의 일과, 계절과 관계하는 일들, 식사습관, 놀이, 음악, 가족대화 혹은 기도 같은 삶의 리듬은 치매환자들을 평온하게 하고 자신에게 돌아오는 신뢰와 안전한 삶의 기분을 환기시킨다. 특별히 감각을 자극하는 익숙한 음식의 냄새, 음악, 신체적

38) 공병혜(2018), 170~173쪽.

39) T. Fuchs(2010), p. 239.

접촉과 분위기들은 정서를 동반한 기억들을 환기시킨다. 이러한 감각들은 기억의 빛이 바랜 과거의 삶의 장면들을 연결시켜 무의식적으로 자기 지속의 감정을 일깨운다.

또한 운동 감각이나 상황에 대한 몸의 기억 이외에도 타자와의 몸의 상호교류를 통해 형성된 몸의 기억은 자신의 생애동안 체험된 것을 지속시키는 위한 중요한 원천을 형성한다. 그래서 언어적 인지적 능력을 상실해 가는 환자에게서 감정적이며 신체적인 표현은 더욱 강력한 소통방식으로 나타난다. 병의 심각한 증상에서도 환자는 언어적 소통능력이 없이도 몸짓으로 표현하며, 자신들의 민감한 상태나 소망에 대한 정보를 제공한다. 이들은 다른 사람의 억양, 동작의 움직임, 제스처 등에서 느껴지는 비난 혹은 거절 등의 표현에 더욱 민감하게 반응한다. 왜냐하면 언어적 인지적 차원에서 이미 다소 심각한 소통의 장애가 온다고 할지라고, 여전히 치매환자에게 인간 상호관계와 접촉에 의한 기억은 잠재되어 있다. 그들은 인간 상호 교류에 있어서 의식적 사고에 의한 규범에 적응할 수 없지만, 자신들의 육화된 친숙한 사회적인 습관이 무의식적으로 작용한다. 몸의 기억을 일깨우는 사람과의 친숙한 교감은 이들에게 다른 사람들과의 정서적인 관계와 자기 자신에 대한 신뢰를 얻게 한다. 우리는 치매환자의 뇌를 단지 집중적인 인지 훈련이나 약물로 치료해야만 하는 손상된 기관으로 간주해서는 안 되는 것이다.

치매 환자를 돌봄에 있어서 환자의 삶의 이야기에 대한 이해는 중요하다. 왜냐하면 치매환자의 삶의 이야기들로부터 그들의 몸의 기억이 활성화될 수 있는 단초들, 예를 들어 좋아했던 음식, 음악, 습관 등을 발견할 수 있고, 이로부터 발생하는 그들의 반응을 해석할 수 있기 때문이다. 돌보는 사람들은 그들의 삶의 이야기를 그들과 함께 한 살아온 사람들, 즉 가족이나 친구 등의 이야기를 통해 엮어낼 수 있다. 치매를 앓고 있는 환자들이 엮어낸 삶의 이야기들은 삶의 각 계기들에서 우연적이나 극단적인 기억의 조각들로 파편화되어 지속성과 통일성을 지니고 있지 않다. 그래서 그들을 보살피기 위해서 그들의 삶의 이야기가 어느 정도의 지속성과 통일성을 지닐 수 있도록 그들과 삶을 함께 한 사람들로부터 그들의 이야기를 엮어낼 수 있어야 한다. 따라서 치매 환자가 자신의 삶을 매우 희미하게 기억하더라고, 그들을 돌보는 사람들은 그의 가족이나 친구들로부터 삶의 이야기를 듣고 그의 삶의 이야기를 이어가게 하는 실마리들을 발견해야 한다. 즉 그의 삶의 이야기에서 발견한 중요한 실마리들, 즉 배우자 사진이나 혹은 그가 아끼는 장식품 등으로 에워싸인 거주 환경을 만들어 주어야 한다.

이러한 거주 환경은 그들의 몸의 기억을 일깨워 과거로부터 이어져온 삶의 이야기가 지속적으로 이어질 수 있도록 한다. 결국 그들의 삶의 이야기가 단절되지 않고 파편화되지 않고 지속적으로 이어가도록 하는 방법은 가능한 새로운 환경과 낯선 것들을 줄이는 것이다. 그래서 치매 환자에게 개인의 삶의 근원을 향해 자기에게로 돌아오게 하는 몸의 기억을 일깨워 줄 수 있는 거주 환경을 조성해 주는 것이 무엇보다도 중요한 것이다.

참고 문헌

- 가스통 바슐라르(2002). 『공간의 시학』(곽광수 옮김). 동문선.
- 강신익(2007). 『몸의 역사, 몸의 문화』. 휴머니스트.
- 공병혜(2018). 『돌봄의 철학과 미학적 실천』. 서울대출판부.
- 공병혜(2009). 『현대 의료실천에서 몸에 대한 현상학적 이해』. 인문학 연구37집.
- 공병혜(2008). 「보살핌의 학문과 철학」,『범한철학』48. 범한철학회.
- 공병혜(2018). 「몸의 기억과 자기 정체성」,『철학과 현상학 연구』78.
- 니체, F.(2009). 「도덕의 계보학」(김정현 옮김). 『니체전집 』14. 책 세상.
- 마르셀 프루스트(2012). 『잃어버린 시간을 찾아서 1』(김희영 옮김). 민음사.
- 메를로-퐁티(2002). 『지각의 현상학』(류의근 옮김). 문학과 지성사.
- 발터 벤야민(2014). 『서사, 기억, 비평의 자리』. 도서출판 길.
- 게오르그 가다머(2002). 『현대의학을 말하다』(이유선 옮김). 몸과 마음.
- 에릭 카셀(2002). 『고통 받는 환자와 인간에게 멀어진 의사를 위하여』(강신익 옮김). 코키토.
- 윤성우(2004). 『폴 리쾨르의 철학』. 철학과 현실사.
- 한전숙(1998). 『현상학』. 민음사.
- Benner, P. & Wrubel, J.(1987). *The Primacy of caring, Stress and Coping in Health,and Illness*. CA: Addiso-Wesley.
- Benner, P(.ed.1994). *Interpretive phenomenology: embodiment, Caring*, and Ethics in Health and Illness, Sage. 『해석학적 현상학과 간호연구』(지성애 외 옮김2002). 정담미디어.
- Bourdieu, P.(1987). *Sozialer Sinn, Suhrkamp*, Frankfurt/M.

LIFE AND DEATH.

PART

03

나는 누구인가

'나는 과연 누구인가?'라는 질문은 인격을 지닌 인간만이 할 수 있다. 이 질문은 나 자신을 이해하기 위한 자기 정체성에 대한 질문이기도 하다. 자기정체성이란 그 누구도 대체할 수 없는 그 인간 개별자의 자기다움이며 자기 삶의 이야기를 통해 이해된다. 이 글은 인간의 자기유지를 위한 인격의 정체성의 차원을 이야기적 정체성을 통해 탐구해보고자 한다.

또한 '나는 누구인가'라는 인격의 자기 정체성을 구성하는 이야기는 좋은 삶을 추구하고 실현하고자 하는 자기 존중과 타자에 대한 배려를 담고 있다. 특히 삶의 이야기를 통한 인격의 존엄성에 대한 배려는 도덕적 주체로서의 인격체뿐만이 아니라, 인격의 존엄성이 위협받을 수 있는 배아나 태아 그리고 무의식 환자나 식물인간 등 모두에게 해당된다. 이 글에서는 오늘날 의사결정능력이 상실된 사람의 '자기정체성'을 존중하고 보호해 주기 위한 생명 윤리적 태도를 이야기 윤리의 차원에서 다루어보기로 한다.

01
인격의 정체성과 자기 지속

01-1 인격의 정체성

나는 과연 누구인가? 이것은 인격을 지닌 인간만이 할 수 있는 자기 정체성에 대한 질문이다. 인격의 정체성의 기준이 무엇인가에 따라 철학에서 다양한 논의가 있다. 이것은 내가 '나'인 것을 개별화하고 재확인을 할 수 있는 기준에 대한 것이다. 인격의 정체성에 대한 기준에는 주로 자의식과 기억이라는 심리적인 기준이나 시간과 공간의 동일성에 따른 신체적인 기준들이 있다. 예를 들어 내가 나를 과거부터 현재까지 기억하고 의식하는 심리적 연속성이 나를 재확인할 수 있는 증거이다. 혹은 누구에게나 객관적으로 관찰될 수 있는 나의 외형, 크기와 얼굴 모양 등과 같은 신체적 특징에 따라 나를 재확인할 수 있는 것이다.

그러나 인격의 정체성의 기준을 반드시 심리적인 것과 신체적인 특징으로 구분할 수 있는 것은 아니다. 인격의 정체성을 단지 자기의 기억과 같은 다양한 심리상태의 연결 상태로 볼 수도 없으며, 또한 자신의 심리적 상태와 분리된 신체를 동일성의 기준으로 삼을 수도 없는 것이다. 과연 드라마에서 자주 등장하는 불의의 사고로 인해 과거를 기억하지 못하는 사람이 다른 사람은 기억하는 자기 자신에 대해 알지도 못하고 설명도 하지도 못한다. 그러나 다른 사람들은 과거에 함께 했던 경험을 기억하고 그의 외형의 특징만으로 그가 그임을 구별한다면 무엇이 그의 정체성을 보증해 줄 수 있는가?

사람들은 인격의 정체성에 대해서 세월이 흘러도 다른 사람과 구분하게 하는 '나'를 특징짓는 것이 '무엇인가'라는 질문을 계속해 왔다. 물론 오늘날에는 시간의 변화 속에서도 지속적으로 존재하는 '나'의 실체로서 유전자 검사를 통해 밝힐 수 있는 '유전자 코드'가 개인을 식별할 수 있는 객관적 증거가 된다. 또한 한 개인을 식별할 수 있는 타고난 기질의 총체로서 변하지 않는 성격의 지속성을 들 수 있을 것이다. 이것은 시간의 흐름 속에서도 변하지 않는 본질을 찾는 물음인 "나는 무엇인가"의 차원의 물음인 것이다.

우리는 인격의 정체성을 이해함에 있어서 '나는 무엇인가'와 '나는 누구인가'라는 물음을 구분하여 생각해 볼 수 있다. 우선 '나는 무엇인가'에 대해 '나는 나다', '그는 그이다'라는 변하지 않는 동일성은 무엇인가? '나는' 단수로서 수적인 동일성을 지닌다. 나는 단수이지 절대로 복수가 될 수가 없다. 그리고 또한 나는 다른 사람이 될 수 없는 질적인 동일성을 지닌다. 나는 그 어느 누구와도 대체될 수 없는 고유성을 지니는 것이다. 또한 나는 생물학적 종으로서 탄생과 성장과 죽음의 과정에 이르기까지 동일성을 지닌다. 이것은 오늘날 생물학적 개인이 지닌 유전자 코드의 지속성이다. 그러나 이것은 자신에 대해 질문하는 개인에게 체험되는 사실이 아니라, 객관적으로 DNA 검사를 통해 검증되어 확인되는 것이다. 오늘날의 유전자 검사는 개인의 동일성을 보증하는 가장 확실한 객관적 증거가 되고 있다.

그러나 자신에게는 물론 타자에게도 체험되는 동일성이 있는데, 이것은 개인의 성격이다. 개인의 성격은 유전자처럼 객관적이거나 익명적이 아니면서, 시간의 흐름 속에서 '나'의 성격과 '너'의 성격으로 너를 재확인하고, 각자의 성격으로 각자를 재확인할 수 있다. 그 성격은 여전히 그것을 담지한 주체의 것이지 다른 그 누구의 것이 아니다. 이러한 성격은 인간의 본성적으로 타고 나온 것이지만 지속적으로 습득되는 기질들인 것이다. 그래서 개인의 성격이란 우리가 한 인간의 개별자를 식별해 내고 알아볼 수 있는 지속적인 성향이나 기질들의 총체인 것이다. 우리는 각자의 성격을 상기해 봄으로써 '나는 무엇인가'에 대한 질문에 해당하는 그 누구를 다른 그 누구와 식별해 내고 알아볼 수 있는 것이다.[1)]

그러나 위의 '나는 무엇인가'에 대한 접근은 개인의 유전자 코드나 타고난 성격을 통해 개인의 동일성을 규정한다. 그러나 이러한 접근은 '나는 누구인가'라는 자기 이해의 과정을 간과한 것이다. 개인의 변하지 않는 성격만으로는 개인의 정체성을 규정할 수는 없다. 왜냐하면 인간은 일생 동안 "나는 누구인가"라는 자기를 이해하는 과정에서 스스로를 형성해 나가는 존재이기 때문이다. 이것은 바로 자기의 자기다움인 것이다. 이것이 바로 자기를 유지하는 자기 정체성이다.[2)] 여기서 자기 정체성이란 그 누구도 대체할 수 없는 그 인간 개별자의 자기다움이다. 자기의 자기다움은 자기 이해를 통해 스스로 형성해 나가는 것이다.

거기서 자기다움을 지속함에 있어서 약속의 이행은 무엇보다도 중요하다. 이는 자신에게는 물론 타자에게 미래에 무엇을 하겠다고 말하는 것을 다짐하고 충실하게 이행함으로써 그가 '누구'임을 보여주는 것이다. 즉 인간은 시간의 변화에 따라 내 욕구가 변화하고, 내 의견 그리고 내 경향이 변화한다 해도 내가 이미 한 말에 충실해서 이를 실행하는 약속의 이행 속에서 자기를 지속할 수 있다. 즉, 자기가 한 말을 성실하게 준수하는 것은 말하는 자의 자기다움을 지속하게 하는 것이다. 내가 나 자신과 다른 사람에게 나의 계획이나 소망을 말하고 이를 실행하겠다고 약속하는 것은 다른 사람에게 약속의

---

1) 공병혜(2005). 「리쾨르의 이야기적 정체성과 생명윤리」. 『철학과 현상학 연구』, 62~69쪽.

2) P. Ricoeur(1996). Das Selbst als ein Anderer, Aus dem Franz. von J. Greisch. W. Fink Verlag. München, pp. 165~166.

실행을 기대하게 한다. 그래서 자기가 한 말을 성실히 지키고 행위로 이행하는 것은 다른 사람이 나를 신뢰할 수 있게 한다. 이러한 약속의 실행을 통한 신뢰는 다른 사람과의 모든 사회적 관계를 지속하게 하는 것이다. 내가 말한 약속을 실행한다는 것은 결국 나의 미래로 향한 나의 실존을 형성해 나가게 할 뿐 아니라 다른 사람과의 신뢰를 구축해 나가는 상호 윤리적 행위인 것이다.

01-2 약속과 자기 정체성

약속이란 무엇인가? 인간이 약속할 수 있다는 것은 말할 수 있고, 다른 사람에게 상호 영향력을 행사할 수 있음을 의미한다. '약속 한다'라는 언어 행위는 행위를 실천하고자 하는 의도를 지닌다. 우선 약속이 지닌 언어적 행위에 대해 살펴보자.

'나는 약속 한다'라는 언어 행위는 말하는 사람의 의도가 담긴 수행적 행위에 속한다. 그가 '내가 약속한다'라고 말하면, 그는 실제로 약속을 지켜야 하는 미래의 행위에 대한 책임을 부과 받는다. 따라서 언어적 차원에서 약속이 지닌 이중적 성격은 다음과 같다: 말하는 사람은 약속을 지키는 것에 대한 일종의 의무를 지닌다. 여기서 말하는 자가 약속을 지키는 능력은 곧 자기 지속의 의무와 관계한다. 이러한 자기 지속은 '나는 무엇이다'라는 생물학적이며 성격적인 자기 동일성과 구분해서 '나는 누구인가'라는 물음에 대답할 수 있는 자기 자신을 확인하고자 하는 의지를 지닌다. 이러한 자기 지속의 의지는 변화가 가득한 삶과 마음의 동요로부터 벗어나 자기 정체성과 관계하는 것이다.[3] 그리고 이러한 약속의 실행은 자기 지속

3) 공병혜(2005), 62~68쪽.

뿐만이 아니라, 타자와의 신뢰적 관계를 형성하는 일종의 우애와 같다. 즉, 모든 약속의 정확한 실행은 약속을 하는 사람과 상대방 사이의 일상적인 신뢰를 형성한다. 이 신뢰라는 구조는 자기다움을 지속하는 타자에 대한 책임을 전제한다. 그래서 약속을 하는 모든 행위는 항상 상호 신뢰를 바탕으로 한 타자와의 상호 구속력에서 발생하는 것이다.[4)]

따라서 약속은 바로 신뢰를 상호간의 증거로서 공유한다. 우리는 약속을 할 때 자신이 증인으로서 자신이 말한 것을 행하겠다는 의도를 가지고 상대방에게 말한다. 자기가 약속한 한 말이 증거가 되는 것이다. 이 증거에는 두 가지 측면이 있다. 1. 약속하는 자는 일종의 증인이다. 그는 자신의 일상적 태도를 통해 자신의 주장에 대해 신뢰할 수 있는 **진실성**을 보여주어야 한다. 왜냐하면 약속은 곧 자기 자신에 대한 표현이기 때문이다. 2. 약속하는 자는 상대방과의 대화적 신뢰 관계를 지녀야 한다. 약속하는 자는 상대방의 신뢰를 얻기 위해 "당신들은 나를 믿으시오."라고 말한다. 그렇다면 약속하는 자의 말이 어느 정도 신뢰할 만한가? 말하는 사람의 신뢰와 불신을 저울질하는 것은 일상적으로 자기한 말과 그 말을 지키는 행위에 있다. 따라서 약속하는 자의 신뢰성은 약속한 말을 지키는가에 달려있는 것이다.[5)] 예를 들어 법정에서 만약 증인이 자신이 주장을 반복하도록 요구받을 때, 그 상황에서의 증거는 미래에 이르기까지 지속되는 그 주장의 신뢰성인 것이다. 따라서 자기를 지속시키는 약속이 지닌 신뢰성은 결국 약속을 하고 지키는 사람들 상호관계 속에서 형성되는 것이다.

4) 공병혜(2013). 「약속: 인격의 정체성과 도덕적 의무」 『칸트연구』32, 36~57쪽.

5) P. Ricoeur(2006). P., *Wege der Anerkennung*, Frankfurt am Main, p. 166.

02
이야기 윤리

02-1 이야기와 자기 정체성

결국 약속은 바로 '나는 누구인가'라는 질문에 대해 미래를 향한 시간의 지평 위에서 "자기 유지"와 관계하는 것이다. 약속을 지키는 것은 자기 자신은 물론 타자에서 무엇을 하겠다고 말하는 것을 충실하게 이행함으로써 그가 '누구'임을 보여주는 것이다. 또한 이러한 자기 지속성은 타자가 나에게 대해 기대하고 신뢰할 수 있게 함으로서 타자와의 관계뿐만이 아니라, 다른 모든 사회적 관계를 지속적으로 유지하게 한다. 따라서 약속을 통한 자기 지속은 각자의 자기로서 미래로 향한 실존을 형성해 나감과 동시에 타자와의 상호 신뢰적 관계를 맺게 한다. 이러한 약속을 통한 자기 지속은 바로 삶의 이야기의 차원에서 전개된다.

철학자 리쾨르는 인간 실존의 가장 근본적 특징은 항상 생각하고 말하고 행동하는 데 있으며, 이는 곧 '나는 누구인가'에 대한 자기 이해에 있다고 말한다. 그리고 이러한 자기 정체성은 시간의 지평위에서 해명되어야 한다. 즉, 시간의 흐름과 변화 속에서 끊임없이 자기 존재를 보살피는 관심과 염려 속에서 인격의 정체성은 형성된다는 것이다. 그러나 자기 존재는 직접적으로 이해되는 것이 아니라 항상 언어를 매개 한 이야기의 지평위에서 이해된다. 왜냐하면 인간이 자신의 체험과 행위에 의미를 부여하고 자기를 이해할 수 있는 시간은 바로 이야기된 시간이기 때문이다. 그래서 이야기를 통한 인격의 정체성은 바로 탄생부터 죽음에 이르는 시간의 변화와 그리고 다른 사람과의 상호 관계 속에서 서로 영향을 주며 형성되는 것이다. 이러한 인간의 자기 이해는 바로 이야기를 매개로 하여 가능하다. 왜냐하면 인간의 자기 체험이 이야기되었을 때, 비로소 자기 이해를 할 수 있고 다른 사람과의 소통이 가능하다. 그래서 인간의 체험을 이야기하는 활동이야말로 인간의 가장 근원적인 자기 존재를 염려하는 활동인 것이다.

삶의 이야기는 '나는 무엇인가'라는 질문과 '나는 누구인가'라는 인격의 정체성을 모두 포괄하고 있다. 자기 삶의 이야기를 통해 형성된 정체성이 이야기적 정체성이다.[6] 이야기는 개인의 삶에서 과거와 현재 그리고 미래로 지속되는 시간적 변화에 따른 자기 이해를 담고 있으며, 이는 다른 사람과 소통을 하면서 형성되는 것이다. 자기의 삶의 이야기가 다른 사람들 통해 해석되고 다른 사람에게 서로 영향을 미치며 자기 정체성을 형성해 나가는 것이다. 그러한 개인의 삶의 이야기는 자신이 추구하는 삶의 계획이나 가치를 향해 통일성을 지닌다. 이러한 자기 삶의 이야기는 사회 속에서 타자와 함께 타자를 위해서 어떻게 자신이 훌륭한 삶을 추구해야 하는지, 즉 자신에게 훌륭한 삶이 무엇인지를 이해하게 한다. 그래서 자기 삶의 이야기는 자기 삶의 해석으로서 윤리적 지향성을 지닌다.

따라서 인격의 정체성은 그 누구의 이야기를 통해 형성된다. 그 누구의 이야기는 어떻게 만들어지는가? 그 이야기는 개인의 변하지 않는 '무엇'으로서 기억을 통해 상기되는 '성격'과 자기가 한 말에 대해 약속을 지키는 '자기 지속'이 서로 결합되어 만들어진다. 즉, 그 '누구'에 대한 이야기는 성격만을 말하는 것만이 아니라, 자기가 한 말에 대한 약속이행을 통해 새로운 행위의 가능성과 실현을 위한 전

6) P. Ricouer(1996), p. 155.

망들을 제시한다. 따라서 이야기는 그 인물의 고착된 성격을 넘어서 미래에 대한 약속이 내포하고 있는 진정한 삶에 대한 이상과 지향을 지닌다.

이렇듯 인격의 정체성은 이야기의 줄거리를 만들면서 형성된다. 우리가 즐겨 읽는 소설의 줄거리를 예로 들어보자. 소설의 줄거리 속에서 주인공인 행위자를 중심으로 일어나는 사건들의 목적과 원인과 우연한 계기들은 전체적이고 완결된 행동의 시간적 통일성 아래 결합된다. 즉 줄거리 만들기란 사건과 행위들을 이야기 속에서 선택하고 정돈하여 시작과 중간과 끝이 있는 전체적이고 완전한 행동의 시간적 통일성 아래 통합시키는 것이다. 줄거리란 부조화와 조화 사이의 서로의 작용이 결합을 하여 이루어진다. 조화란 행위를 결합시키는 일종의 '질서의 원칙'이며, 부조화란 시작하는 상황에서 종말적 상황에 이르기까지 일어난 사건으로 인해 운명이 바뀌는 것으로 이해된다. 조화와 부조화 사이를 매개하고, 이질적인 것을 종합하는 기술이 바로 구성인 것이다. 이러한 구성을 통해서 이야기의 줄거리가 만들어지면서 인물의 정체성을 이해할 수 있는 것이다. 그래서 일상적 삶 속에서 일어나는 복잡한 이질적인 것들은 줄거리 안에서 종합되어 개성 있는 행위하는 인물의 정체성을 형성하는 것이다.

'누구'의 이야기의 줄거리를 통해 우리의 일상적 삶 속에서 일어나는 복잡한 이질적인 행위들과 사건들이 종합하게 되고, 그 안에서 '누구'의 자기 정체성이 형성된다. 이러한 이야기를 통해 구성된 인물의 정체성을 우리는 이야기적 정체성이라고 부르는 것이다. 그러나 이야기적 정체성은 확고부동하고 완벽한 정체성이 아니다. 왜냐하면 동일한 사건에 대해서 여러 가지 줄거리를 만드는 것은 가능하며, 나아가 한 삶에 대해 상반된 줄거리를 짜는 것도 언제나 가능하기 때문이다. 삶의 이야기라는 서술형식도 불완전하고 모호하기 때문에 이야기적 정체성은 끊임없이 형성되고 해체될 수 있다. 이야기적 정체성은 확고부동의 정체성이 아니고 항상 역동적으로 재구성되는 정체성인 것이다.

여기서 이야기를 통한 '자기 유지'를 위해 약속을 지킨다는 것은 근본적으로 타자와의 신뢰를 바탕으로 한다. 왜냐하면 자신의 미래에 대한 의지나 계획에 대해 말한 약속을 지키겠다는 것은 본래 타자 앞에서 나의 말에 대한 책임을 나의 행위로서 실행하겠다는 것이기 때문이다. 이것은 곧 다른 사람들이 우리에게 기대하고 있는 것을 말로 약속하고 그것을 지켜나가야 함을 의미한다. "만약 다른 사람이 내가 약속을 지킬 것을 기대하지 않는다면, 나는 과연 약속을 지킬 수 있을 것인가?" 이때의 책임은 바로 상호 믿음에 기인한다. 왜냐하면 타자가 나의 약속을 믿지 못한다면 약속을 하고 지킬 수 없기 때문이다.[7] 이러한 신뢰는 일종의 **진실성의 윤리에 해당된다**. 이것은 곧 이야기 속에서 약속을 통해 구성된 자기 정체성이 근본적으로 타자와의 신뢰를 바탕으로 하기 때문인 것이다.

인격의 정체성을 형성하는 한 개인의 이야기는 자신의 삶을 회고하게 할뿐만이 아니라, 타자와의 관계 속에서 좋은 삶을 지향하는 삶의 계획과 전망에 대한 약속을 제시한다. 따라서 '누구'라는 인물에 대해 서로 이야기를 나누는 것은 일종의 우리의 삶에서 일상적으로 습득되는 실천적 지혜이다. 인격을 정체성을 구성하는 좋은 이야기는 좋은 삶을 추구하는 가치와 목적을 담고 있으며 또한 어떤 행위에 대해 옳고 그름을 판단하는 내용을 지닌다. 즉 우리는 이야기를 하면서 인물의 줄거리를 엮어가며 어떤 행위에 대해서는 찬성하고 어떤 행위에 대해서는 반대하며, 그 행위자를 칭찬하거나 비난하게 되는 것이다.

7) 공병혜(2005), 69쪽.

따라서 한 개인의 이야기는 좋은 삶을 지향하는 윤리적 사유에 대한 훈련을 할 수 있게 한다. 왜냐하면 개인의 이야기는 자기 관심, 자기 이해, 자기 존중에서 비롯된 좋은 삶에 대한 전망과 규범을 포괄하기 때문이다. 개인의 정체성이란 바로 이야기 되는 삶의 전체적 맥락 속에서 이해가 가능하다. 내 인생이 삶의 전체 과정 속에서 좋은 이야기가 되려면 좋은 삶을 향해 나아가야 한다. 거기서 나는 자신의 삶이 추구하는 선을 향해서 왜 내가 이런 행동을 했는지, 왜 다른 것을 하지 않았는지에 대해서 자신과 타자에게 이해가 가능하고 전달할 수 있어야 한다. 그래서 '나는 어떤 이야기를 지니는가' 물음은 곧 '나는 누구인가'에 대한 물음이며, 그 이야기의 줄거리 속에서 나는 성격과 나의 삶의 계획과 전망, 그래서 자기 정체성을 부여받게 되는 것이다.[8)]

그래서 인격의 정체성을 구성하는 이야기는 자신의 이야기의 주체로서 책임질 수 있어야 하며, 다른 사람과 소통할 수 있어야 한다. 이러한 이야기는 지속적으로 나와 관계하는 사람들의 이야기가 나의 이야기의 한 부분이 되고, 나의 이야기는 다른 사람의 이야기의 일부가 되면서 서로의 이야기의 책임을 묻고 질문을 할 수 있는 것이다. 즉 자기 삶에 대해 이야기를 하고 이에 대한 책임을 지고 다른 사람과 소통함으로써 좋은 삶을 향한 인격의 정체성을 만들어나가는 것이다.

한 개인의 인격의 통일성은 이러한 이야기의 통일성 속에 있다. 그러나 이야기가 항상 개인의 출생과 삶, 죽음에 이르기까지의 개인의 실제 삶의 이력과 일치하는 것만은 아니다. 그의 이야기는 이 세상에 태어나기 전의 태아 때부터 부모로부터 시작될 수 있으며, 또한 한 개인의 죽음 후에 남은 사람들에 의해 그의 이야기가 만들어

8) A. 매킨타이어(1997). 『덕의 상실』. 문예출판사, 310쪽.

지고 전해질 수 있다. 그래서 이야기는 각자 자기의 삶에 상호영향을 미치는 다른 사람들과 함께 만들어내는 공동의 산물인 것이다. 왜냐하면 삶의 이야기는 사람들이 함께 사는 공동의 도덕적 문화적 전통이란 맥락 속에서 형성되는 것이다. 따라서 개인의 이야기에는 그 개인이 속한 사회적 공동체의 전통과 자신이 속한 사회적 역할이 담겨있는 것이다.

02-2 이야기 윤리와 인격 존중

'나는 누구인가'라는 인격의 정체성을 구성하는 이야기는 인격존중을 위한 배려의 윤리를 실천한다. 인격존중을 위한 배려의 윤리는 도덕적 주체로서의 인격체뿐만이 아니라, 배아나 태아 그리고 무의식 환자나 식물인간 등 모두에게 해당된다. 물론 아직 배아나 태아 잠재적 인격체인가, 그리고 인격으로 회복이 불가능한 상태에 있는 식물인간이나 뇌사판정을 받은 사람도 인격체로 존중해 주어야 하는가에 대한 다양한 논의가 있다. 이러한 인격 존중에 대한 논의는 인간의 생명의 출발과 죽음의 과정에서 야기되는 윤리적 문제들, 특히 생명에 대한 유언이나 사전 동의, 추정적 동의, 배아연구나 낙태, 그리고 임종간호 등과 깊이 연관되어 있다. 왜냐하면 오늘날 '한 인간의 인격이란 무엇인가'에 대한 질문은 곧 '나는 누구인가'에 대한 질문이고, 그 인격의 존엄성의 출발이 어디에 근거하는가는 생명윤리에 있어서 핵심적으로 숙고해야 할 사안이다. 특히 줄기세포연구를 위한 냉동배아나 복제된 배아가 잠재적 인격체인가, 단지 세포덩어리에 불과한 사물인가? 혹은 뇌사자나 식물인간으로부터 장기이식을 할 때 그 개인으로부터의 어떻게 사전 동의를 얻을 수 있는가, 중환자실에서의 생명연장을 위한 적극적 치료 혹은 치료중단은 과연 인간의 존엄성에 반하는가? 이는 오늘날 구체적으로 의료현장에서 자주 직면하는 윤리적 물음들인 것이다. 이러한 윤리적 물음들을 숙고함에 있어서 우선적으로 고려해야 할 생명윤리의 지평은 바로 인간 삶에서의 인격의 정체성과 존엄성에 대한 이해에 있다.

오늘날 인격의 정체성에 대한 윤리는 잠재적 인격체나 인격의 훼손의 위험에 있는 무의식 환자나 식물인간에게도 그들이 삶의 이야기를 지닌 인격으로 보호하고 존중하도록 해야 함을 강조한다. 개인을 이야기를 지닌 인격으로 대하는 이야기 윤리는 다른 사람과 함께 타자와 함께 타자를 위해 좋은 삶을 추구하는 실천적 지혜를 강조하는 배려의 윤리에 해당한다. 여기서는 특히 의사결정능력이 상실된 환자의 '자기정체성'을 확보하기 위한 생명에 대한 유언이나 추정적인 의사를 이야기 윤리의 차원에서 다루어보기로 한다.

02-2-1. 이야기 윤리와 생명윤리

오늘날 모든 의료행위를 함에 있어서 환자의 인격을 존중하여 '충분한 설명을 통한 자율적 동의'를 얻는 것은 생명의료윤리의 기본 원칙인 자율성 존중의 원칙에 속한다.[9] 그러나 자기 결정을 할 수 없는 소아환자나 정신 장애인 그리고 무의식환자의 경우에는 대리 결정이 불가피하며, 그래서 환자의 의사를 대신할 수 있는 대리인을 어떻게 선정하며 그 대리인은 어떤 기준에 따라 결정을 내리는가가 중요하다. 이러한 대리결정에 대해 학자들은 대체로 세 가지 입장으로 나누어 설명하고 있다. 첫 번째는 대리판단표준으로서 대리인이 "이 환자가 이 상황에서 무엇을 원하는가"에 초점을 맞추어 결정을 내리는 것이다. 두 번째 표준은 환자의 최선의 이익표준으로서 대리

9) T. S. Beauchamp & J. F. Childress(1994). *Principles of Biomedical Ethics*, New York, Oxford.

인이 환자의 복지, 즉 삶의 질을 일차적으로 고려하여 환자에게 최선의 이익이 되는 것을 결정하는 것이다. 세 번째는 '순수자율성 표준'으로 환자가 의사결정능력이 있을 때 명시적으로 자신의 의사를 표명하였을 경우에 해당되며, 이것을 사전 의사결정이라고도 칭한다. 사전 의사결정은 세 가지 유형이 있는데, 가장 일반적인 유형으로 생명에 대한 유언이 있다. 그것은 예를 들어 식물인간이나 뇌사상태에 빠질 경우를 예비하여 장기기증 등에 관한 유언을 직접 남기거나 사전연명의료의향서를 미리 작성해 무의미한 연명치료를 중단에 대한 의사를 남겨 두는 방식이다.[10] 두 번째 유형은 자신의 의사를 구체적으로 명시해 놓은 것이 아니라, 자신의 의사를 대변해 줄 대리인을 사전에 결정하여 그 대리인에게 모든 사항을 위임하는 것을 의미한다. 그러나 그의 의사결정 범위나, 그 결정의 타당성에 대한 문제가 발생한다. 세 번째 유형은 바로 환자의 신념이나 가치체계를 알 수 있는 일기나 평소의 언행에 대한 기록 등이다. 이것은 평소의 삶 속에서의 행동이나 글, 혹은 말에 드러난 환자 본인의 신념체계나 가치관을 구체화시켜 명료화시킨 다음 거기에 근거하여 환자의 의사를 추정하는 것을 말한다.

일반적으로 환자의 자율적 의사를 존중해 주는 것은 인격에 대한 존중이다. 그러나 자기를 더 이상 표현할 수 없는 환자의 인격에 대한 존중은 환자가 남긴 유언이나 대리결정을 통해 보호받을 수 있고, 이를 이야기 윤리를 통해 논의해 볼 수 있다. 다음의 예를 들어 보자.

만약 갑작스런 사고로 인하여 식물인간이나 뇌사상태에 빠져서 살 가망이 없는 경우이거나, 회복의 가능성이 없는 암 말기 환자를

10) '사전연명의료의향서'란 19세 이상인 사람이 자산이 연명의료중단 등 결정 및 호스피스에 관한 의사를 직접문서로 작성한 것을 발한다(「호스피스, 환화의료 및 임종과정에 있는 환자의 연명의료결정에 관한 법률」 제2조 9항 참조).

사례로 들어보자. 그(그녀)는 의식이 있을 때 자신의 삶을 더 이상 기대할 수 없는 상황을 예견하여 인공호흡기나 인공심폐기를 통해 생명을 연장할 것인가, 아니면 생명연장을 포기할 것인가에 대한 의사를 명시적으로 표현해 놓았다고 생각해 보자. 이 유언은 그가 더 이상 스스로 행위하며 말하지 못할 상태에서의 '자기'를 말하는 것이다. 이러한 경우에 의료인이나 보호자나 친구 등은 그의 유언을 일종의 '자기 지속'의 약속으로서 간주해야 한다. 즉 그가 미래에 대한 소망을 표현한 약속으로서의 유언은 타자와의 신뢰를 바탕으로 한 일종의 자기 증언인 것이다. 따라서 타자가 환자의 유언의 내용에 대한 약속을 지켜주는 것은 환자의 '자기 지속'을 실현해 주는 인격의 정체성을 존중해 주는 태도라고 말할 수 있다.

그러나 만약 그 환자가 생명에 대한 유언으로서 연명의료나 혹은 연명의료 중단이라는 자신의 죽음에 대한 의사를 명시적으로 남겨 놓지 않았다면 어떻게 할 것인가? 우리는 이 문제를 이야기를 통한 인격 존중을 통해 살펴보기로 한다. 현재 그 환자는 자기 스스로에 대해 말할 수 없는 상태이기 때문에, 다른 사람과 함께 한 자기의 삶의 역사에 대한 이야기를 통해서 그가 '누구'임이 추정적으로 확보될 수 있다. 이것은 다른 사람과 함께 사는 인간관계 속에는 나의 "자기"를 말하는 누군가가 항상 있다는 것을 전제로 한다. 즉 그 환자에 대한 자기(self)는 바로 그와 삶을 함께 한 가족이나 친구 등에 의해 구성된 이야기를 통해서 확보될 수 있는 것이다. 그래서 환자와 함께 한 삶의 역사를 통해 이야기의 공동의 저자가 될 수 있는 사람이 환자의 삶의 이야기를 엮을 수 있는 것이다. 즉, 환자의 의사는 바로 환자와 삶을 함께 한 사람이 엮어내는 이야기를 통해 추정해 볼 수 있는 것이다. 이러한 이야기 속에는 그의 성격뿐만이 아니라 그가 추구한 훌륭한 삶이 무엇인지, 그리고 가능한 소망과 삶의 마지막 소원들이 표현되어진다. 이것은 바로 환자의 추정적 의사를 해석해 낼 수 있는 이야기적 정체성의 차원인 것이다. 여기서 그를 위해 이야기를 엮어내는 사람은 그와 삶을 함께 해 온 가족이나 친구이다. 여기서 가족이나 친구는 그의 삶의 이야기를 엮을 수 있는 공동의 저자이다. 그래서 그들은 그와 함께 경험했던 것, 스스로 들었던 삶의 이야기에 대한 이해로부터 환자의 삶과 죽음에 대한 관계를 이야기로 구성할 수 있다. 그래서 이를 통해 연명치료를 지속할 것인가 혹은 중단할 것인가 등을 결정하는 근거들을 해석해 볼 수 있다. 그러나 여기서 삶의 역사를 안다는 것은 삶의 단편적 조각들이 이야기 속으로 구성되어 통일을 이루게 된 것을 아는 것이다. 그래서 이야기를 통해 추정된 환자의 의사는 환자 자신의 죽음의 태도에 대한 불충분한 추론일 수 있으며, 때로는 모순적일 수 있다. 가족이나 친구들이 그에 대해 이야기 하는 것이 환자 '자기'의 말인지, 그들 자신의 의견인지 확실히 보증할 수 없는 것이다. 왜냐하면 환자 스스로 자신을 표현할 수 없는 상황에서 환자의 삶의 역사를 누가 이야기하는가에 따라서 여러 이야기가 구성되고 그에 대한 해석이 달라질 수 있기 때문이다. 따라서 그 환자의 삶과 죽음에 대한 태도를 추정할 수 있는 여러 가지 이야기들이 서로 경쟁할 수 있는 것이다.

그러면 만약 환자를 돌보는 의료인이 환자에 대한 여러 가지 이야기가 경쟁하고 있을 때 어떤 이야기를 더 선호하여 환자의 자기로서 인격을 존중해 줄 수 있는가? 여기엔 더 나은 이야기를 판단하는 일련의 규칙은 없지만, 다음과 같은 점들을 고려해 볼 수 있다. 우선 돌보는 사람과 환자에 대해 이야기하는 사람은 서로 이야기 속 인물의 정체성에 대한 이해에 합의를 할 수 있어야 한다. 그래서 무엇보다도 좋은 삶을 추구했던 환자의 이야기가 얼마나 통일적으로 구성되어 이해가 가능한지가 이야기를 선호하는 근거가 된다.

참고 문헌

- 공병혜(2005). 「리쾨르의 이야기적 정체성과 생명윤리」. 『철학과 현상학 연구』24. 한국현상학회.
- 공병혜(2013). 「약속: 인격의 정체성과 도덕적 의무」. 『칸트연구』32. 한국칸트학회.
- 윤성우(2003). 『폴 리쾨르의 철학』. 철학과 현실사.
- 아렌트, 한나(2001). 『인간의 조건』(이진우, 태정호 옮김). 한길사.
- 매킨타이어, A.(1997). 『덕의 상실』. 문예출판사.
- Ricoeur, P.(1996). *Das Selbst als ein Anderer*, Übers. J. Greisch. W. Fink Verlag. München.
- Ricoeur, P.(1996). *Wege der Anerkennung*, Frankfurt am Main 2006.
- Beauchamp, T.S. & Childress, J. F.(1996). *Principles of Biomedical Ethics*, New York, Oxford.

PART

04

활동적 삶과 공통감

이 장에서는 지구 위에서 살아가는 인간의 조건으로서 활동적 삶, 즉 노동, 작업, 행위에 대해 살펴보기로 한다. 인간은 생존하기 위해 노동을 하며 자신이 거주할 수 있는 안정된 문화적 세계를 만들어가며 삶의 편익을 위해 작업을 한다. 그러나 가장 인간답게 사는 삶이란 함께 공유하는 이 세계에서 서로 다른 사람들과 함께 공동선을 위해 말과 행위를 하며 자신의 인격을 드러내며 사는 삶이다. 그러나 오늘날 인간의 활동이 개인의 생존과 삶의 편익을 추구하고 경제적 가치와 건강을 최고선으로 만드는 삶의 과정에 몰두하면서 공동체 속에서 자신의 인격을 드러내주는 말과 행위의 의미와 가치가 사라지는 삶의 황폐화를 경험하고 있다. 이는 함께 공유하는 세계 속에서 공동선을 위해 서로 소통하며 행위 하기 위해 갖추어야 하는 공동체적 감각이나 판단력이 사라지고 있음을 의미한다. 이 장에서는 인간의 활동적 삶의 조건인 노동과 작업 그리고 말과 행위의 특성에 대해 살펴보고, 현대사회에서 경험하는 삶의 황폐화 현상에 대해 분석해 보도록 하겠다. 그리고 이 세계 속에서 다른 사람과 함께 공동선을 추구하며 살아가기 위한 행위능력과 공통감에 대해 생각해 본다.

01
활동적 삶

01-1 생존과 거주: 노동과 작업

한나 아렌트는 자신의 주저인 『인간의 조건』에서 인간의 삶의 활동으로서 노동(labor), 작업(work), 행위(action)에 대해 분석하면서 인간이 이 세상에 의미를 부여하여 살 수 있는 실존적 조건에 대해 탐구한다. 인간은 신체적 존재로서 이 세상에 태어나서 생존하고 거주하지만, 서로 다른 사람과 함께 이 세상을 공유하며 말을 통해 소통하고 행위하는 정치적 존재인 것이다.[1] 즉 인간은 생존을 위해 자연을 이용하여 노동을 하지만, 동시에 자신이 거주할 수 있는 안정된 문화적 세계를 만들어 나간다. 그러나 인간은 그 세계를 함께 공유하는 공적 공간에서 다른 사람들과 함께 서로 소통하며 자신의 인격을 드러내며 행위를 하는 정치적 존재인 것이다.

우선 인간이 생존하기 위한 노동이란 무엇인가? 노동이란 생존을 위해 자신의 신체를 통해서 자연과 소통하는 활동으로서 개인의 생존뿐만이 아니라, 종의 삶까지도 보장하는 활동이다. 또한 인간의 작업이란 무엇인가? 인간종의 반복되는 생존활동의 패턴에서 벗어나 세계에서 인공적 사물들을 제작함으로써 유한한 인간 삶에 영속성과 지속성을 부여하는 문화적 활동이다. 그러나 진정한 인간다운

1) Hannah Arendt(1958). *The Human Condition*, Chicago: University of Chicago Press pp. 12~13. 한나 아렌트(2001). 『인간의 조건』(이진우, 태정호 옮김). 한길사, 55~57쪽.

삶이란 '타자의 지속적인 현존'과 서로의 다름을 기초로 하여 말과 행위를 통한 공적 공간, 즉 정치적 공간 속에 실현될 수 있다. 이러한 인간의 다원성을 기초로 하여 언어를 통해 소통하는 공적 공간에서 인간의 행위는 이야기로 기억되어 인류의 역사를 이어가게 한다. 즉 이 세계에 탄생하여 노동하고 작업을 할 뿐만이 아니라, 서로 다른 사람들과 함께 공적 공간에서 말하고 행위하며 자신의 인격을 드러내며 사는 삶이야말로 가장 인간다운 삶이라고 말할 수 있다.[2)]

인간 실존의 근본적인 활동인 노동과 작업과 행위에 대한 구분을 살펴보기로 한다. 노동이란 자연의 반복적인 순환과정에 저항하여 생명을 유지하기 위해 발생하는 모든 신체적 활동을 포함한다. 예를 들어 땅을 경작하여 농사를 짓는다고 생각해 보자. 땅을 경작하며 얻은 농산물과 그것의 가공식품들은 사람들의 생존을 위해 삶의 세계 속에 잠시 머물다가 소비되어 다시 자연의 순환과정 속으로 되돌아간다. 노동은 인간이 자신의 신체적 활동을 통해 자연과 소통하며 얻는 자연의 재료를 자신의 욕구에 맞는 형식으로 변형하여 소비한다. 예를 들어 땅을 경작하여 얻은 수확물들은 인간의 생명을 유지하기 위해 음식물로 변형되어 사람들의 생존을 위해 소비되어 자연의 순환과정으로 되돌아간다. 이렇듯 노동은 우리의 신체적 활동과 결합되어 소비되기 때문에 생명유지를 위해서는 지속적으로 자연을 변형시키기 위한 새로운 노동력을 필요로 하는 것이다. 노동의 생산물은 소비되어 자연의 순환과정으로 되돌아가는 특징이 있기 때문에 세계 속에 오랫동안 머물지 못한다. 여기서 노동하는 인간이 오로지 생존에만 전념하게 되면 자연과의 반복적인 순환과정에서 지속적으로 소모되는 경험을 하게 된다. 이를 아렌트는 무세계성의 경

2) "즉 노동하지 않고 살아가는 인간은 자기 존재를 박탈당하지 않지만, 말과 행위가 없는 인간은 말 그대로 더 이상 삶이 아니라 숨을 쉬면서 죽어가고 있는 것이다." 룰만(2005). 『여성철학자』. 푸른 숲, 556~557쪽.

험이라고 말한다.[3)]

이러한 노동은 인간의 생존보존과 재생산을 위해 자연과의 소통 과정에서 수고와 고통을 동반한다. 그러나 노동의 대가로서의 생산물이 소비되는 삶의 과정에서 생명감과 같은 기쁨이 또한 필연적으로 생겨난다. 즉 생존하기 위한 노고와 그리고 출산의 고통에는 건강한 신체의 기능을 통해서 얻게 되는 살아있음에 대한 축복과 행복이 내재되어 있다. 만약 노동에서 오는 고통과 수고를 제거하게 되면 자연적 삶에서 오는 기쁨과 생명력이 박탈당하게 된다. 그래서 인간의 노동을 통한 인간의 만족은 수고의 고통과 소비의 기쁨이 서로 균형을 이룰 때 생긴다. 노동 한 후에 휴식할 여유가 없이 끊임없는 노동의 연속에서 오는 빈곤은 삶을 황폐하게 만든다. 또한 우리 삶에서 육체적으로 노동할 자리가 없이 여유가 넘쳐나면 삶의 권태와 무력감이 들어서서 오히려 살아있음에서 오는 기본적 행복감이 사라질 수도 있다. 따라서 인간에게 노동의 노고와 고통, 그리고 소모와 소비를 통한 생명감과 기쁨이 순환되는 삶의 균형이 깨지게 되면 빈곤과 권태가 우리 삶을 지배하게 될 것이다.[4)]

그렇다면 인간은 노동을 통한 생존의 필연성의 차원을 넘어서 지속적으로 이 세계에 거주하기 위해서 어떠한 활동은 하는가? 인간은 이 세계에서 작업을 한다. 아렌트는 인간의 작업은 이 세계에 지속성과 안정성을 부여하는 활동이라고 말한다. 그러면 인간의 작업은 어떠한 특징을 지니는가? 육체의 노동과 구별되는 인간의 작업은 이 세계에 지속성과 안정성을 부여하는 인공세계를 구성하게 한다. 예를 들어 인간은 안주를 위한 집을 짓고 삶의 편익을 위해 도

3) 한나 아렌트(2001), 174쪽.

4) 같은 책, 188쪽.

구들을 제작한다. 이 세상을 채우고 있는 인간의 작업을 통해 만들어 낸 이러한 사물들도 이 세계에 영원히 지속되는 것이 아니다. 인간이 거주하는 집도 다양한 용도를 위한 건축물들도 이 세계에 와서 거주하다가 여러 세대를 거쳐 교체되거나 소모되기도 한다. 인간의 작업은 자신의 산물을 이용하여 인간의 삶의 목적을 위해 제작물들을 만들지만, 인간에 의해 만들어진 제작물들은 자연의 순환과정으로 되돌아가지 않는다. 오히려 이러한 제작물들은 자연의 순환과정에 대해 파괴적이다. 인간은 집을 짓기 위한 목재를 얻기 위해 나무의 생명과정을 없애거나 자연적 느린 과정을 중단시킴으로써 자연을 파괴한다. 그러나 이러한 자연에 대한 폭력의 경험은 노동의 경험에서 오는 고통과 소모의 경험과는 달리 인간에게 지배자로서의 자기 확신과 만족을 주는 경험인 것이다. 인간 삶에서 노동의 경험은 생물학적 순환 운동에 매어 있어서 시작과 끝이 없다. 그러나 작업하는 사람은 자신이 제작하고자 하는 목적에 따라 모델을 그려 작업을 하며, 따라서 그 제작활동과 그 결과물을 지배할 수 있으며 또한 그것을 자유롭게 파괴할 수 있다. 즉 인간이 작업을 하며 경험하는 자유의 경험은 사물에 대한 일종의 지배의 경험에서 오는 성취감이다. 이것은 곧 작업하는 사람은 사물을 자신을 위해 유용한가, 이익이 되는 가에 따라 도구적으로 판단하기 때문인 것이다.

오늘날 작업하는 사람들의 철학이라 할 수 있는 것이 바로 공리주의의 원리라고 할 수 있다. 공리주의 원리를 지니는 사람은 세계를 인간을 위한 목적과 수단이라는 유용성의 관점에서 이익이 되는가에 따라 바라본다. 인류의 역사에서 17세기 이후 과학과 기술은 인간 삶의 유용성에 기여하는 정도에 따라 급격히 발전되어 왔다. 과학은 본래 사물의 본질이나 이유의 물음으로부터 시작되었지만, 근대과학은 바로 사물이 존재하게 된 자연의 과정과 방식을 실험을 통해 모방한다. 그래서 근대과학은 제작자의 관점에서 실험을 통해 인

공적 환경에서 자연과정을 반복하여 인공물을 생산한다. 이러한 자연의 과정을 제작과정으로 돌려 그 결과를 생산하는 과정은 그 무엇이나 조작하거나 또한 파괴할 수 있는 잠재력을 지닌다. 이렇듯 근대과학의 방법은 자연의 과정을 모방하여 실험을 통해 자연현상을 통제할 뿐만이 아니라. 인간의 목적과 의도에 따라 제작하여 그 인공물을 생산하게 되는 것이다. 오늘날 인간의 문화적 세계는 자연의 과정을 모방하여 생산되는 인공물들로 구성되어 있는 것이다.

인간의 유용한 목적에 의해 사물을 판단하여 제작하는 경험은 사물을 도구화시키는 문제점을 지닌다. 이러한 사물의 도구화가 점점 인간 활동의 기준점으로 일반화되면서 작업하는 사람들은 자신들의 탐욕을 위해 모든 사물을 무한히 도구로 변화시킬 수 있다. 이러한 사물의 도구화는 사물들을 보존하고 지속시키는 것이 아니라, 오히려 사물들에 대한 파괴를 부축일 수 있다.

그러나 사물 자체가 지닌 의미를 보존하고 세계에 지속성과 안정성을 부여하며 유용성과 화폐가치로 교환될 수 없는 대상이 있다. 그것이 예술작품이다. 예술작품은 자신의 영속성에 의해서 모든 구체적인 사물들 중에서 가장 세계적인 사물에 속한다. 왜냐하면 예술작품의 지속성은 자연과정에서 소모되지 않으며 사용자의 목적의 실현을 위한 도구화에 빠져들지 않기 때문이다. 예를 들어 의자의 목적은 누군가가 사용함으로써 성취되지만, 예술작품의 경우 그러한 목적의 실현과는 거리가 멀다.[5] 예를 들어 빈센트 반 고흐가 그린 의자는 소비되어지는 의자도 사용자의 용도로 도구화된 의자가 아니다. 이는 이 세상에 지속적으로 남아 있으면서 사람들에게 의자라는 도구적 존재로서 사물이 지닌 의미를 사유하게 한다. 예술작품을 영원히 존재하게 하는 직접적 원천은 인간의 사유능력에 있으며,

5) 사이먼 스위프트(2004). 『스토리 텔링 한나 아렌트』(이부순 옮김). 앨피, 118쪽.

저술하고 그림을 그리고 조각을 하고 작곡을 하는 것은 인간의 사유를 실재로 세상 속으로 등장하게 하는 사물화과정인 것이다. 아렌트에 따르면, 예술작품이야말로 자연적 도구인 손을 가지고 인간 내면의 사유를 이 세계에 사물로 등장시켜 지속하게 하는 본래의 작업에 속하는 것이다.[6]

이러한 작업하는 사람이 건설한 세계는 인간이 지속적이며 안정적으로 거주할 수 있는 일종의 문화적 세계를 의미한다. 그러나 이 세계에서 인간다운 삶은 노동을 통해 생산한 사물을 지속적으로 소비하거나 혹은 삶의 편익을 위해 자연을 지배하여 사물을 제작하고, 이를 소모하는 목적-수단의 반복적인 쳇바퀴로 돌아가는 삶이 아닐 것이다. 만약 이 세계의 사물이 지속적으로 제작되어 인간에게 의해 소모되고 파괴된다면, 이 세계는 더 이상 인간이 지속적으로 거주하기에 적합한 세계가 아닌 것이다. 인간이 이 세상에 인간답게 거주하기에 적합한 세계는 인간이 생존하기 위해 노동만을 하는 세계도 아니며, 인간의 실용적 목적을 위한 도구로서 사물을 제작하고 사용하고 소모하기에 적합한 세계도 아닌 것이다. 인간다운 삶을 살기에 적합한 세상에 대한 척도는 바로 다양한 인간이 함께 말하고 행위하는 삶의 거처로서 지속성을 지니는가에 달려 있는 것이다.

6) 한나 아렌트(2002), 233쪽.

01-2 말과 행위

그러면 인간의 말하고 행위하는 활동은 어떠한 특징을 지니고 있는가? 인간은 이 세상에 탄생하여 행위를 시작할 수 있는 존재지만, 서로 다른 차이 때문에 다른 사람과 구분되어 자신을 드러내며 인간 공동의 세계에 참여한다. 아렌트는 이러한 세계에 참여하는 행위를 제2의 탄생이라고 일컫는다. 이러한 세계에 참여하는 행위는 노동처럼 필연성에 의해 강요된 것이 아니고 작업의 경우처럼 어떤 목적을 위한 유용성 때문에 추진된 것이 아니다. 이러한 행위는 우리가 서로 결합하기를 원하는 타자의 현존에 의해 자극받는 것이다. 이 참여의 충동은 육체를 가지고 이 세상에 존재하게 되는 그 시작의 순간부터 발생하며, 우리 자신의 주도로 새로운 어떤 것을 시작할 수 있음을 의미한다.

인간은 누구나 자신에게 던져진 "너는 누구인가"라는 질문에 대해 말과 행위를 통해 공동의 세계 속에서 자신을 드러낸다. 인간이 행위자로서 자신 정체성을 얻는 것은 공동의 세계 속에서 이전부터 그리고 현재 행하고 장차 의도하는 것을 언어를 통해서 서로 알리고 이해할 때 가능하다. 인간은 자신이 어떤 사람이라는 특성, 재능, 능력, 결점 등을 의도적으로 드러내거나 감출 수 있다. 그러나 '그가 도대체 누구인가'라고 하는 그의 인격은 다른 사람들 속에서 그가 말하고 행위하는 모든 것을 통해 그대로 드러난다. 인간은 자신의 인격을 자신이 마음대로 소유하고 처분할 수 없으며 또한 의도적으로 드러낼 수 있는 것도 아니다. 그래서 인격이란 자기 스스로에게는 은폐되어 보이지 않는다. 그러나 나의 인격은 타자들 사이에서 자신의 말과 행위를 통해 분명히 드러나는 것이다.

자신의 인격은 말과 행위를 통해 타자와 함께 존재하는 밝은 공적 공간에서 드러난다. 거기서 바로 권력이 생겨나는 것이다. 인간들이 서로 관계를 맺고 공동행위를 함으로써 권력을 형성하는 정치적 공간에서 행위자들은 자신을 드러내는 것이다.[7] 사람들 사이에서 발생하는 공적 공간에서 자신을 드러내지 않는 행위는 자신의 인격을 상실하게 되며 일종의 목적을 성취한 업적이나 혹은 목적을 위한 수단이 되어버린다. 예를 들어 무명의 용사들의 기념비의 경우 이들은 전쟁의 업적을 이루었지만, 행위자로서의 자신의 인격을 드러낼 수 없었던 자신의 존엄을 잃어버린 사람들인 것이다.[8]

따라서 말과 행위는 사람들 사이에서 자신의 인격을 표현하게 하며 사람들 사이를 연결하고 결합시키고 교류하게 한다. 이것은 인간의 작업활동처럼 최종적인 생산품을 남길 수 없지만, 실재로 현실적인 인간관계의 그물망을 형성하며 사람들이 함께 모여 사는 어느 곳에나 존재한다. 그래서 말과 행위는 자신에 의해 혹은 타자들에 의해 자신의 고유한 인격을 드러내는 이야기로 산출되어 기록되거나 작품으로 가시화되며, 새로운 이야기로 이어져나가기도 한다. 이렇듯 모든 사람들은 이 세계에 참여함으로서 자신의 삶을 시작하고, 행위자로서 자신의 인격을 드러내며 이야기를 남긴다. 그러나 모든 행위자가 자신의 이야기의 저자나 연출자가 되는 것은 아니다. 아렌트에 따르면 탄생과 죽음 사이의 개별적인 인간의 삶은 시작과 끝을 지닌 이야기를 지니지만, 그 삶의 의미는 이 죽음 이후 다른 사람에 의한 이야기를 통해 주어질 수 있다. 왜냐하면 인간이 아무리 위대한 행위와 위대한 말을 해도 시간이 지나간 후에는 그 흔적이 사라지기 때문이다. 그래서 이 세상의 거처에 자신의 이야기를 보존할

7) "결코 총구에서 나오지 않는 것, 그것이 권력이다." H. Arendt(1970). *Macht und Gewalt*, Piper: Muenchen, p. 54. 타자와 함께 하는 공론 영역을 형성하게 되면 반드시 발생하는 것이 권력인데 이것은 함께 행위하고 말하는 사람들 사이에서 합의할 수 있는 능력이 작용하는 정치적 공간을 특징 짓는다.

8) 한나 아렌트(2001), 241쪽.

최고의 능력을 가진 제작인의 도움을 필요로 하는 것이다. 즉 예술가나 시인 그리고 역사기술가나 기념비 건립자 또는 기록자의 도움으로 인간이 행위하고 말한 것에 대한 이야기가 보존되어야 삶의 의미를 부여받을 수 있는 것이다. 그래서 삶의 이야기가 보존되는 세계야말로 인간다운 삶을 살기에 적합한 인간의 거처인 것이다.

인류 역사 속에는 수많은 행위자와 이에 대해 말하는 사람들이 있으며, 그래서 인류의 역사의 이야기책이 만들어진다. 그 이유는 인간 행위의 의미는 궁극적으로 죽음 이후 이야기하는 사람들에 의해 부여되며, 그의 이야기는 공동체 속에 드러나며 공유되기 때문이다. 이렇듯 인간관계의 그물망을 형성하는 인간의 행위와 말이 공동체의 이야기를 통해 인류의 역사 속에서 기억될 수 있는 것이다. 공동체의 구성원은 마치 비극적 드라마의 청중들로 비유될 수 있다. 왜냐하면 비극의 주인공은 자기 행위의 의미와 자신의 비극적 운명을 알지 못하는 반면, 청중은 전체 이야기가 완전히 전개되기도 전에 전체 이야기를 아는 것이다. 즉 연극을 관람하는 청중처럼 공동체 구성원이 행위자의 행위의 의미를 제공하는 것이다. 그래서 인간다운 세계란 말과 행위를 통해 인간사의 그물망이 형성되고, 이를 기억하여 삶의 의미를 부여하는 이야기의 무대가 되는 곳이다. 인간의 세계가 인간사를 함께 기억하고 신뢰할 수 있는 이야기의 무대가 될 수 없다면, 마치 "인간사는 유목민의 방랑만큼이나 유동적이며 헛된 것이다."[9] 이러한 세계에서 사람들은 미래의 사람들과 함께 공유할 수 있는 인간사의 의미를 역사를 통해 지속시킬 수 있는 것이다.

이렇듯 인간 행위가 공동체 속에 참여함으로서 다른 사람에 의해 이야기로 만들어져 비로소 의미가 부여되어야 하는 이유는 무엇일까? 아렌트는 그것을 인간 행위 그 자체가 지닌 특징에서 비롯된다

9) 한나 아렌트(2001), 267쪽.

고 말한다. 행위의 첫 번째 특징으로, 인간은 자신 행위의 결과를 되돌릴 수 없다는 것이다. 자신의 행위는 인간관계의 그물망에 둘러싸여 세상과 끊임없이 접촉을 하면서 무한한 결과를 야기한다. 왜냐하면 행위의 결과는 인간관계의 상호작용이 일어나는 그물망 속에서 언제나 새로운 행위로 이어지며, 그 연쇄작용은 무한히 지속된다. 즉, 인간 누구나가 자신의 의도와 관계없이 자신 행위의 결과가 다른 사람에게 피해를 줄 수 있지만, 그 결과에 대해 되돌릴 수도 없고 그래서 통제할 수 없는 것이다. 이것이 바로 인간 행위가 지닌 연약성인 것이다. 또한 행위의 두 번째 특징으로, 인간은 미래에 발생할 행위를 예측할 수 없다는 것이다. 이는 마치 생전에 자기 자신이 누구인지 알지 못하고 또한 자기 자신에 대해 이야기하는 자가 누구인지를 미리 헤아릴 수 없음을 의미하는 것과 같다.

그러나 이러한 행위 능력 자체는 바로 이러한 연약성을 극복할 수 있는 잠재력을 지니고 있다. 아렌트는 인간 행위의 잠재력으로서 용서와 약속하는 능력에 대해 말한다. 우선 용서란 자신이 무엇을 행했는가를 알지 못하고, 행한 것을 되돌릴 수 없는 곤경으로부터 인간을 벗어날 수 있게 하는 능력이다.[10] 인간은 자신이 행한 행위의 결과로부터 해방되지 못하면 회복할 수 없는 행위로 끝나며 그 결과의 희생자가 될 수 있다. 그러나 용서는 자신이 행한 행위의 결과로부터 해방시켜 그 행위를 구제할 수 있으며, 용서하는 자와 용서 받는 자 모두를 그 행위의 결과로부터 자유롭게 해주는 인격적 사건이다. 이 용서의 힘은 우정의 관계에서처럼 타자에 대한 존경에서 나오는 것이다. 그러나 이러한 용서는 역사적으로 정치적 영역에서 발생하는 예를 들어 나치의 유태인 학살 같은 사례에서는 허용될 수 없는 것으로 간주되어 왔다. 그러나 약속의 능력은 항상 전통적으로

10) 한나 아렌트(2001), 307쪽.

공동체를 실제로 안정적으로 유지하게 하는 능력으로 강하게 인식해 왔다. 즉 인간 행위능력 자체 속에 내재해 있는 약속은 특히 예측이 불가능한 불확실한 미래라는 바다에 '안전한 섬'을 세워 마치 이정표 역할을 하게 할 수 있다. 이러한 약속의 능력이야말로 예측할 수 없는 행위의 미래의 결과에 대한 결점을 극복할 수 있게 한다.

그러면 약속이란 무엇인가? 약속은 이야기를 남기는 말과 행위하는 능력 속에 내재해 있다. 이 약속의 능력은 서로 다른 타자와 함께 살며 타자에 의존하는 공동의 세계 속에서만 행위를 할 수 있는 자유가 존재하는 사실에서 비롯된 것이다. 왜냐하면 어느 누구도 고독과 고립 속에서 행하는 약속은 실재성을 지니지 못하기 때문이다. 약속은 항상 다른 사람과 공존하는 인간관계의 다원성 속에서만 발휘되는 공동의 공적 공간에서 구속력을 지닌다. 그래서 약속은 서로의 인격을 존중하고 신뢰하는 인간관계 속에서 상호 계약과 약정을 성립하게 하는 모든 정치체재에서 가능한 것이다. 약속은 타자와 더불어 공존하고자 하는 의지와 신뢰성을 가지는 공동의 세계에서 발휘되며, 그래서 사람들 사이의 토론과 이해의 과정을 통해 구속력을 지니게 된다. 이는 이 세상에서 미래에 이르기까지 인간답게 살기 위한 정책이나 제도 등의 새로운 변혁을 요구하는 행위이기도 한 것이다. 그래서 역사적으로 공동체는 약속을 타당하고 구속력 있게 하는 모두가 동의한 목적에 의해 제한되고 유지되어 왔다. 예를 들어 출애굽기는 이스라엘민족이 약속의 땅인 가나안을 향해 40여 년 동안 광야의 미로를 헤맨 경험에 대한 이야기이며, 이는 그들에게 정체성을 부여하고 종교의식을 만들어 나갔던 것이다. 따라서 인류역사 속에서 공동체의 계명으로서 약속은 행위와 말의 양식으로 타자와 함께 살고자 하는 의지와 신뢰에서 직접 발생하며, 이것은 이야기를 통해서 역사 속에서 보존되고 지켜지며 이어져 나가는 것이다.

02
삶의 황폐화와 세계소외

02-1 삶의 황폐화와 무세계성

우리는 인간의 삶의 조건으로서 노동, 작업, 행위라는 인간 활동에 대해 고찰해 보았다. 인간은 사적인 영역에서 생물학적 생존을 위해 노동을 하고, 자기 거처에서의 삶을 지속하기 위해 사물들을 제작한다. 그러나 인간답게 사는 세계는 타자와 더불어 사는 공동의 세계 속에서 말과 행위를 통해서 '누구'임을 드러내는 세계이다. 즉 인간의 말과 행위를 통해 서로 타자와 소통하는 공적인 정치적 세계 속에서 노동이나 작업도 비로소 삶의 의미와 가치를 부여받는 것이다.

인간에게 있어서 노동은 인간 생물학적 삶을 위해 자연과 소통하는 자연의 순환과정에서 이루어지는 활동이다. 이러한 노동(labor, Arbeit)은 신체의 고통과 수고가 뒤따르는 생명보존과 건강 유지와 종족 보존을 위한 자연적 삶의 필연성에 구속되어 있는 인간의 활동인 것이다. 또한 인간의 작업은 동시에 생물학적 삶의 순환 과정 속에서 소모되는 삶에서 벗어나 안정적이며 지속적으로 세계 속에 살아갈 수 있게 자연의 대상을 이용하여 인공물을 만들어낸다. 특히 오늘날 과학과 기술의 도움으로 제작된 인공물은 노동의 수고와 고통을 덜어주는 삶의 편익을 위한 도구의 역할을 하며 안정적인 삶에 기여를 한다. 그러나 이 세계에서 항상 다른 사람과 함께 공존하는 공적 영역에서 서로 대화를 통한 행위가 이루어지지 않고 사적 영역에서 인간의 노동과 작업 활동만이 이루어진다면, 이 세계는 '누구'

의 이야기를 기억하고 남기는 의미 있는 세계가 아닌 것이다.

아렌트는 사람들 사이에서 자신의 인격을 드러내는 행위의 자발성과 '누구'의 이야기를 기억하여 보존할 수 있는 공적 공간이 사라지면서 삶이 무의미해지고 황폐화되어가는 현상을 세계소외현상이라고 말한다.[11] 특히 현대사회에서 세계소외현상이란 사물을 생산하는 제작행위가 공리주의의 원리에 따라 인간의 모든 행위를 지배하게 되는 현상이다. 그리고 더 나아가 이러한 제작행위가 궁극적으로는 노동을 통해 획득되는 생존보존을 위한 경제활동에 종속되어 가고 있다는 것이다. 아렌트는 인간 행위에 대한 지배의 유형을 특히 자연의 과정과 그 결과를 실험을 통해 통제하고 지배하게 된 자연과학의 원리와 그 기술에서 보고 있다. 즉 인간은 자연과학의 원리와 기술을 이용하여 인간의 행위의 과정을 예측하고 통제하여 미래에 이르기까지 안정적인 삶을 살고자 했다. 그러나 과학과 기술의 발달에 따라 안정적인 삶의 지속에 대한 욕구가 커짐에도 불구하고 궁극적으로 자신의 행위를 통제할 수 없는 인간의 무능력은 불안감을 일으킨다. 이러한 불안감은 오히려 노동하는 사회에서 더욱 극단적인 소외 형태로 나타나게 된다. 왜냐하면 근대 이후 과학과 기술의 산물로서 생산되는 제작물들은 노동의 수고를 덜어주며 삶의 지속과 안정에 기여를 했지만, 그 생산물들은 빠르게 소비되는 인간의 생존 욕구와 맞물리면서 소모되는 사물로 전락해 가고 있기 때문이다. 근대화의 과정 속에서 인간의 행위는 그 결과를 계산하는 생산과 제작의 관점에서 이해되었고, 오늘날은 삶의 만족을 위해 소비하는 노동활동이 되어 갔다.

따라서 아렌트는 이러한 세계소외현상으로 다음과 같은 유형들을 보여준다. 첫 번째는 사람 사이의 말과 행위가 이루어지는 자유로운

11) 한나 아렌트(2001), 322쪽.

공적 영역을 마치 제작하는 사람이 어떤 의도를 가지고 결과물을 생산하기 위한 과정처럼 지배와 통제를 하는 세계이다. 두 번째는 개인들이 공동의 인간 세계를 거부하고 오로지 자신의 생존과 복리를 위한 삶을 최고의 선으로 삼는 노동을 하는 세계이다. 여기서 사회의 모든 구성원은 자신과 가족의 생계유지를 위해 활동한다. 아렌트가 제시한 오늘날의 두 가지 세계소외유형을 살펴보면 다음과 같다:

02-1-1. 전제정치의 유형

인간이 마치 사물들의 제작의 원리를 인간사의 행위의 원리로 삼으려고 할 때 세계소외가 일어난다. 이때 제작하는 자는 인간사의 우연하고 예측 불가능한 사건들을 배제시키며 행위의 과정과 결과를 예측하여 통제한다. 왜냐하면 예측이 불가능한 행위를 기대한다는 것은 그에게서 그 결과에 대한 계산을 할 수 없기 때문에 통제가 불가능한 것이다. 인간사에서 발생하는 모든 인간의 행위들의 결과는 예측하고 계산하여 그것을 통제하려고 할 때 바로 전제 정치가 발생하는 것이다.

그러면 왜 다양한 복수적 인간들의 자유로운 행위를 통제하는 전제 정치가 발생하는가? 인간은 행위 그 자체의 본성상 행위의 모든 과정들과 결과를 자신이 원하는 대로 통제할 수도 없으며, 본래 시작상태로 되돌릴 수 없다. 그럼에도 불구하고 자신의 의도대로 다른 사람에게 미치는 행위의 결과를 통제하고 지배하려고 할 때 공적 영역에서의 전제정치가 발생하는 것이다. 전제정치가 이루어지는 국가에서는 인간사에 얽힌 모든 우연한 행위의 결과마저도 지배하고자 하며, 그래서 다양한 사람들의 행위의 자발성을 제거해 버리게 된다. 그래서 모든 전제정치의 공통점은 공론영역에서 행위를 시작할 수 있는 자발적인 시민을 추방하고 오로지 지배자만이 공적인 일에 관여해야 하며, 시민들은 사적인 일, 생존과 작업에 종사해야 한다는 것이다.

그래서 전체주의 국가에서는 다양한 시민들이 자유롭게 행위하고 소통할 수 있는 능력이 통제된다. 그러한 사회에서는 공적인 현상 공간이 위축되고 서로간의 말과 행위를 통해 이어주는 공동체의 감각인 공통감(common sense)이 저하되는 것이다. 여기서 공통감이란 "세계가 우리 모두에게 공동의 것"이라는 실재적인 감각이며, 공동선(共同善)에 대한 연대의식을 가지고 서로 소통할 수 있는 공동체의 능력이다. 전체주의 유형이 통치하는 사회에서는 말과 행위를 통해 각자의 인격을 드러내 주는 공적인 공간이 위축되고, 그래서 공동선에 대한 공동체적 감각이나 시민적 연대 의식과 같은 공통감이 작용할 수 없게 되는 것이다. 그러나 공적 영역에서 말과 행위를 통해 공동선을 향해 자유롭게 소통하는 공통감이 사라지는 현상은 오늘날 오히려 경제력과 생명의 가치를 최고선으로 여기는 노동하는 사회에서 더욱 극단적인 형태를 지니게 된다.

02-1-2. 노동하는 동물의 승리

인간의 생존을 보존하기 위한 노동이란 자연과의 소통에서 오는 수고와 고통, 그리고 그것의 산물이 삶의 과정에서 소비되는 삶의 자연적 순환과정 속에서 이루어진다. 예를 들어 건강한 신체활동을 통해 땅을 경작하여 곡식을 얻고 그것을 소비하여 자연에 되돌리는 과정에서 인간은 노동에서 오는 고통과 수고를 경험하지만, 동시에 이를 통해서 살아있음에 대한 자연적 기쁨과 생명력을 얻게 된다. 노동에서 오는 인간의 만족은 자연과의 소통과정에서 경험하는 수고와 그것의 산물이 자연의 생명과정으로 되돌아가는 기쁨이 서로 균형을 이룰 때 생긴다. 그러나 이러한 순환과정에서 삶의 균형이 깨

지게 되면 거기서 인간은 삶의 자연적 생명력마저 잃게 되는 것이다.[12)]

특히 인간의 육체적 노동력을 대체하고 있는 도구의 개발과 빠르게 진행된 자동화의 과정은 인간의 고통과 수고를 덜어주면서 육체적 노동으로부터 벗어나는 여가를 가져다주었다. 그러나 자연과의 충분한 소통이 없이 얻은 이 여가가 지닌 위험은 오히려 생존의 필연성을 넘어 인간의 끊임없는 탐욕을 키우게 하여 세계에서 생산된 사물들을 더욱 빨리 소비하도록 한다.[13)] 예를 들어 인간의 편리를 위해 생산된 가구, 도구, 자동차 등의 인공물 등은 더 이상 이 세계에서의 안정성과 지속성을 잃어버리고, 마치 자연의 신진대사와 같은 순환과정에서 지속적으로 소비되어 사라지는 소비재가 되어가는 것이다. 아렌트는 이러한 노동하는 동물로 퇴보하는 탈인격화 현상을 인간의 모든 활동을 경제적 가치로 평준화시키는 소비사회에 있음을 지적한다. 여기서 인간은 더 이상 이 세상에서 만든 사물들을 지속하게 하는 제작인도 아니며, 또한 다양한 사람들 속에서 인격을 드러내며 말하고 행위하는 자가 아니라, 결국 생존욕구와 삶의 편익을 위해 활동하는 '노동하는 동물'로 후퇴해 버린 것이다.

오늘날 현대인들은 일종의 생산의 관점에서 행위를 하면서 그 결과를 계산하고, 제작활동에 따른 생산물들을 자신과 가족의 건강과 생존 유지를 위한 사적인 욕구 충족을 위해 끊임없이 소비시킨다. 아렌트는 현대사회에서 이러한 '누구'라는 인격적 가치가 배제되면서 인간의 모든 활동의 기준이 자기와 가족의 생존보존을 위한 가치로 환원되는 현상에서 '노동하는 동물'로 퇴보하는 인간의 모습을 본다. 그러한 사회에서 자신의 인격은 공적인 영역이 아닌 오로지 사

12) 한나 아렌트(2001), 188쪽. 노동한 후에 휴식할 여유가 없는 빈곤이나 혹은 권태는 살아 있음에서 오는 기본적 행복을 황폐하게 한다.

13) 같은 책, 390~392쪽.

적인 친밀한 영역에서 자신을 드러낸다. 과학과 기술에 의해 생산된 도구들은 세계에 안정성과 지속성을 부여하는 제작물의 특성을 잃어버리고 노동하는 동물의 생존 욕구에 적응하여 생산되고 또한 소비되어 사라져간다. 더 이상 인간은 깊이 자신에 대해 사고하기를 그치면서, 사고 그 자체도 생산의 결과를 화폐로 계산하는 두뇌의 한 기능으로 변화되어 간다. 오늘날 컴퓨터의 발달로 인한 자동화과정, 특히 인공지능에 의한 알고리즘 등이 자연과 소통하는 삶의 리듬으로 대체되면서 인간 생존을 위한 삶의 필연적 과정이 되어버린 것이다.

이러한 세계소외현상은 특히 산업혁명 이후 노동의 수고와 고통을 덜어 주던 기계화와 자동화 과정이 인간의 노동력이 지닌 육체의 리듬으로 대체되면서 더욱 빠르게 진행되었다.[14] 삶의 도처에서 노동하는 인간은 자신의 모든 활동에 자신의 인격적 가치를 부여하지 않는다. 그는 마치 자동 기계처럼 일하고 생산하여 소모하는 무기력함과 공허함을 경험하게 된다. 이러한 삶이 무의미해지는 황폐화 현상이란 세계를 함께 공유한다는 공동체적 감각으로서 공통감이 사라지고 인간 삶의 활동의 모든 가치가 생존활동을 위한 경제적 가치로 교환되어 소비되는 현상이라고 말할 수 있다. 이러한 황폐화된 삶 속에서 우리는 말과 행위를 통해 서로가 소통하고 인간사의 이야기로 기억하게 하는 공적 공간이 사라지는 것을 경험하는 것이다. 그래서 위의 세계소외로 인한 삶의 황폐화를 극복하는 삶이란 바로 공통감이 살아서 작동하는 공적 공간에서 자신의 인격을 드러내며 말과 행위를 하는 정치적 삶이다.

14) 공병혜(2013). 「세계소외와 이야기적 정체성」. 『인간연구』25, 88쪽.

03
공통감과 정치적 삶

03-1 공통감과 공동체

공통감(common sense)은 인문주의 전통에서 옳고, 그름, 선과 악을 판단할 수 있는 "보편적이며, 공동체적인 감각"이란 의미로 이해되어 왔다. 특히 18세기 유럽의 인문주의자들은 공통감을 공동체의 연대성을 지니게 하는 실천적 지혜와 같은 사회적 덕목으로 이해하였다. 또한 공통감은 특히 공동체의 선과 관계하여 옳고 그름에 대한 분별을 할 수 있기 때문에 시민 사회의 교양이 되었던 것이다. 이러한 공통감은 또한 감각적 판단능력인 취미로 이해되었는데, 이는 마치 음식을 선택하고 거부하는 감각만큼이나 확실한 판단의 타당성을 지니게 되었다. 거기서 취미란 사회적 공동체내에서 인생과 사회의 모든 일에 있어서 올바른 거리를 두고 탁월하게 분별하고 선택할 줄 아는 교양인의 능력으로서 사람들 사이에서 동의를 구할 수 있는 독특한 능력이었던 것이다.[15)]

이렇듯 공통감은 사회적 공동체에서 갖추어야 할 교양으로서 실천적 지혜라는 의미로 지속되어 왔다. 또한 칸트는 공통감을 일종의 '공동체적 감각'으로 모든 사람에게 감정을 통해 소통하여 동의를 구하는 능력으로 이해한다. 이는 사람들로 하여금 개인의 주관적 사적

15) H. G. Gadamer(1975). *Wahrheit und Methode, Grundzuege einer philosophischen Hermeneutik*. Tuebingen: Mohr, p. 29. 공병혜(2012). 「인간의 교양과 취미」. 『인문학 연구』43, 90~92쪽.

조건에서 벗어나 다른 사람의 입장으로 바꾸어 생각하게 하는 일종의 확장된 사유 방식인 것이다. 또한 아렌트는 공통감을 공적인 세계에서 보편적인 세계 관찰자의 관점으로 사유 방식을 확장시킬 수 있는 일종의 정치적 판단능력으로 해석한다. 아렌트가 말한 공적 영역이란 시민들인 관객이나 비평가, 일반 시민들에게 공개되어 의견과 공감이 형성되고 보존되는 시민사회의 영역인 것이다. 여기서는 아렌트가 말한 공적인 정치영역에서 시민들의 정치적 능력으로 공통감에 대한 이해를 살펴보기로 한다.

공통감이란 우리가 함께 사는 이 세계에 대한 실재적 감각이다. 공통감은 본래 동일한 대상에 대해 함께 보고 만지고 맛보고 냄새 맡고 듣는 나의 오감이 다른 사람과 함께 유지되도록 결합시키는 일종의 육감이다. 이는 동시에 다른 사람과의 상호소통을 위해 공동체 내에서 필요한 내적 감각이다.[16] 특히 아렌트는 공통감은 판단하는 능력과 연결시킨다. 즉 공통감은 일종의 '이것은 아름답다.', '이것은 추하다'와 같은 감정을 통한 취미판단능력이다. 이러한 취미판단은 우리가 서로 공유하고 영향을 받는 현실 세계 속에서 이루어진다. 그런데 취미의 관심은 제3자의 관찰자적 성격을 지닌다. 즉 개인적 삶의 관심사가 아닌 오로지 모든 사람의 공통관심사인 함께 사는 세계가 가장 우선이라는 것이다. 또한 이런 관찰자적 시선을 지닌 취미판단을 하고 있는 사람은 다른 사람과의 의견일치에 도달하겠다는 희망에서 단지 '다른 모든 사람의 동의를 요구'할 뿐인 것이다. 그래서 이러한 취미판단은 사람들이 서로 대화를 나누며 동의를 요구할 수 있는 확신을 심어주며 사람들을 설득하는 연설과 매우 유사한 측면을 지닌다.[17]

16) 한나 아렌트(2019). 『정신의 삶, 사유와 의지』(홍원표 옮김). 푸른 숲, 107~108쪽.
17) 한나 아렌트(2000). 『칸트 정치철학 강의』(김선욱 옮김). 푸른 숲, 297쪽.

아렌트에 따르면, 취미 판단은 복수적 타자의 현존을 전제하는 '사교성'과 관련되어 있다. 사교적 인간에 대한 관점은 지구의 실제적 거주자로서의 복수의 인간, 공동체 안에서 함께 사는 상식과 공통감을 지닌 인간에 대한 관점인 것이다. 여기서 지구의 실제적 거주자는 항상 다른 사람과 함께 하고 그리고 출판(펜)의 자유가 있고 다른 사람과의 공개된 소통과 동의를 얻는 자유를 필요로 하는 것이다.

특히 아렌트는 인간의 사교성뿐만이 아니라 정치 영역에서의 비판정신의 공적인 기능을 칸트의 취미판단에서 발견한다. 사유란 자신과 일치되고 모순이 없는 자신과의 대화이다. 소크라테스는 자신의 사유를 공개된 광장에서 다른 사람에게 드러내며 대화를 하였다. 칸트도 자신의 사유가 담긴 저서가 고립되지 않고 타자와 함께 공동체에 들어가길 희망하였다. 그래서 그는 자신의 사유가 "소수를 위한 좁은 길이 아니라 모두를 위한 대로"가 되는 이성 기능의 공적 사용에 대한 희망을 결코 포기하지 않았다. 아렌트는 이를 소크라테스의 산파술에 비유한다. 그것은 마치 산파가 아기를 빛 가운데 나오게 하듯이 자신의 사유가 함축하고 있는 것을 공적으로 드러내는 것이다. 이렇듯 이성의 비판적 사고란 자신의 사유를 자기 밖으로 공개적으로 드러내어 자유롭게 검토 받게 하는 것이다. 그래서 칸트의 계몽의 시대에서는 언론과 출판의 자유, 다른 사람과의 생각과의 만남을 통해 공개적인 검토와 의견 형성이 이루어졌다.

칸트는 공동체 안에서 생각하고 다른 사람과의 자유로운 소통을 통해서 자신의 생각을 검증받을 수 있고, 이러한 자유야말로 시민사회에 남겨진 보물이며, 이를 통해서 모든 악에 대한 처방을 할 수 있다고 말한다. 그래서 칸트가 정치적 자유로서 비판적 사고의 공적 기능이란 바로 공통감에 의한 다른 사람들과의 "보편적 소통 가능성"인 것이다. 즉, 비판적 사고의 공적 기능이란 다음과 같이 기술된다.

"정신이 모든 각도에서 대상을 새롭게 볼 수 있도록, 자신의 관점을 미시적인 데에서 가능한 모든 관점들을 차례로 획득할 수 있는 보편적 시각들을 갖는 데까지 확장시켜, … 다른 모든 사람들의 관찰을 통하여 검증할 수 있도록 하는 것이다."[18]

이때의 칸트의 비판적 사고에 의한 판단이란 모든 사람에게 공개되어 보편적으로 검증될 수 있다. 아렌트는 '세계시민적 관점'을 프랑스 혁명이라는 역사적 사건을 대하는 칸트의 관찰자적 태도를 통해 설명한다. 프랑스혁명을 세계사적 사건으로 만든 것은 행위자의 업적과 악행이 아니라, 혁명에 참여하지 않은 관찰자들의 의견과 열광적인 지지였다는 것이다. 관찰자의 시선이 지닌 전체를 보는 보편적 관점을 통해 프랑스혁명은 위대한 사건으로 설명되며, 이는 문화의 진보에 대한 미래의 희망을 지니게 한다는 것이다. 역사적 사건의 의미를 아는 자는 전체를 볼 줄 아는 위치에 있는 관찰자들뿐이다. 이에 반해 실제 행위자는 사태의 한부분만을 보며 전체를 보지 못하고 오히려 타자의 의견에 의존하기가 쉽다. 관찰자의 관점이란 나의 모든 상황적이고 우연적인 조건과 나의 사실적인 실존을 결정하는 관점을 포기하며 전체를 보며 일종의 공정성에 도달하는 재판관의 관점이기도 한 것이다. 아렌트는 관찰자가 전체로서 인류역사에 대한 판단을 할 때, 자유와 영구평화에 대한 이념이 문화의 진보를 위한 안내 역할을 하고 있음을 제시한다. 여기서 역사라는 광경 속에 관찰자가 없으면 인간이 없는 세상이며, 사막과 같은 세상인 것이다.[19]

18) 같은 책, 92쪽.
19) 한나 아렌트(2000), 120쪽.

03-2 정치적 판단과 상상력

아렌트는 공적 세계에서 공통감에 의한 정치적 판단은 공적 소통 기능을 지니며, 이것을 관찰자의 입장에 의한 일종의 취미판단으로 해석하였다. 여기서 취미는 관찰자의 입장에서 보편적인 전체를 보는 확장된 사고방식으로 작동한다. 취미판단이 누구에게나 보편적인 소통과 동의를 구할 수 있는 이유는 바로 관찰자의 입장에서 판단의 대상과 거리를 두는 상상력의 활동 때문인 것이다. 따라서 정치 판단에서 관찰자적 입장에서 사람들과 소통과 동의를 구할 수 있기 위해서는 상상력의 역할이 중요한 것이다. 아렌트는 상상력이야말로 세상에서 태도를 취할 수 있게 하고 우리의 위치를 확인하게 해 주는 이 지구에 다른 사람과 함께 거주하고 견디게 하는 "우리가 가진 유일한 내적 나침반이다."라고 말한다. 상상력이란 특히 인간 마음의 어둠을 거두어내고 다른 사람들과 같은 세계에서 함께 살아가는 것을 견딜 수 있게 하는 이해하는 능력인 것이다. 아렌트는 다음과 같이 말한다.

"상상력만이 우리로 하여금 사물들을 그의 적절한 관점에서 볼 수 있게 해 준다. 너무 가까이 있는 것에 대해서는 어떤 거리를 두게 하여 우리가 편견이나 선입견 없이 그것을 보고, 이해할 수 있게 하고, 너무 멀리 떨어져 있는 모든 것에 대해서는 마치 그것이 우리 자신이 일인 것처럼 보고 이해할 수 있을 때까지 먼 협곡에 다리를 놓을 수 있게 하는 것이다."[20]

여기서 상상력은 어떤 사태나 사물에 대한 이해를 가능하게 하는

20) 한나 아렌트(2012). 「이해와 정치」(김도연 번역). 『이해의 에세이 1930-1954』. 도서출판 텍스트, 510쪽.

접근을 허락하고, 또 판단에 필요한 거리를 만들어준다는 것이다. 상상력은 역할은 우리의 판단을 타자의 판단과 가상적으로 비교함으로써 우리 자신을 타자의 입장에 놓으며 우리의 사고를 보편적인 세계시민적 관점으로 확장시킨다.[21)]

이렇듯 우리가 취미에 의한 정치적 판단을 할 때 보편적인 관찰자의 관점에 도달할 수 있는 이유는 자신 속의 인간성의 이념이 모든 사람들의 합의를 기대할 수 있는 판단의 규제적 원리처럼 작용하기 때문이다. 바로 이 보편적인 인간성의 이념이 행위자와 관찰자가 결합되는 지점이기도 하다. 왜냐하면 인간 누구나 내부에 있는 인간성의 이념이 행위자의 준칙이나 관찰자의 판단을 위해 규제적으로 작용할 때, 모두가 세계시민적 관점으로 합치되는 것이다. 즉 인류가 공통으로 소유하며 세대를 걸쳐 물려주는 이 세계에서 살고 죽는 인간들의 인간다움을 실제로 구성하는 것은 바로 공통감에 의한 취미판단이 이루어지는 공간인 것이다. 그래서 우리의 상상력에 의해 보편적 인간성의 이념을 향해 확장된 판단이야말로 이 지구에서 함께 거주하는 "세계시민이란 이념을 염두에 둔 관찰자의 판단"으로 이해할 수 있다.

그래서 정치적 판단에서는 상상력의 역할이 중요하다. 여기서 판단자는 개별적 사건이나 행위 속에서 일종의 보편적인 '예'를 상상하여 판단한다. 우리가 좋은 사람에 대한 '예'로서 우리 마음속에 성 프란체스코나 나사렛 예수를 상상한다고 해 보자. 그 '예'가 적절하게 선택되는 정도에 따라 개별자에 대한 판단은 타당성을 지니게 된다. 이를 '예증적 타당성'이라고 일컫는다. 이러한 예는 자신의 동시대인이나 특정한 역사적 전통을 계승한 특정한 경험을 지닌 사람들에게 국한되지 않는다. 그 예들은 어떤 개별적 역사적 사건에 그 기

21) 한나 아렌트(2000), 94~95쪽.

원을 가지고 있지만, 이후에도 우리의 상상력은 개별자들을 판단할 때 그 예들을 떠올리면서 타당성을 요구하게 되는 것이다.[22] 그 예들은 마치 역사가와 이야기꾼과 같은 관찰자들에 의해 기술한 이야기들이나 역사적인 사건들일 수 있다. 위대한 행위들의 의미를 보존하여 후대까지 지속시키는 예로서의 이야기들을 남기는 자는 관찰자의 입장을 지닌 예술가, 시인, 역사기술자인 것이다. 예를 들어 나치즘에 협조를 거부한 소수의 사람들은 자신들의 판단을 저항이라는 행위로 옮길 수 있는 용기 있는 사람이지만, 이러한 행위의 타당성을 예증해 줄 관찰자를 필요로 한다. 이러한 저항 행위에 대한 타당성을 제시하여 다른 사람들과 소통하고 확신을 얻을 수 있게 하는 자는 행위자가 아니라 역사의 작가들이나 저술가들인 것이다. 이들은 관찰자로서 자신이 판단하는 사례를 상상력에 의해 누구에게나 마치 규칙처럼 보편타당하게 적용될 수 있는 범례로서 그려보고 사유하는 것이다.

정리하자면, 아렌트는 공통감을 공적인 세계에서의 보편적인 세계 관찰자의 관점으로 사유 방식을 확장시킬 수 있는 정치적 판단능력으로 해석한다. 진정한 취미판단이 이루어지는 공적인 정치적 공간에서는 다른 사람들과 의견이 교환되어 설득과 공감이 형성된다. 여기서 판단자의 역할이란 마치 역사가가 저술가처럼 역사적 사건이나 행위의 판단을 보편적인 것의 '예'로서 이야기나 사례를 통해 공적 공간에서 전달하고 그 의미를 보존하는 것이다.

특히 함께 살아가는 세계에서 진정한 정치 판단을 위해서는 무엇보다도 공통감과 상상력의 개발이 중요하다. 아렌트에 따르면, 전체주의의 공포 하에서도 소수의 사람들은 공통감에 의해 옳고 그름을

22) 아렌트(2000), 157~158쪽.

판별할 수 있었다. 이때 그들이 직면한 특수한 사태들을 판단하기 위한 어떠한 선례도 존재하지 않았기 때문에 새로운 결정을 내려야 하는 용기가 필요했다. 이때의 공통감이란 어떤 사태나 사건에 대해 자신의 이해관계를 결부시키지 않고 공정하게 바라보는 보편적 소통능력이다. 거기서 관찰자의 시선이 지닌 역할이 행위자보다 중요한 이유는 각 행위자는 단지 자신의 역할에 충실하거나 혹은 행위의 관점에서 판단할 때, 단지 그와 관련된 전체 중의 한 부분만을 알뿐이다. 그러나 관찰자의 시선은 상황을 전체적으로 바라보는 공정한 입장에 서서 그 개별성 속에서 판단의 보편적인 예를 발견한다.[23] 이에 대한 예를 들어보자.

"내가 어떤 빈민 거주지를 보면서 가난과 비참을 지각하고 있다고 가정해 보자. 내가 그곳에서 살아야 한다면 어떻게 느낄지를 나 스스로에게 재현해 보고, 빈민촌 거주자들의 입장에서 생각하면서 애쓰면서 가난과 비참에 대한 판단을 하게 되는데, 오랜 시간과 절망 때문에 분노가 무디어진 그 거주자들의 판단과 반드시 동일하지 않을 것이다. 그러나 나의 판단은 … 이 문제에 대해 내가 계속 판단할 때, 참조하게 될 탁월한 예가 될 것이다."[24]

여기서 개별 사례나 이야기를 통해 보편적인 예를 발견하는 상상력은 다른 사람의 마음을 읽어낼 수 있다. 이러한 상상력의 활동은 상식이 통하는 세계 속에서 타자들과 함께하는 정치적 사유 활동을 위해 중요하다. 관찰자의 시선을 지닌 상상력의 활동은 바로 자신이 판단하는 사례를 하나의 누구에게나 보편타당한 범례로서 상상하여

---

23) 같은 책, 158쪽.
24) 아렌트(2000), 242쪽.

사람들과의 소통과 동의를 얻도록 하는 공동체의 공통감을 형성하는 데에 중요한 역할을 하는 것이다.

참고 문헌

- 공병혜(2012). 「인간의 교양과 취미」. 『인문학 연구』43.
- 공병혜(2013). 「세계소외와 이야기적 정체성」. 『인간연구』25.
- 마리트 룰만외(2005). 『여성철학자』(이한우 옮김). 푸른 숲.
- 사이먼 스위프트(2004). 『스토리 텔링 한나 아렌트』(이부순 옮김). 앨피.
- 아렌트, 한나(2001). 『인간의 조건』(이진우, 태정호 옮김). 한길사.
- 아렌트, 한나(2012). 「이해와 정치」(김도연 옮김). 『이해의 에세이 1930~1954』. 도서출판 텍스트.
- 아렌트, 한나(2019). 『정신의 삶, 사유와 의지』(홍원표 옮김). 푸른 숲.
- 아렌트, 한나(2000). 『칸트 정치철학 강의』(김선욱 옮김). 푸른 숲.
- Arendt, H.(1970). *Macht und Gewalt*. Piper: Muenchen.
- Gadamer, H. G.(1975). *Wahrheit und Methode, Grundzuege einer philosophischen Hermeneutik*. Tuebingen: Mohr.

LIFE AND DEATH.

PART

05

불안과 혐오, 분노와 연민

인간 누구나 삶의 다양한 경험에서 불안을 경험하며, 그 불안은 우리 삶의 중심을 흔들기도 한다. 이 글은 인간 삶의 근본적인 기분으로 불안에 대해 고찰해 보고, 현대 사회에서 경험하는 다양한 불안의 양태들에 대해 살펴보기로 한다. 또한 현대의 성과 사회에서 지속되는 불안의 극복을 우리 자신에 대한 실존적 돌봄에서 찾고, 이를 통해 타자와의 인격적 만남으로 나아갈 수 있는지 성찰해 본다.

또한 어느 사회에서나 개인이나 집단을 향한 혐오나 분노의 감정이 존재한다. 특히 국가적 재난 상황이나 정치적으로 불안정한 상태에서는 더욱 사회 문화적 혹은 역사적으로 은폐되어온 다양한 양상의 혐오와 분노의 감정이 광범위하게 노출되기 마련이다. 이글은 우리 사회에 만연해 있는 특정 집단이나 개인에 대한 인격 훼손이나 폭력이 될 수 있는 혐오나 분노의 감정을 분석해보고, 이에 대항하는 연민의 감정에 대해 살펴보도록 하겠다. 그래서 연민의 감정을 기반으로 한 윤리가 혐오와 이와 유사한 분노에 대항하여 인격 존중과 인간 사이의 소통과 연대를 가능하게 주는 감정의 윤리가 될 수 있음을 제시해 보도록 한다.

01 현대 사회의 불안

01-1 실존적 불안과 죽음

불안은 인간 삶 속에서 어떤 모습으로 경험되어지는 것일까? 불안은 인간의 존재 자체를 특징짓는 근본 현상인가? 철학자 가다머는 인간의 원초적 경험으로서 불안은 인간이 이 세상에 막 태어났을 때 경험하는 이 세상의 방대함과 낯섦에 갑자기 노출되었을 때 느끼는 답답함과 관련되어 있다고 말한다.[1] 우리는 숨을 쉬고 편안한 상태를 유지하려고 노력하는 동안에도 숨을 막히게 할 정도로 갑자기 다가오는 방대함, 공허함, 멀리 떨어져 있음, 낯섦을 경험하는 순간이 있다. 이것은 인간이 이 세상에서 경험하는 원초적이며 근본적 기분에 대한 표현이라는 것이다. 이러한 인간의 심연에 깊이 자리 잡은 근본적 기분으로서 불안은 분명 정신의학에서 관심을 보이는 특정 현상이나 병리적 증상이 아니다. 물론 오늘날 정신의학에서 정신장애의 진단체계는 다양한 불안장애를 병리적 증상으로 세분화시켜 치료받아야 할 대상으로 분류시키고 있다. 그러나 이러한 원초적 불안은 치료의 대상으로 객관화 될 수 없는 인간 실존의 근본적인 분위기인 것이다. 인간은 근본적으로 이 불안함에서 벗어나 스스로에 대해 편안함과 어떤 위협으로부터 안정감을 느끼기를 원하며, 친근한 세계 안에서 살고자 한다. 왜냐하면 이러한 공허한 낯선 경험에

1) H. G. 가다머(2002). 『철학자 가다머 현대의학을 말한다』. 몸과 마음, 243쪽.

서 오는 불안의 지속은 우리에게 삶의 중심을 잃어버리게 만들기 때문이다. 이때 우리는 일상 삶의 중심을 잃게 하는 불안의 다양한 양태와 공포가 어떠한 모습으로 나타나는가에 관심을 지니고 이로부터 벗어나고자 하는 것이다.

그렇다면 인간의 근원적 실존적 분위기로서 불안은 무엇인가? 삶의 다양한 경험으로부터 오는 불안, 삶의 중심을 흔드는 불안의 경험은 어디에서 오는 것일까? 오늘날 현대인이 경험하는 다양한 불안감, 불안의 과정과 그것의 정체는 무엇인가? 하이데거에 따르면 인간에게서 불안의 경험은 죽음 앞에서의 인간의 현존재의 근원적 기분을 드러내는 것이라고 말한다. 불안의 경험은 인간이 자기 이해를 향한 실존적 조건이다. 그래서 불안의 경험을 잊는다는 것은 곧 '인간이 죽는다'는 사실에 대한 망각이 되는 것이다. 또한 가다머는 아이스킬로스의 희곡 『포박된 프로메테우스』를 인용한다. 프로메테우스는 불을 훔쳐서 인간들이 삶의 기술을 습득해서 삶의 지혜를 얻게 해 준다. 그러나 이것은 오히려 인간 자신의 죽을 운명을 망각하게 함으로써 이 세상에서의 삶에 몰두하도록 하였다.[2]

하이데거는 『존재와 시간』에서 인간 현존재에 대해 분석한다. 인간에게 일상적인 삶과 세계 전체가 낯설고 의문스러운 것으로 불안이 엄습해 온다. 인간은 자신이 세계에 처해 있는 근본 기분이 불안을 통해 그동안 친숙했던 세계가 의미를 잃고 일상적 세계 어디에도 발판을 가질 수 없는 자기를 발견한다.[3] 이때 인간은 자기 존재가 마치 "수수께끼"로 다가옴으로써 비로소 자신의 존재가 개별자로서 고독함을 경험한다. 이때 인간 현존재는 불안을 통해서 자신의 가장 고유한 가능성에 직면하게 되면, 이 세상에 던져져 있으면서도 미래

2) 같은 책, 247쪽.

3) 박찬국(1999). 「키엘케고르와 하이데거의 불안의 개념에 대한 비교연구」. 『시대와 철학』10(1), 212쪽.

를 향해 기투하는 현존재의 전체적인 성격이 개시된다. 하이데거에 따르면 "불안에서 일어나는 무(無)의 백야(白夜)"란 무의미의 경험이 인간이 이 세계에 처한 근본적인 상황을 열어 주는 특수한 기분이다. 그래서 바로 불안을 통해 인간은 자신이 실존의 의미를 이해하기 위한 근본적 실마리를 경험하게 되는 것이다.

이렇듯 불안을 통해서 드러나는 근원적 기분은 가장 섬뜩한 것이 된다.[4] 불안은 근본적으로 세계에 대한 불안이며, 이것은 내가 세계 안에 아무런 필연적 이유도 근거도 없이 던져져 있다는 느낌, 즉 '무' 안에 진입함으로써 본래적인 자기 존재를 여는 기분인 것이다. 불안이 지니는 이러한 성격은 인간 현존재가 자신의 내면으로 돌아가게 하는 것이다. 이는 자신의 고유한 자유의 가능성을 이 세상에 기투할 것을 촉구한다. 그렇다면 불안은 어떤 방식으로 인간의 고유한 실존의 가능성을 여는가?

여기서 불안은 '죽음 앞에서의 불안'이다. 죽음이란 현존재가 맞이하는 현실적 사건이 아니라 인간의 실존적 조건이다. 즉, 인간이 '죽음 속에 내 던져져 있다'는 것은 이미 탄생과 더불어 '이 세상에 내던져져 있음'을 의미하는 것이다. 따라서 이러한 죽음 앞에서 '불안에 처해 있음'이란 '죽음 속에서 내던져져 있는' 자기 자신을 가장 근원적으로 절실하게 발견하는 방식인 것이다.

즉 우리가 죽음에 대해 불안을 느낀다는 것은 이 세상에 내던져진 우리 자신이 모든 존재 가능성의 '끝'으로 향해 있다는 것을 말한다. 불안을 통해서 우리에게 열어 밝혀진 죽음은 현존재 자신의 "가장 고유한 존재의 가능성"으로 드러난다. 인간 현존재가 불안을 받아들일 용기를 가지지 못한다면, 낯선 섬뜩함이나 죽음으로부터 늘 눈을 돌리며 살아갈 수밖에 없다. "미리 달려가 보는 죽음"을 향한 존재

4) M. Heidegger(1984). *Sein und Zeit*. Tuebingen: Max Niemeyer, p. 189.

는 끊임없는 위협, 즉 불안에 자신을 열어놓으며, 개별자로서의 자신 존재 가능성을 확신할 수 있게 되는 것이다. 우리는 이 불안 때문에 자신의 본래적 존재에 직면할 수 있다. 따라서 그 불안은 본래의 자기로 돌아갈 수 있는 현존재(Dasein)의 '열려 있음'의 경험이며, 죽음을 향한 자유 속에 있는 자신에 대한 경험인 것이다.[5]

이렇듯 불안은 인간의 근원적 실존적 분위기로서 그 대상이 없다. 그래서 대상이 있는 공포와는 다르며, 세계 내부에서 발견되는 어떤 존재자도 불안의 대상이 될 수 없다. 세계 내부의 존재자가 위협적인 대상으로 다가오면 그것은 공포의 대상이 된다. 그러나 불안은 인간 자신이 죽음에 이미 내던져져 있다는 사실을 자각하게 되는 기분으로서 존재 전체를 뒤흔든다. 이런 점에서 불안은 자신의 한가운데 침입해 있는 무규정적인 '무'에 대한 경험이며, 동시에 현존재의 끝인 죽음으로부터 근원적으로 자신을 알려오는 방식이다. 특히 자기 자신에 대해 '섬뜩함'을 느끼는 것은 본래적으로 드러나는 자기에게 낯선 불안한 감정이다. 자기 자신에게 섬뜩함은 일상의 친숙함이 무너지면서 안정된 자기, 자명함, 편안함을 위협하며 죽음 앞의 불안 속에서 자기 존재의 가능성, 즉 양심의 목소리를 부르는 것이다. 이러한 섬뜩함은 비록 일상적으로 은폐되어 있지만, 세계 내 존재의 근본 양식이며, 자기 망각을 위협하며 자기의 본래성을 일깨우기 위한 감정인 것이다.[6]

---

5) 같은 책, 263~264쪽.

6) 근원적 불안의 경험은 일상적인 언어로 담아낼 수 없고, 시 예술과 같은 시작(詩作)에서 사용되는 언어만이 이 존재를 담아낼 수 있다.

01-2 현대 사회의 불안

인간의 실존적 분위기로서의 불안은 인간 현존재를 송두리째 뒤흔드는 죽음으로부터 오는 무의미 혹은 공허의 경험이며, 자기 존재의 가능성을 여는 계기가 된다. 그러나 우리 일상 삶에서 흔히 경험하는 불안은 이러한 불안이 아니다. 우리는 지금의 현재의 상태가 더 이상 지속되지 않으며, 미래에 대해 예측할 수 없다는 것에 대해 불안하다. 이러한 현존하는 삶 자체에 대한 불안은 삶의 안정에 대한 욕구의 증가로 삶의 중심이 흔들리며 위협당할 때 온다. 실존적 불안이 자기 존재에 대한 섬뜩함으로서 자기 존재가 열리는 느낌이라면, 삶 자체에 대한 불안은 오히려 현재 삶에 대한 집착으로 인해 자기 존재의 망각에서 오는 것일 수 있다.

그러나 언젠가 죽는다는 사실을 망각한 채 현재의 삶에 집착하며 살아가는 사람들에게는 다양한 불안감과 공포심이 있다. 오늘날 우리 삶에서 왜 이러한 걱정거리로서의 불안이 늘어만 가는가? 오늘날 급속히 발달하는 현대 과학과 기술문명이 과거보다 우리 삶에 확실성과 편익에 기여함에도 불구하고 왜 오히려 미래에 대한 불안감이 더욱 커지는 것일까? 현대의 문명은 우리 삶의 지속과 안정을 약속하지만, 오히려 이는 죽음에 대한 근원적 불안을 망각하게 하며 삶에 더욱 집착하게 만든다. 특히 개인 삶의 지속의 불확실성에 대한 불안은 고용불안정이나 사고 등의 사회적 재난에 의해 가중되고 있으며, 이에 대한 사회적 안전망에 대한 요구가 오늘날 공공 영역에서 매우 의식적으로 이루어지고 있다. 이러한 다양한 양태를 지닌 불안에 대한 배후에는 바로 삶의 지속적인 안정과 이를 성취하고자 하는 인간의 욕구가 있으며, 거기엔 인간의 근본적인 기분 상태로서 죽음의 불안에 대한 망각이 자리 잡고 있는 것이다. 현대인들이 경험하는 다양한 양태의 불안은 특히 노동을 통한 성과와 경제적 안정을 삶의 우선적 가치로 삼는 현대의 물화된 사회에서 소외현상과 관계한다. 우리는 자기 삶의 의미를 성찰할 수 있는 그 어떤 틈새도 허락하지 않은 채 지속적인 노동과 성과 그리고 소비라는 매우 빠른 삶의 리듬 속에서 불안을 경험한다.

그렇다면 오늘날 현대사회에서 경험하는 삶의 대한 불안을 어떻게 특징 지을 수 있는가. 현대인들이 일상 삶속에서 경험하는 다양한 불안의 양태들은 자기 존재의 이해로 나아가는 근원적인 실존적 불안이 아니다. 현대인의 불안이란 오히려 죽음으로 향한 자기 존재의 망각을 통해 현존하는 삶의 대한 집착과 안정에 대한 욕구와 이에 대한 불균형을 통해 삶의 중심이 흔들리는 불안일 수 있다. 우리는 이러한 불안을 현대의 성과사회에서 나타나는 탈 인격화되어가는 자기소외현상과의 관계 속에 고찰해 볼 수 있을 것이다.

01-3 성과사회에서의 불안

오늘날 현대인들은 이 세계의 사물들이 끊임없이 제작되고 그것이 화폐 가치로 교환되어 성과를 올리고 또한 그것이 지속적으로 소비되는 자본주의 사회에 살고 있다. 현대의 성과사회에서 인간이 경험하는 불안의 정체는 무엇인가? 자본주의 사회에서는 화폐 권력이 우리 삶을 지배하고 있다. 사람들은 임금노동을 바탕으로 화폐라는 교환가치를 산출하는 경제적 활동을 위해서 계산적 사유를 해야 한다. 그래서 화폐로 교환되는 성과를 내기 위해 현대인들은 이러한 계산적 사유를 바탕으로 자신이 노동하고 생산하는 활동의 결과로서 예측이 가능한 성과를 내야 한다. 자기 활동의 결과가 성과로서 화폐 가치로 교환이 되었을 때, 비로소 인간은 자기의 소비욕구를 충족시키며 살 수 있는 삶의 지속과 안정을 기대할 수 있는 것이다. 특히 자본주의 사회를 지배하고 있는 교환의 원리란 서로 다른 대상들을 등가성의 요청에 따라 생산에 평균적으로 투입된 사회적 노동시간을 화폐가치로 환원하여 교환될 수 있게 하는 원리이다. 그래서 이러한 자본주의 사회에서는 임금노동을 바탕으로 생산을 조직화하는 경제활동이 지배하게 되는 것이다.

특히 자기 노동의 결과가 화폐로 교환되는 성과사회에는 일종의 자기 착취의 논리가 작용하고 있다. 거기서 작동하는 자기 착취의 논리란 곧 당신이 능력만 있으면 뭐든 할 수 있다는 긍정성의 논리이며, 그래서 사람들은 자기 성과의 결과에 대한 불안을 극복하지 못하면 낙오자가 된다고 생각한다. 그래서 '당신이 능력만 있으면 뭐든 할 수 있으니, 더 많은 성과를 올려라'라는 메시지가 일반화된 사회에서 인간은 성과를 향한 자기 강요에 시달린다. 거기서 사람들은 성과사회가 요구하는 성과를 위한 자기 강요에 시달리다 스스로 소진된다. 이때 소진된 사람은 어떤 것에도 의미와 희망을 찾지 못하는 우울증에 시달리게 되는 것이다.[7] 지금의 사회는 성과 주체가 될 것을 지상명령으로 하면서 또한 여가의 필요성을 이야기하기도 한다. 그러나 그 여가의 즐김도 계획표를 만들어 달성목표에 따른 성취가 있어야 하는 것이다.

자본주의 사회의 발전 역사를 살펴보면 개인들은 자신이 노동이 필요하다는 것을 마음으로부터 수용하는 노동의 내면화 과정을 거친다. 이것은 인간노동의 가치를 계산하고 임금노동을 당연시하면서, 모든 개인들이 화폐로 교환될 수 있는 성과와 업적 중심으로 살도록 한다. 그래서 노동의 내면화가 일반화된 현대사회에서는 개인들이 자신의 정체성을 노동 자체와 동일시하게 된다. 즉 개인의 인

7) 한병철(2012). 『피로 사회』(김태환 옮김). 문학과 지성사, 23~29쪽.

격을 노동의 성과 및 노동에 대한 보상과 동일시함으로써 진정한 자신의 정체성을 잃게 되는 것이다. 그래서 노동에 대한 성과와 이에 대한 보상이 적을 경우 개인들은 공허해진 자신의 내면을 채우기 위해 노동중독, 쇼핑중독, 알코올중독에 빠지게 된다. 이렇듯 노동이 내면화되고 자기 착취가 이루어지는 현대자본주의 시스템에서 특히 감정마저 상품적 가치로 여기게 된다. 예를 들어 감정 노동자들은 정서적으로 소외된 노동의 대가로서 화폐를 통한 구매력을 얻게 된다. 이때 개인은 소비의 자유를 느끼지만, 자기소외가 큰 만큼 소비의 쾌락은 일종의 중독을 일으키게 할 수 있다. 특히 사람들은 소비 할 수 있는 경제적 안정을 통해 자신의 정체성을 확인하는 경우가 일반화된다. 이때 화폐의 부족으로 소비가 제한되고 경제가 궁핍해지는 것이 가장 두렵고 불안한 일이 된다. 여기서 화폐를 통해 소비할 수 있는 것은 생존을 위한 의식주의 해결을 넘어서 삶의 지속을 위해 생산된 모든 것들이 되는 것이다.

사람들은 소비욕구를 채우기 위해 지속적으로 무언가 성취해야 하는 것에 대해 불안해하고, 이것이 자기 자신에 대한 불안으로 이어지면서 인격의 통합에 실패하게 된다. 무한경쟁의 성과사회에서 언제 낙오될지 몰라 불안하고, 능력만 있으며 가질 수 있다고 하는 일자리에 대해서 불안해 하며 성과의 대가로서 소비요구를 채울 수 없는 삶에 대해 불안하다. 누군가 경제적 가치가 우선하는 성과주의 시스템이 적응하지 못하는 경우 그것은 개인의 능력부족이나 문제가 있는 것이다. 그래서 이러한 사회에 순응하도록 하는 치료적 · 심리적 접근이 권장되기도 한다. 이러한 성과사회에서 드러나는 주요 특징은 바로 공통감을 기반으로 한 사회적 공동체 의식이 사라지고 있다는 것이다. 그러나 오늘날 긍정심리학에 바탕을 둔 심리치료는 사람들의 공통체적 감각을 개발하여 사회적 공동체에 참여시키는 대신에 성과주의 사회의 시스템에 적응시키기 위한 자기 긍정에 대한 접근인 것이다. 이러한 치료적 방식은 성과사회에 적응하도록 도와주지만, 성과사회에서 왜 자기 소외가 일어났는지에 대한 인식이나 성찰을 하게 해주지는 않는다.

그래서 오늘날 불안은 인간의 삶의 가치가 경제적 가치로 교환되며 지속적으로 소비되는 극도로 허무해진 존재의 결핍상태에서 온다. 노동하는 인간은 성과를 올리기 위해 끊임없는 자기 긍정을 통해 자기를 착취한다. 이러한 사회는 우리에게 '이렇게 살아서 궁극적으로 무엇을 할 것인가'의 질문마저 할 수 없을 정도로 중단과 멈춤이 없는 활동을 강요하는 사회인 것이다.

일종의 중단 없는 활동을 강요하는 성과 사회가 서서히 도핑사회로 발전해 가게 되면, 사람들은 극단적 피로와 탈진을 경험하며 거기서 개별화되고 고립된다. 니체는 "활동적 사람들은 보통 고차원적 활동을 하는 법이 없다 … 이런 점에서 그들은 게으르다. … 돌이 구르듯이 활동적인 사람들도 기계적인 어리석음에 걸맞게 굴러간다."라고 말한다.[8] 활동에도 다양한 유형이 있지만, 기계처럼 어리석게 계속되는 활동은 중단되는 일이 거의 없다. 즉, 기계는 잠시 멈출 줄 모르며, 컴퓨터는 엄청난 연산능력을 가지고 있음에도 머뭇거리는 능력이 없기 때문에 어리석은 것이다.[9] 이러한 성과사회에서 인간의 행동은 전반적으로 속도가 빨라서 멈출 수 있는 넓은 시간적 지평을 용납하지 않는다. 그래서 미래는 현재를 연장시킨 것 정도로 축소되고, 다른 곳으로 시선을 던질 수 있는 부정적 태도가 싹틀 수 있는 여지가 전혀 없는 것이다.

오늘날 현대인들에게 기계처럼 계속되는 활동적 삶을 중단하고 잠시 멈추어서 새로운 행위를 시작할 수 있도록 하는 주체의 자유

8) F. Nietzche(1967). Menschliches, Allzumenschliches 1. Kritische Gesamtausgabe IV−2. Berlin, pp. 235.
9) 한병철(2012), 49쪽.

의 능력이 없다. 따라서 현대인들은 일을 멈추면 오히려 불안하다. 이는 멈춤으로 인해 삶의 지속과 안정이 깨지는 것에서 오는 불안인 것이다. 여기서 불안은 현존의 삶에 대한 부정을 통해 자신의 존재를 뒤흔들어 존재의 의미를 반성하게 하는 실존적 불안이 아니다. 이것은 멈춤과 중단에 대한 불안감인 것이다. 오늘날 쉴 새 없이 자기 긍정을 통해 성과를 위해 계산하는 사유는 모든 멈춤과 중단을 활동의 가속화 속으로 삼켜 버린다. 그래서 우리가 자기 존재 자체의 질문을 가지고 삶의 집착에 대한 반성을 통해 활동을 멈추게 되면, 이 사회의 낙오자가 된다는 불안감을 갖게 된다.

현대 사회는 사유 자체를 특히 화폐적 · 경제적 가치로 계산하는 능력으로 변화시켜 가고 있다. 거기서 개인은 타자에 대한 공동체적인 반성적 사유를 할 여유도 다른 사람을 둘러 볼 틈새도 없이 자폐적 성과기계로 변신할 위험에 처해 있다. 이러한 성과를 극대화하려는 과도한 노력은 소비하기 위해 화폐적 가치로 계산된 세계의 사물을 소비하기 위해 더욱 가속화되는 활동적 삶의 과정에서 이루어진다. 오늘날 인간은 노동하는 경제인으로 살아간다. 경제인에게 멈춤이나 잠시 뒤로 물러선다는 것은 앞으로 나아갈 수 없다는 불안감을 일으키기 때문에 그들은 오히려 자기반성이나 부정의 능력을 제거하는 방향으로 나아가게 된다. 왜냐하면 그들은 경제적 성과를 내기 위한 중단 없이 치닫는 삶 속에서만 지속적으로 소모되는 삶의 쾌락을 누릴 수 있다고 여기기 때문이다.

01-4 실존적 자기 돌봄과 소통

우리의 삶에서 오는 대부분의 불안은 미래에 대해 예측할 수 없는 현존하는 삶의 불안정에서 온다. 그래서 이때의 삶의 불안은 삶의 안정적 지속에 대한 욕구가 위협당할 때 삶의 중심이 흔들리는 불안정한 상태에서 온다. 그러나 인간의 실존과 연관된 불안은 죽음으로부터 오는 무의미 혹은 공허를 어떻게 극복할 것인가에 대한 물음과 긴밀한 관계가 있다. 실존적 불안은 자기 존재 자체가 문제가 되어 죽음 앞에서의 자기의 내면의 깊이로 내려갈 때 생겨나는 근본적인 분위기라고 말할 수 있다. 이는 삶에 집착하는 불안과는 달리 죽음 앞에서의 무를 경험하면서 본래 자신의 참모습을 깨닫게 하는 자기 존재 확신의 계기가 된다. 죽음 앞에서 무를 경험하고 자기존재를 문제 삼는 실존적 불안의 토대 위에서 자기 본래성을 회복하고 자기 삶을 기획할 수 있는 실존적 자유를 지닐 수 있다.

오늘날 근대과학과 기술문명이 만들어낸 지식은 삶의 안정을 약속하는 지식과 밀접히 연결되어 있다. 특히 현대 문명이 부추기는 불안감의 이면에는 현존의 삶에 대한 집착과 이를 위한 경제적 안정에 대한 욕구가 있다. 이러한 미래를 예측하여 안정적인 삶을 살고자 하는 욕구와 성취에 대한 집착은 인간의 근본적인 기분 상태로서의 죽음에 대한 불안을 망각하게 한다. 왜냐하면 우리의 욕구를 충족시키는 삶의 안정에 대한 끈질긴 집착은 자기의 본래성의 계기인 죽음에 대한 근원적 불안을 제거하기 때문이다. 근원적인 죽음의 불안에 대한 망각은 하이데거의 표현에 따르자면 일상적인 평균인들(das Man)이 경험하는 비본래적인 삶에 해당된다. 따라서 이러한 죽음에 대한 망각은 이 세계 속에서 인간의 본래의 자기 존재의 가능성을 향한 실존적 불안에 대한 통로를 막아버리고, 자기 소외를 일으키는 것이다. 현대의 물화된 자본주의 사회에서 평균인들은 소비할 수 있는 경제력과 건강을 최고의 가치로 삼는다. 거기서 이러한 삶의 집착에서 오는 다양한 양태의 불안감은 특히 자기 자신과의 소외를 가져다 줄 뿐만이 아니라, 다른 사람과의 실존적 소통을 가로막는 것이다.

그러면 어떻게 인간은 물화된 현대사회에서의 자기 소외를 일으키는 불안으로부터 치유의 길로 나아갈 수 있는가? 인간은 자기 인식을 통해 삶의 길이 드러나면 기존의 길로부터의 변화 혹은 방향전환을 하게 된다. 여기서 치유란 바로 이러한 의미에서 변화 혹은 방향전환이라고 여겨진다. 우리는 우선 인간 현존재의 근본적 기분으로서의 죽음에 대한 불안을 상기하는 것은 실존적 자기 돌봄으로 나아가는 것이다. 여기서 인간이 미래에 다가올 죽음을 망각하는 것이 아니라, 오히려 죽음에 대한 불안을 상기하는 것은 일종의 자기답게 살기 위한 실존적 자기 돌봄의 방식이 될 수 있는 것이다. 자기 돌봄을 통해 자기 삶을 기획할 수 있는 실존적 자유를 획득하는 것은 곧 다른 사람과의 실존적 소통으로 나아가게 한다. 왜냐하면 실존적 자기 돌봄은 또한 자기 안에만 머무는 것이 아니라 공통의 운명을 지닌 타자와의 실존적 교류를 향해 나아가게 하기 때문이다. 그러면 실존적 자기 돌봄이 과연 어떻게 동시에 타자와의 만남과 사귐이라는 실존적 소통이라는 관점으로 나아갈 수 있는가?

가다머는 궁극적으로 인간 존재의 근본적인 기분으로 죽음에 대한 불안을 인식하고 받아들이는 것은 갓 태어난 아기가 처음 세상 공기를 느끼자마자 터트리는 인간의 탄생의 울음소리를 기억하는 것이라고 말한다.[10] 또한 야스퍼스는 실존적 불안을 통해 획득할 수 있는 개인의 실존적 정체성은 바로 타자와의 실존적 상호 소통을 통해서 이루어진다고 말한다. 나는 나 자신에게 늘 물음이며 완전히 파악될 수 없는 어떤 근원이지만, 이러한 나는 다른 사람과의 실존적 상호소통 속에 들어가지 않고서는 나 자신이 될 수 없다는 것이다. 야스퍼스는 다음과 같이 말한다.

10) 한스 게오르그 가다머(2002), 256쪽.

"타자가 자기 자신이고자 할 때 그리고 내가 그와 함께 나 자신이고 나 자신이기를 원할 때 비로소 내가 나의 자유 안에서 나 자신이 된다."[11]

타자와의 만남을 통한 실존적 소통과 교제의 과정에서 너의 너다움과 나의 나다움이 서로 만나야 한다. 거기서 내게 이렇게 했을 때 저 사람이 어떻게 할 것인가를 미리 계산하거나 예측해서 상대방의 행위를 이끌어내는 식의 전략적 태도를 지니면 안 된다. 실존적 소통이란 사람들과의 상호 인격적으로 만나는 관계이지만, 동시에 각자가 실존적인 태도를 가지고 서로 자기반성을 하는 관계이다. 실존적 소통은 스스로를 항상 자신과 결합시키는 소통 안에서 본래적 자아에 대한 확신과 실존적 자유를 경험하게 한다. 여기서 소통이란 나 자신도 실존이 되고 상대방도 실존이 되도록 촉구하는 과정이다. 이러한 실존적 소통과 사귐은 자기 실존을 위한 투쟁과 타자의 실존을 위한 투쟁이 하나가 되는 사랑 속에서 이루어진다. 즉 실존적 소통을 통한 사귐은 서로 간의 사랑과 투쟁이 동시에 일어나는 긴장 속에서 서로 자기다운 존재를 찾는 과정인 것이다. 그래서 실존적 소통은 나와 상대방의 실존적 자기반성과 자기 돌봄이 상호 만나는 우애적 관계 속에서 이루어진다. 야스퍼스에 따르면 실존 자체의 본질은 결코 고립이 아니라 공적인 소통, 사귐 안에 있다. 왜냐하면 자기 이해를 향한 근원적인 실존적 불안에 대한 경험을 서로 나눔으로써 공동으로 주어진 세계 안에서 자기 확신과 실존적 자유를 공유할 수 있기 때문인 것이다.

오늘날 현대 사회에서 자기 소외를 에워싸고 있는 불안은 인간의 삶의 가치가 경제활동을 위한 화폐 가치로 교환되어 소모되는 극도로 공허해진 인격적 삶의 결핍에서 온다고 여겨진다. 공적인 영역에

11) K. Jaspers(1973). *philosophie II: Existenzerhellung*, Springer Verlag. Berlin/Heidelberg/New York, p. 58.

서 실존적 자기 진실성을 사람들과의 우애를 통해 깨닫는 것은 궁핍해진 시대적 상황에 대한 성찰이라고 말할 수 있다. 여기서 우애적 관계란 언젠가 죽을 자로서 이 세상에 살아야 할 운명을 지닌 보편적 인간성에 대한 공감에 기반한다. 인간이 이 세상에 태어나자마자 첫 세상과의 만남에서 터뜨리는 울음을 기억하는 것, 언젠가 죽을 수밖에 없는 연약한 존재의 호소를 기억하는 것은 우리의 실존적 자각을 위한 참된 인간의 연대성을 일깨우게 한다. 현대인들은 이 근원적 존재의 불안을 망각하고 억압하며 살고 있다. 이 시대에 서로 다른 사람과의 실존적 불안의 경험에 대한 소통과 공유는 이 세상에 태어난 죽을 자로서 참된 연대성, 즉 인간의 연약함과 사멸성에 대한 진리에 공감하게 한다. 이러한 실존적 소통은 이 세상에서 행위를 시작할 수 있는 자유의 능력을 나눌 수 있도록 한다.

오늘날 현대사회에서 인간은 삶의 황폐화와 삶의 무의미에 따른 다양한 불안의 징후와 걱정에 휩싸여 있다. 거기엔 바로 물화(物化)된 사회에서의 죽음에 대한 근원적 불안에 대한 망각이 자리 잡고 있는 것이다. 그러면 우리는 어떻게 근원적 불안에 대한 이해를 통해서 우리 삶에서 직면하는 다양한 불안의 징후들을 극복할 수 있을까? 우리에게 이러한 현존하는 삶에 대한 집착에서 오는 불안을 극복하고 치유하기 위한 실존적 자기 돌봄과 타자와의 실존적 소통이 가능하단 말인가? 자기 돌봄이 상호 만나는 실존적 소통과 사귐이 가능한 치유의 시간을 통해 행위를 시작할 수 있는 자유가 과연 가능할 수 있는가? 이러한 치유의 시간은 기존의 삶으로부터의 방향을 전환하고 변화를 위한 깨달음과 시작의 시간인 것이다. 이를 위해 다양한 사람들이 함께 모여 사는 이 세상에서 우리에게 필요한 것은 실존적 자각을 함께 나누는 멈춤의 시간이다. 이 멈춤의 시간이란 끊임없이 삶의 불안을 일으키는 삶의 안정적 지속을 위해 치닫던 목적지향적인 행위로 부터 잠시 벗어나는 시간이며 또한 계산적 사유가 멈추는 유희의 시간이다. 이 멈춤의 시간에서 우리의 노동과 계산적 사고와 이에 따른 성과의 무게를 놓을 때 거기서 자아의 집착의 무게는 줄어들면서 세계는 열리고 자기 존재의 목소리가 들려오며, 타자와의 얼굴과 마주하는 만남이 이루어질 수 있다. 그 시간 속에서 인간의 탄생과 더불어 사멸성에 바탕을 둔 실존적 자기 자각과 인간에 대한 연대성이 일깨워지며, 이웃과의 우애가 형성되는 것이다. 노동과 성과에 대한 집착과 불안은 사라지고, 세계의 이웃과 사물들이 우리의 시야에 들어오면서 자신의 의미를 되찾게 된다. 이러한 우애라는 연대감 속에서 자기 존재의 열림과 동시에 세계의 이웃과 어우러질 수 있는 여유와 치유의 시간을 경험할 수 있는 것이다.

02
혐오란 무엇인가

02-1 진화심리학적 혐오

혐오라는 감정은 본래 일종의 자기 생존을 위한 본능적 반응으로 미움이나 공격적인 괴롭힘처럼 대상에서 멀어지는 감정의 운동이다. 어떤 혐오는 사람이 본능적으로 느낄 수도 있지만, 우리에게 해를 끼친 것을 알고 있는 대상뿐만이 아니라, 우리를 해치지 않을 수도 있는 대상에 대해서도 느낄 수 있는 회피의 감정인 것이다.[12] 혐오는 생득적인 것으로서 현존하거나 혹은 미래에 닥쳐올 위험으로부터 생존을 지킬 수 있도록 하는 신체적 반응인 것이다. 이러한 자연적 본능으로서 혐오에 대한 입장을 진화심리학에서 주장하는 행동면역 체계의 반응에서도 발견할 수 있다.

오랜 옛날부터 인류는 바이러스와의 적대적 공생관계 끝에 현재의 면역체계를 갖추었다. 바이러스에 대한 면역체계는 선천면역과 후천 면역으로 구분되지만 모두 일단 감염된 이후 작동한다.[13] 그런데 진화심리학에서는 이러한 감염 자체를 미리 효과적으로 회피할 수 있는 면역체계를 갖춘 개체가 진화에 유리해 왔으며, 바로 혐오의 감정이 이러한 진화적 기능에 해당한다고 주장한다. 진화심리학자인 샬러는 인간을 포함한 동물들이 지닌 진화적 기능을 "행동면

12) 영어로 disgust, hatred, abhorrence, aversion, repulsion 등 다양한 표현들이 혐오로 번역되고 있다. 김용환 외(2019). 『혐오를 넘어 관용으로』. 서광사, 22~23쪽.

13) 이원우(2020). 「바이러스, 우리에게는 면역계가 있다」. 『SKEPTIC Korea21』.

역체계(behavioural immune system, BIS)"라고 불렀고 혐오의 감정은 이에 해당한다. 그 이유는 혐오의 감정은 감염 가능성을 회피하는 인간의 자연적 반응으로 나타나기 때문이다.[14] 행동면역계는 병원균의 존재 가능성을 알리는 지각 신호를 보내며, 그 신호가 지각되었을 때 자극은 행동 회피에 도움이 되는 적응적 심리반응을 유발한다. 이러한 심리 반응이 바로 혐오인 것이다. 이것은 마치 배설물에서의 불쾌한 냄새가 전염성 병원균이 가까이 있다는 것을 분명히 알려주는 것 같은 '감각적 신호'라는 것이다. 혐오는 개인위생과 성관계 등 질병 전염과 관련된 행동 영역에서 발생하는 규범적 기대를 위반하는 행동에 대해서도 촉발된다. 그래서 혐오는 감염 가능성이 높은 대상과 행위에 대한 일종의 회피 반응이다. 이것은 감염을 유발할 수 있는 대상과 접촉하거나 감염 가능성을 높이는 행동을 하는 것을 사전에 막는 예방역할을 함으로써 개체를 보호하는 것이다.

이러한 진화심리학적 관점에서 혐오란 결국 인류가 진화과정을 통해 획득한 일종의 행동면역체계의 반응이다. 이 관점에 따르면, 오늘날 대규모의 전염병 발생이 일어나고 있는 코로나19 팬데믹 같은 상황에서 사람들이 아직 면역이 형성되어 있지 않은 감염에 취약한 예외적 상태에 놓여 있음을 인식하고 있고, 이 위험을 회피하는 반응으로서 혐오를 느낄 때 이 반응은 심리적으로 자연스러운 것이다.

14) 박한선(2020). 『전염병은 왜 혐오를 일으키는가?』. SKEPTIC Korea21, 74쪽.

02-2 원초적 혐오와 투사적 혐오

누스바움은 인간의 모든 감정은 대상에 대한 사실과 평가에 대한 믿음을 포함하고 있다고 말한다. 그래서 인간은 이러한 감정이 지닌 믿음을 매개로 그 대상의 타당성 여부를 판단할 수 있다. 혐오라는 감정도 이러한 믿음을 포함하고 있다.[15] 혐오의 대상은 무엇보다도 미각과 관련해서 음식의 섭취를 통한 오염과 이에 대한 거부와 관련되어 있다. 실제로 내 안에 음식물이 있을 때는 그 어떤 혐오감도 일으키지 않지만, 내 밖으로 나온 배설물은 나와 다른 것이 됨으로써 혐오의 대상이 된다는 것이다. 혐오의 감정에는 내 몸의 경계 밖에 있는 이물질이 내 몸 안으로 들어왔을 때, 그것이 나를 내가 아닌 다른 것으로 변화시킬 것이라는 우려가 포함되어 있다. 결국 혐오란 무엇보다 인간적인 것이 아닌 동물적인 것에 대한 염려와 관계하며, 내가 아닌 동물성에 의한 오염 가능성이 인간에게 강한 거부감을 불러일으킨 것이다. 누스바움은 이러한 미각에 의한 동물적인 것에 대한 혐오감뿐만이 아니라 촉각과 후각에 의한 혐오감으로 확장시킨다. 여기서 혐오의 대상은 인간이 동물과 공유하고 있는 취약성과 퇴화되어 가는 죽음과 관련된 것이다.[16] 즉, 인간이 상처를 입고 피를 흘리고 몸속의 내장을 밖으로 드러낼 때, 그 피와 상처가 보여주는 것은 바로 인간이 동물과 공유하고 있는 생명의 취약성인 것이다. 신체 손상과 죽음이 혐오스럽다면, 이는 그것들이 우리의 동물적 취약성을 상기시키는 불쾌한 것이기 때문이다.

인간 자신 안에서는 동물적인 취약성과 유약성이 항상 내재되어 있다. 그래서 자신 안의 동물성을 거부하는 혐오의 감정은 자신을

15) M. 누스바움(2020). 『혐오와 수치심』(조계원 옮김). 민음사, 166쪽.

16) 같은 책, 174~175쪽.

거부하는 모순된 감정일 수밖에 없다. 혐오는 '인간은 동물보다 우월하며, 따라서 동물과 같아진다는 것은 저열한 일이다'라는 평가적 믿음을 내포한다. 이처럼 혐오란 인간에게 내재된 동물성을 거부하는 감정적 표현이기 때문에 전적으로 본능적인 것이 아니라, 인간적 가치가 반영된 사회-문화적인 산물인 것이다. 그래서 배설물과 체액, 시체와 같은 "원초적 대상"에 대한 혐오는 일종의 사회적 학습에 의해 동물적이라고 평가된 믿음이 반영된 감정이라는 것이다. 이러한 원초적 대상에 대한 혐오는 모든 문화권에 공통적으로 존재한다.

그러나 누스바움은 원초적인 대상에 대한 혐오가 특정한 집단이나 개인에게 확장된 "투사적 혐오"에 대해 논의한다.[17] 투사적 혐오의 대상은 배설물, 시체 등의 원초적 대상에 대한 혐오와는 달리 어떠한 위험과도 실제적으로 연결되지 않는다. 단지 오염 가능성에 대한 관념은 사회적 문화적 맥락 안에서 형성된 상상으로만 존재할 뿐이다. 사람들은 자신 안에 있는 동물성에서 회피하고 싶어서 원초적 대상이 가진 속성을 특정 집단이나 개인에게 투사한다. 투사적 혐오의 대상이 된 인간은 이제 인간이기보다는 일종의 "유사 동물"이며, 이것을 회피하게 되면 우리는 우리 자신의 동물성과 취약성에서 벗어난다는 믿음을 갖게 된다. 이것은 바로 인간 자신 안에 내재된 동물성을 회피하기 위한 효과적인 방식인 것이다. 투사적 혐오는 동물의 취약성과 유한성을 상기시키는 원초적 혐오의 대상을 사회적 대상으로 확장시킨 것이다. 그래서 원초적 혐오의 대상을 주변화 된 사람들이나 취약집단, 소수자 집단 혹은 특정 행위, 예를 들어 흑인, 유대인, 동성애자 등에 투사하게 되는 것이다. 그래서 사람들은 특정 집단과 행위들에 원초적 혐오를 투사함으로써 문화적으로 동물

17) 같은 책, 239~240쪽.

성과 취약성에 빠져들 수 있는 자신의 본성과 거리를 둘 수 있다는 믿음을 갖게 된다. 이것은 사회적, 문화적 경험과 관습의 습득과 결합된 대상에 대한 편견으로 시작하여 그 대상들을 희생양을 만들며 확대 재생산되는 과정을 거친다. 그래서 특정 집단에 대한 투사적 혐오가 사회적 낙인이나 차별로 이어지게 되는 것이다. 그렇게 되면 이들은 공동체에서 생존 자체가 어렵게 될 수 있다. 투사적 혐오가 사회적 문화적으로 구성되는 것이라면, 한 사회는 얼마든지 혐오의 대상을 인위적으로 조작함으로써 사회적 위계와 배제와 고립을 만들어 낼 수 있고 공고히 할 수 있는 것이다.

따라서 투사적 혐오에는 항상 '저 사람은 나보다 열등하다'라는 평가적 믿음이 반영되어 있다. 이러한 믿음은 실제 사실에 기반을 두지 않은 문화적 맥락에서 형성되어온 관념이나 망상에 근거한다. 그래서 투사적 혐오란 특정 집단을 열등한 존재로 격하시키고 배제하는 경향이 있다. 이때 혐오는 대상을 비인간화시키기 때문에 인간의 평등한 가치와 존엄이라는 도덕성의 가치를 담지 못할 뿐만이 아니라 인간성에 대한 위협이 될 수 있다. 인간 존엄성의 실현을 위해서는 모든 인류가 공유하는 동물로서의 취약성을 인정하고 이에 대한 공감이 이루어져야 한다. 그러나 투사적 혐오는 타자와의 상호 공감하는 힘을 약화시키고 타자의 고통에 무감각하게 하면서 그 혐오 대상에 대해 공격적으로 될 수 있다. 예를 들어 우리는 장례식장, 화장시설, 장애인 시설, 노인요양시설, 쓰레기 소각장, 노숙자 쉼터에 대한 사회적 문화적 경험에 의해 습득된 혐오시설이라는 편견을 지닌다. 이는 특정 단체, 이념, 인종, 성, 지역, 세대, 문화, 종교로 투사되며, 이에 대한 혐오주의(xenophobia)로 나아가게 한다. 역사적으로 히틀러는 유대인을 원초적 혐오감을 불러일으키는 곪고 있는 종기 속의 구더기로 비유했으며 또한 남성 동성연애자들에 대한 혐오의 시선은 오염과 더러움의 은유와 상징을 만들어 내었다.[18] 이러한 혐오는 인간의 고통에 대한 무감각과 더불어 인격에 대한 훼손과 폭력을 가져오는 것이다.

18) 김용환 외(2019). 『혐오를 넘어 관용으로』. 서광사, 635쪽.

03
분노란 무엇인가

03-1 분노의 표현

분노는 어떤 대상을 향해 지향성을 지닌다. 분노는 사람, 상황, 어떤 행위, 어떤 태도 등에 대한 반응일 뿐만이 아니라, 그 대상에 대한 인지적 판단을 내포하고 있다. 그래서 분노는 사회적 인간관계나 사회적 제도 내에서 일종의 의사소통 기능을 할 수 있다. 적절히 공감할 수 있는 분노의 표현은 사회적 인간관계 내에서 일종의 합리적인 반응을 이끌어내며 건강한 인간관계와 공적 제도의 개선을 위한 도구가 될 수 있다. 그러나 과도한 부적절한 분노의 표출은 사회적 인간관계를 파멸시킬 수 있다. 그래서 고대의 철학자 아리스토텔레스는 덕 윤리 관점에서 바람직한 분노를 실천할 수 있는 품성을 요청한다. 마땅히 분노해야 할 일에 분노하지 않는 사람이나, 분노하더라도 방식이나 대상이 잘못될 경우는 어리석은 사람이다. 분노하지 않는 것은 도덕적 결함을 지닌 것이며, 고통과 부정의에 대한 소시민적 분노는 개인의 도덕뿐만이 아니라 사회윤리의 발전에 기여한다. 그러나 로마의 스토아학파 철학자들은 일관되게 분노를 제거해야 한다고 본다. 분노는 타자에 대한 잘못된 믿음이나 판단으로 타인을 향한 공격성을 띠는 경우가 많다. 분노의 표출이 공격적이어서 타자의 인격에 대한 폭력이 되면 그 행위의 판단 그 자체는 모두 분노 속에 그냥 매몰되고 만다. 그래서 슬픔, 두려움, 외로움 등의 감정보다도 타자에게 오히려 상처를 주고 공동체를 파괴하는 부정적 감정일 수 있으며, 자칫 인류애와 타자에 대한 존중과 배려를 감소시킬 수 있다는 것이다.

현대의 정치철학자인 누스바움은 분노란 주체가 인생에서 무엇을 중요하게 여기는지에 대한 평가 기준과 확신을 내포한다고 말한다. 무엇보다도 분노의 초점은 타자의 행위에 놓여있는데, 그 행위가 부당한 가해로 인해 부당한 피해를 입혔다는 데에 있다. 그래서 분노에서 느끼는 고통은 타자의 행위로 인해 피해 받은 고통의 경험인 것이다.[19] 누스바움은 주체가 중요하다고 여기는 것에 대한 피해를 입었을 때 분노의 감정이 타자의 행위를 향해 일어난다고 말한다. 그래서 분노는 행위 자체의 부당성에 초점을 맞추기 때문에, 자기가 당한 것과 비슷한 부당행위가 다른 사람 일반에게도 일어날 수 있다는 생각을 한다. 이럴 때 분노란 피해 혹은 악에 대한 자신의 고통에 대한 반응이라기보다는 자기가 받은 부당한 피해에 대한 생각을 타자에게로 확장시킬 수 있을 때 일어난다. 이때의 분노의 표현은 공동선에 대한 상상이나 소망을 내포할 수 있다. 그래서 사람들은 보통 분노가 선을 지향하는 미래 지향적 목표를 내포한다고 여기는 것이다.

그러나 많은 경우 분노는 자기 지위나 자존심에 대한 피해 때문에 일어나는 경우가 많다. 이 경우 분노가 행위 자체의 부당성에 초점을 맞추는 대신 자기 자신, 그리고 타자와의 관계에 비추어서 피해 본 자신의 지위에만 강박적으로 초점을 맞춘다. 이러한 타자와의 관계에서의 자기 지위나 자존심의 피해의 속성은 개인이 느끼는 불안감 및 취약성과 약함과 관련되어 있다. 인간은 타자에 대해 통제력을 행사하고 싶은 욕망에서 자신의 잃어버린 지위나 자존심의 복구를 목표로 삼는 경우가 많다. 이 경우 인간은 타자를 향해 분노를 표

19) M. 누스바움(2016). 『분노와 용서』(강동혁 옮김). 뿌리와이파리, 58~59쪽.

출함으로써 자신의 지위나 자존심을 회복했다는 환상을 갖게 된다. 이러한 유형의 분노는 다양한 상황의 구성원들이 쉽게 모욕감을 느끼거나 자신의 지위 격하에 취약하다고 느끼도록 조장하는 문화일수록 쉽게 표출될 수 있는 것이다.[20)]

03-2 분노와 혐오

누스바움은 분노를 타자에게 초점을 맞추는 다른 네 가지 부정적인 감정인 혐오, 증오, 경멸, 시기심과 구분을 한다. 왜냐하면 분노는 사람을 표적으로 삼지만, 분노의 초점은 부당한 행위에 맞추어져 있기 때문이다. 그래서 분노에는 특정한 가해자에 의해 부당행위가 실제로 발생했고, 그래서 그 행위로 인해 중요한 피해가 발생했다는 근거가 있는 것이다. 그러나 혐오는 나쁜 행위에 초점을 맞추는 분노와는 달리 사람에게 초점이 맞추어져 있다. 혐오는 그 사람의 "동물성을 떠올리게 만드는 것들과 접촉을 피하면, 나 자신의 동물성으로부터 나를 지켜낼 수 있을 거야. 나 자신이 동물이 되는 것을 막을 수 있을 것"이라고 하는 거짓된 믿음이나 공상에 기인할 수 있다. 그래서 혐오를 당하는 사람은 가해 행위에 대한 보복이나 응징의 대상이 되기보다는 격리나 회피와 고립의 대상이 되어 인격적 훼손을 당한다. 분노는 사람보다는 행위에 초점을 맞추기 때문에 그 행위를 한 사람에 대해 책임을 묻고, 그 행위에 대해 보복과 응징을 할 수 있는 것이다.

그러면 혐오와 분노는 서로 어떠한 관계를 지니는가? 분노가 부당한 행위나 악행에 초점을 비추어 공공선의 증진을 위한 합리적 의

20) M. 누스바움(2016), 61쪽.

사소통의 수단으로 이행해 간다면, 그 분노는 일종의 잘못을 시정하는 방향으로 나갈 수 있다. 반면에 사람과의 관계에서 자기 지위나 자기 자존심에 초점을 두는 분노는 지위의 격하 혹은 자아가 입은 자존심의 상처에 반응하여 가해자라고 생각되는 사람들의 지위를 떨어뜨리고자 한다. 이러한 분노는 매우 흔한 것으로 혐오와 유사하다. 분노는 가해한 타자를 열등한 동물로 보기보다는 악한, 즉, 부도덕한 사람으로 본다는 점에서 혐오와 차이가 있다. 그러나 분노가 타자의 지위를 격하시키고자 자기 지위나 자기 자존심에 초점을 두는 경우 결국 상대의 인격을 폄하하고 저열한 존재로 표상하게 된다. 이때 분노는 혐오가 유사하게 되는 것이다. 이처럼 분노의 초점이 점차 행위에서 사람(인격)으로 옮겨가게 되면, 분노는 투사적 혐오와 서로 구분하기 어려워진다. 물론 부당하다고 간주되는 사람의 행동 때문에 촉발되는 경우의 혐오도 많다. 예를 들어 성적 비행을 구실로 게이들을 혐오하거나 또는 타자의 지위 격하를 추구하는 분노는 부당행위를 근거 삼아 상대의 지위를 일시적으로 떨어뜨리는데 그치지 않고, 그 개인을 일방적으로 폄하하여 인격에 대한 훼손까지 나아갈 수 있다. 즉 범죄자들은 부당한 행위로 인해 경멸당하는 하위 집단이며, 혐오의 표적인 것이다. 이처럼 분노가 지위-피해에 초점을 맞춘다면, 혐오와 분노의 구분은 애매하게 된다.

04
연민의 윤리

04-1 연민과 동정심

적절한 분노나 연민은 신뢰할 수 있는 도덕 감정이지만 혐오는 그 자체로 신뢰할 수 없는 모순된 감정이다. 그 이유는 적절한 분노나 연민의 감정은 도덕적으로 그리고 공적으로 판단할 수 있는 인지적 판단의 요소를 지니는 도덕적 감정이 될 수 있지만, 대부분 혐오는 그 인지적인 내용을 결여하고 있기 때문인 것이다. 그래서 누스바움은 적절한 도덕 판단을 할 수 있는 감정의 목록에서 혐오를 제외시킨다. 왜냐하면 혐오는 인간이 누구나 보편적으로 지니는 취약성과 유한성을 기피하고자 하는 모순된 감정이기 때문에, 누구나 동물성을 지니면서 인격을 지니는 인간성을 존중하는 도덕의 가치를 위협할 수 있기 때문이라는 것이다. 인간의 취약성과 유약성 때문에 고통 받은 인간에 대한 연민의 감정은 각자의 인격을 보호하고 존중해 줄 수 있는 윤리의 기반이 될 수 있다.

인간은 이성적 존재 이전에, 인간 누구나 인간 생명체로서 외부 환경에 취약하고 동시에 병들어 늙어서 죽을 수밖에 없는 유한한 존재이다. 그래서 인간의 취약성과 사멸성은 숨기고 회피할 수 있는 것이 아니라, 오히려 누구나 고통 받는 인간에 대한 연민의 윤리의 기반이 될 수 있는 것이다. 물론 연민이나 동정심이 인간 누구나에게 도덕적 감정이 될 수 있는 가에 대한 칸트의 비판이 있다. 누스바움은 연민이나 동정심이 정당한 도덕적 감정이 될 수 있는 가에 대한 한계를 인식하고 연민의 윤리를 공적 삶의 차원으로 확대시킨다. 그렇다면 우선 누스바움의 연민의 윤리를 다루기 전에 칸트의 윤리학에서 전개된 연민의 역할과 특성에 대해 살펴보기로 한다.

칸트에 있어서 윤리적 의무는 자연적으로 끌리는 감정에 의해 좌우되는 동정심이나 연민 혹은 호의에 의한 것이 아니라, 도덕법칙에 따라야만 하는 당위성을 지닌다. 즉 칸트에 따르면 도덕법칙의 제1정식은 "마치 너의 행위의 준칙이 보편적 자연법칙이 되어야 하듯이 그렇게 행위하라."이며,[21] 제2정식은 "너는 너 자신의 인격과 다른 모든 사람의 인격에 있어서 인간성을 언제나 동시에 목적으로 간주하여야 하며, 결코 단순한 수단으로 간주해서는 안 된다."이다.[22] 그래서 칸트에게서 곤경에 처한 고통 받는 사람을 도와주는 행위는 윤리적 의무이다. 그 이유는 곤경에 처한 사람을 돕는다는 행위의 원칙은 이성적 숙고에 의해 누구에게나 보편적 타당성을 지니는가 하는 실천적 판단의 규범이 되기 때문이다. 만약 이것을 윤리적 의무로 삼지 않는다면, 내가 곤경에 빠졌을 때에도, 어느 누구로부터 도움을 받지 못하는 경우가 발생할 것이다. 그리고 또한 인격의 존엄성의 위협을 느끼는 고통 받는 상황에 처한 타자를 돕는 행위는 바로 '나 자신이나 모든 사람의 인격 안에 있는 인간성을 목적으로 대우해야 한다'라는 도덕적 명령에 따른 행위인 것이다.

이처럼 칸트에게서 고통 받는 타자를 돕는 행위는 바로 타자의 고통에 대한 동정심이나 연민에 의한 마음의 끌림에 의해서가 아니다. 이는 도덕법칙에 합당한가에 대한 숙고를 통해 이를 나의 행위의 준칙으로 기꺼이 받아들일 때 실제로 실현될 수 있다. 도덕적 행위는 우리의 이성이 우리의 감성 속에서의 감각적 욕구나 이기심과 같은

21) 임마누엘 칸트(2005). 『윤리형이상학 정초』(백종현 옮김). 아카넷, 421쪽.

22) 같은 책, 429쪽.

자연적 끌림에 대한 저항을 물리친 도덕적 심성에서 나온 것이다. 그래서 칸트에게서 타자의 고통에 대해 연민을 갖는 것이 도덕의 기초가 될 수 없다. 왜냐하면 우리가 느끼는 연민의 크기는 원칙적으로 고통스러운 자극의 크기에 비례하여 눈앞에 보이는 연민의 대상에 집착하도록 하고, 그것이 강렬해지면 격정이 되며, 그 격정은 이성의 제어를 벗어나게 되기 때문이다. 칸트는 천성적으로 타자에 대해 연민을 느끼지 않는 냉담한 기질과 타자의 고통에 대해 무감각한 사람이라도, 도덕법칙에 대한 의무감만으로 선한 행위를 할 수 있다고 여긴다.[23] 그래서 칸트는 도덕 원칙과 규범을 상실한 동정과 연민은 맹목적이며, 맹목적인 동정과 연민은 그 때문에 간혹 사람을 악덕에 빠뜨리게 할 수 있다고 경고한다.

그래서 칸트가 비판하는 동정과 연민은 수동적이고 순응적인 정념인 한에서이다. 이러한 연민은 현재에 처한 감각과 마음의 경험적 상태에 의존하기 때문에, 어떠한 고유의 원칙도 없는 맹목적 정념에 머무를 수 있는 것이다. 많은 경우 어떤 사람에게 연민을 느끼는 정도는 삶의 우연적인 조건들에 따라 결정된다. 즉 고통이 나의 감각을 얼마나 강렬하게 자극하는가에 따라 연민의 크기 역시 달라질 수 있다. 칸트는 다음과 같이 말한다.

"인류에 대한 보편적 호의가 사람들 속에서 원칙이 되고, 사람들이 그들의 행위를 언제나 그 원칙에 종속시킬 때, 그때도 곤경에 처한 사람들에 대한 사랑은 여전히 남아 있겠지만, 그 사랑은 이제 보다 높은 관점에서 사람들의 전체적 의무와의 참된 관계 속에 놓이게 된다."[24]

23) 임마누엘 칸트(1998). 『실용적 관점에서의 인간학』(이남원 옮김). 울산대출판부, 251쪽.
24) 임마누엘 칸트 (2005). 『아름다움과 숭고함에 대한 고찰』(이재준 옮김). 책세상, 30쪽.

칸트에 따르면 결국 고통 받는 사람을 도와주어야 한다는 윤리적 의무는 바로 보편적 인류애라는 관점에서 도덕법칙에 따라야만 하는 실천이성의 필연적인 자기 구속력에서 나온 것이다. 연민과 동정심이 그 의무에 따를 때 비로소 도덕적 감정이 되는 것이다. 윤리적 의무란 고통 받는 사람의 인격 안의 인간성을 목적 그 자체로 대하고 인간성의 위협으로부터 보호하라는 도덕적 요청인 것이다.

04-2 연민의 윤리와 공적 삶

누스바움은 칸트가 지적한 연민의 감정이 지닐 수 있는 맹목적성과 편파성에 대한 약점을 인식하고 그것을 극복할 수 있는 도덕적 감정이 지닌 가치 평가적 기능을 탐구한다. 누스바움에 따르면, 혐오감정이 인간의 취약함을 부정하는 생각에 기반하고 있는 반면에, 연민의 감정은 바로 타자의 고통과 역경을 경험하는 인간의 실존적 취약성에 대한 이해를 전제로 한다. 즉 인간의 취약함과 유한성에 대한 인정은 다른 사람들의 고통을 느껴서 도덕적 판단과 행위를 함에 있어서 중요한 의미를 지닌다. 누스바움은 아리스토텔레스부터 이어지는 도덕적 감정의 전통 속에서 연민을 이해하면서, 특히 인간성 함양을 위한 연민에 대한 통찰이 중요하다고 생각했다. 이러한 연민의 감정은 인간성 실현을 위한 정의로운 제도를 구현하는 데 기여할 수 있는 것이다. 예를 들어, 식량이나 건강과 같은 인간의 기본재의 부족 때문에 고통을 겪는 사람들에 대해 상상하면서 일어나는 연민의 감정은 사회의 기본재의 공정한 분배 원리를 선택하는 것에 기여할 수 있다. 그래서 인간의 고통에 대한 연민적 상상은 다양한 수준에서 인간 불평등에 대한 민주적 토의를 통해 정의로운 사회제도를 구현하는 데 기여할 수 있다. 또한 이러한 정의로운 제도는 개인에게 연민의 감정을 계발하는 데에 영향을 미칠 수 있다. 이렇듯 누스바움은 연민과 정의로운 사회제도는 서로 쌍방통행로와 같은 관계에 있음을 주장한다.[25] 그러면 정의로운 제도가 연민에 기초한 상상에서 나온 통찰을 적절하게 구현하고 있다면, 과연 누스바움은 연민을 어떻게 이해하고 있는 것일까?

연민(compassion, Mitleid), 혹은 동정심(sympathy)이란 우리가 타자에게 닥친 고통이나 슬픔에 대해 느끼는 고통의 감정이다. 다른 사람에게 닥친 불행에 대해 느끼는 연민의 감정은 다음과 같은 인지적 구조를 지닌다:

1. 그 고통이 사소하기보다는 심각한 것이라는 믿음 또는 평가이다.
2. 해당하는 사람이 부당한 고통을 당해서는 안 된다는 믿음이다.
3. 고통을 겪는 사람과 "나도 비슷하게 될 가능성에 대한 판단이다."[26]

연민을 느끼는 사람은 자신뿐 아니라, 다른 사람도 겪으리라 예상되는 그러한 불행과 관련된다. 연민의 감정은 나의 약함과 취약성에 대한 인식을 통해 나 자신과 다른 사람 사이의 유사성을 볼 수 있는 능력에서 나온다. 이러한 연민은 또한 반드시 다른 사람의 고통이 자신의 삶의 목표와 계획에 영향을 미친다는 생각에서 나온다. 그래서 연민을 느끼는 사람은 자신의 삶에 영향을 미치는 고통 받는 사람의 운명을 가능하면 최대한 좋게 만들려는 공동선에 대한 관심을 가진다. 이러한 공동선에 대한 관심이 고통 받는 사람을 도우려는 동기로 작용하게 되는 것이다.[27]

25) M. 누스바움(2015). 『감정의 격동 2 연민』 (조형준 옮김). 새물결, 731쪽. 누스바움은 연민과 동정심을 같은 의미로 사용하고 있다.
26) 같은 책, 571쪽.
27) 같은 책, 622쪽.

누스바움은 연민을 감정이입의 감정과 구분한다. 감정이입(empathy)이란 다른 사람의 경험을 상상해서 재구성하는 것이다. 이것은 고통 받는 사람의 상황에 참여하지만, 항상 나는 고통 받는 사람이 아니라는 인식과 결합되어 있다. 즉, 감정이입은 고통 받는 사람의 위치를 상상하지만, 나는 그러한 위치에 있지 않다고 의식하기 때문에 공동선을 위한 자기의 삶의 목표와 계획에 영향을 준다고 생각하지 않는다. 그럼에도 감정이입은 예를 들어 이야기 속의 사람의 경험과 느낌을 상상해 봄으로서 연민을 촉구하는 도구로 간주될 수 있다. 왜냐하면 그의 고통의 경험에 대한 의미를 상상해 보는 것은 이와 유사한 나의 고통을 볼 수 있도록 하기 때문이다. 연민을 느끼는 사람은 스스로 자초하지 않은 다른 사람의 불행과 고통이 심각하고 그것이 자신의 삶의 목표에 영향을 미친다고 믿는다. 그래서 그는 타자를 그 고통에서 벗어나도록 도와주는 태도를 지니게 되는 것이다.

누스바움은 연민에 대한 논쟁에서 정치 공동체 안에서 훌륭한 시민으로서 판단하기 위한 두 가지 비전을 소개한다:

1. 인간은 무엇을 필요로 하는 취약한 존재이며 불확실한 존재이다.
2. 그러나 또한 인간은 이성을 지닌 인간 존엄성이란 파괴될 수 없는 가치를 지닌 존재이다.

정치 공동체 안에서 구성원은 각자 자유롭고 책임 있는 존재들이며, 이성을 지닌 인격체로서 서로를 존중해야 한다. 이를 위해서는 서로를 취약한 존재로 여기고 위험에 처한 사람들을 돕기 위한 도덕적 감정을 지녀야 한다. 이것이 전제되었을 때 정치 공동체 안에서 시민들은 인간 존엄성을 지닌 가치 있는 존재로서 서로 존중할 수 있다는 것이다. 그래서 타자의 고통에 대한 상상과 관심이 연민의 감정으로 점차 확장이 되면 각자의 이기심을 물리치고 인간의 취약성에 대해 서로의 연대감을 형성하게 되고 서로를 존중하게 된다는 것이다.

연민은 민주적인 정치적 공동체에서 사회적 정의의 실현을 위해 중요한 역할을 한다. 연민의 감정은 인문학적 감수성과 공적 상상력을 통해 정의로운 제도를 실현하는 데 기여한다. 즉 연민의 감정이 일으키는 공동선을 향한 상상력은 다양한 수준과 다양한 방식으로 정의로운 법과 제도를 구현하는데 기여할 수 있다. 이를테면 이것은 인간의 기본재의 필요와 관련된 사회의 기본구조를 설계하거나 분배하는 원리를 선택하는 것, 즉 복지 시스템 등에 적용될 수 있는 것이다.[28)]

특히 자유민주주의 사회에서 기초적인 복지후생은 모든 시민들에게 보장해야 한다는 생각해 보자. 이를테면 누스바움은 인간다운 삶의 조건으로서 "생명, 신체적 건강, 신체적 통합성, 감각, 상상, 사유, 감정, 실천이성, 귀속, 다른 종, 놀이, 자신의 환경에 대한 통제"라는 10가지의 핵심적인 인간 역량을 제시하고 있다. 그리고 이 역량이 발휘될 수 있게 하는 기본적인 기회가 모든 시민에게 공정하게 부여되어야 한다.[29)] 왜냐하면 인간 존엄을 누리기 위해서는 핵심역량이 성취되어야 하며, 이를 위한 기본적 기회가 누구에게나 보장되기 위한 복지 시스템이 필요하기 때문이다. 복지 시스템을 구축하기 위해서는 연민의 인지적 세 가지 요소, 즉 고통의 심각성에 대한 판단과 그 고통의 부당함에 대한 인식과 더불어 다른 사람의 고통이 나의 삶에 영향을 준다는 공동선에 대한 인식이 작동해야 한다. 그래서 이러한 기본적 기회의 결핍으로 인한 고통의 심각함이나 그 고통의 부당함에 대한 인식 그리고 공공선을 위한 판단이 사회제도와 법의 방식 구현에 영향을 주는 것이다. 또한 그러한 제도가 연민적

28) M. 누스바움(2015), 725쪽.
29) 같은 책, 750쪽.

상상을 공동체 내에서 부추길 수 있는 것이다.

누스바움은 타당한 연민의 감정을 가로막는 강력한 장애물로서 특히 혐오감을 지적한다. 그러나 오히려 공공정책이 혐오감을 부추길 수 있음도 지적한다. 예를 들어 아직 동성결혼이 불법이란 이유로 동성애에 대한 혐오반응을 끌어낼 수 있지만, 그 반대로 사회는 공공정책을 통해서 동성애에 대한 투사적 혐오감을 막을 수 있어야 한다. 즉 정의에 헌신하는 사회가 소수자들이 공적 신뢰를 받은 위치에 있을 수 있도록 보장해 준다면, 그를 배설물이나 끈적끈적한 벌레로 보려는 혐오의 성향을 적어도 약화시킬 수 있다. 인간의 취약함과 유한함에 대해 연민을 갖게 하는 사회적 정책은 오히려 그 대상을 존경심과 우정을 갖고 바라보도록 촉구할 수 있다. 즉 사회가 늙음, 나약함, 질병을 지닌 인간의 몸이 열등한 것이 아니라 보호받고 존중받아야 하는 인격체라는 생각을 전달한다면, 이에 대한 혐오를 줄일 수 있다. 특히 정신지체 아동과 신체장애인의 존엄성을 지원하기 위한 제도적 노력으로서 장애 아동과 특수 아동의 차별교육 철폐 등은 인간의 유약함과 연약함을 혐오감 없이 바라볼 것을 요구하는 것이다. 또한 병자와 노약자의 돌봄을 지원하는 사회복지사업은 돌봄이 필요한 사람과 돌봄을 제공하는 사람들에게 인간으로서의 존엄성을 부여해 준다. 그래서 연민의 감정을 담고 있는 복지 정책은 인간 모두는 존엄하지만, 취약하고 연약한 존재로서 서로 의존한 상태에서 삶을 시작하고, 그러한 상태에서 삶을 마감한다는 보편적 인식을 전제하고 있는 것이다.[30)]

특히 보편적인 인간의 취약성에 대한 통찰을 담은 연민에 대한 교육은 인간 존엄성의 파괴로 인한 고통 받는 인간에 대한 공감적 인식을 향상시킨다. 연민의 감정은 자신과 타자와의 관계를 인간의 취

30) 누스바움, M.(2015), 698쪽.

약성과 사멸성에 대한 인식을 통해 우정의 관계로 변화시키며 또한 전 인류를 향해 상상력이 확장되는 과정을 거친다. 이러한 인간의 연민에 대한 교육은 자아로부터 세계시민적 관점으로 향한 자기반성의 기회를 제공해 줄 수 있다. 그래서 연민이 편파성이나 맹목적성을 넘어선 세계시민사회의 보편적인 도덕적 감정이 되기 위해서는 연민에 대한 인식론적 가치론적인 차원이 담긴 교육이 이루어져야 하는 것이다. 이러한 교육은 특히 고통 받는 사람들의 이야기나 비극 작품을 통해서 보편적 연민을 구성하는 판단을 촉진시킬 수 있는 것이다.

인간의 보편적인 취약성과 사멸성에 대한 공감적 인식을 내포하는 연민은 인간 사이의 고립과 배제가 아닌 공동체의 연대감을 형성하게 하는 누구나가 인격체로서 존중받기 위한 보호의 윤리를 함축한다. 인간의 취약성에서 비롯된 타자의 고통에 대한 연민과 공감의 능력이야말로 공동선을 향한 공동체의 연대감을 형성할 수 있다. 그래서 합리적인 연민의 구현은 도덕 교육과 공적인 민주 시민 교육을 통해 가능하다. 연민의 구현시키는 도덕교육으로는 특히 고통 받는 인간의 경험이 담긴 이야기 만들기와 인간 삶의 서사가 담긴 다양한 예술에 대한 경험이 있다. 이는 고통과 상실의 깊이와 의미에 대한 우리의 상상력을 향상시킬 수 있다. 이러한 상상력을 향상할 수 있는 공적 시민 교육의 제도적 마련은 다른 사람의 고통을 상상할 수 있고 거기에 참여할 수 있는 훌륭한 시민으로서 소통과 연대의식을 계발하게끔 한다. 이러한 인간 모두의 취약성에 대한 공감에 바탕을 둔 연민의 교육은 시민의 덕성과 연대의식을 향상시키며, 정의로운 사회를 위한 공적 제도의 개선에 기여할 수 있는 것이다.

참고문헌

- 가다머, H. G.(2002).『철학자 가다머 현대의학을 말한다』(이유선 옮김). 몸과 마음.
- 김용환 외(2019).『혐오를 넘어 관용으로』. 서광사.
- 김대근(2016).「분노 윤리학에 대한 연구」.『윤리연구』1(96), pp. 83~114.
- 누스바움, M.(2016).『혐오에서 인류애로』(강동혁 옮김). 뿌리와이파리.
- 누스바움, M.(2020).『혐오와 수치심』(조계원 옮김). 민음사.
- 누스바움, M.(2016).『분노와 용서』(강동혁 옮김). 뿌리와이파리.
- 누스바움, M.(2015).『감정의 격동 2 연민』(조형준 옮김). 새물결.
- 이원우(2020).「바이러스, 우리에게는 면역계가 있다」.『SKEPTIC Korea』21권.
- 박한선(2020).「전염병은 왜 혐오를 일으키는가?」.『SKEPTIC Korea』21권.
- 박찬국(1999).「키엘케고르와 하이데거의 불안의 개념에 대한 비교연구」.『시대와 철학10(1), pp. 188~219.
- 칸트, I.(2005).『윤리형이상학 정초』(백종현 옮김). 아카넷.
- 칸트, I.(1998).『실용적 관점에서의 인간학』(이남원 옮김). 울산대출판부.
- 칸트, I.(2005).『아름다움과 숭고함에 대한 고찰』(이재준 옮김). 책세상.
- 한병철(2012).『피로 사회』(김태환 옮김). 문학과 지성사.
- Heidegger, M.(1984). *Sein und Zeit*. Tuebingen: Max Niemeyer.
- Jaspers, K.(1973). *philosophie II: Existenzerhellung*. springer Verlag. Berlin/Heidelberg/New York.
- Nietzsche, F.(1967). *Menschliches, Allzumenschliches 1*. Kritische Gesamtausgabe. Ⅳ−2, Berlin.

LIFE AND DEATH.

PART

06

인간 고통에 대한 이해

인간은 고통과 괴로움을 느낄 수 있는 취약한 신체를 지닌 존재이다. 이 글에서는 고통의 경험 때문에 괴로워하는 인간을 이해하기 위해 고통이 드러나는 다양한 현상과 그 의미를 살펴보고자 한다. 한 인간의 인격의 표현으로서 고통의 현상에 대한 이해는 고통 받은 인간에 대한 돌봄의 관점을 제시해 줄 수 있다.

또한 고통이 지닌 윤리적 차원은 인간 상호관계에서 타자의 고통에 대한 도덕적 감수성에 의해 도움에 대한 의무나 책임이 동반되는 상황에서 열린다. 이것은 필연적으로 윤리적 주체의 고통에 대한 경험을 동반한다. 이 글에서는 고통 받는 타자에 대해 윤리적 의무와 책임 그리고 도덕적 인간이 경험하는 고통의 의미에 대해 고찰해 본다. 또한 인간의 고통에 대한 도덕적 감수성과 타자를 향해 확장된 마음의 능력과 도덕적 상상력의 중요성에 대해 살펴본다.

01 고통의 현상과 의미

01-1 고통이란

고통은 한편으로 삶에 속한 것으로서 인간에게는 피할 수 없는 가장 고유한 것이지만, 다른 한편으로는 개인에게 가장 낯선 것이며, 삶의 방해물로서 제거해야만 하는 것으로 이해된다. 특히 질병으로 인하여 통증을 경험하는 환자는 의학에서 진단하는 병의 원인의 반응에 의한 신경학적인 정보 처리에 따른 지각적 경험 그 이상을 경험한다. 통증의 경험은 주관의 다양한 계기들, 즉 나의 통증에 대한 기억이나 상상, 그리고 이에 대한 불안이나 예견, 혹은 자신이 처한 다양한 삶의 요소들에 의해 영향을 받는다. 예를 들어 산모가 아이를 낳을 때 통증은 엄청나지만, 그 이후의 아이의 탄생은 그 통증을 잊게 하며 이 때문에 괴로워하는 산모는 보기 힘들다. 그러나 만성 질병으로 인한 통증(pain)의 지속은 삶의 괴로움(suffering)으로 이어지며 따라서 총체적 삶의 태도와 인격의 온전함에 위협적인 요소로서 영향을 미친다.

고통을 경험하는 사람에게 필요한 것은 고통에 대한 어떤 본질적인 반성이나 이에 대한 서술보다도, 그 고통으로부터 되도록이면 빨리 벗어나는 것이다. 만약 그가 그 고통으로부터 빨리 벗어날 수 없다면, 그 고통의 과정을 수용하고 그것을 극복할 수 있다는 희망을 지니는 것이 그를 위한 위안일 것이다. 그래서 돌보는 자는 환자의 고통이 극심하다면 그것을 되도록 빨리 경감을 시켜주거나, 혹은 고통의 과정이 지속적이라면 그것에 동참하여 인격의 온전함을 회복할 수 있도록 도움을 주어야 한다. 그러면 고통이란 무엇인가?

고통 그 자체는 정확하게 언어로 정의하거나 개념화하기가 어렵다. 왜냐하면 고통의 경험은 사적인 경험이기 때문에, 주로 고통을 경험하는 자의 사적인 언어를 통해서만이 표현될 수 있다. 예를 들어 '마치 가슴이 오그라들고 숨통이 막혀 오는 것 같은' 혹은 '잘라 버리고 싶은 처절함', '칼로 뼈를 깎는 것 같은' 아픔을 경험하는 사람은 개인의 사적인 언어로서 표현할 수밖에 없는 것이다. 그러나 이러한 사적인 고통의 경험에 대한 표현은 고통으로부터 벗어나도록 행동을 촉구하는 호소의 특징을 지닌다.[1)]

이러한 언어로서 명확하게 정의될 수 없는 인간의 고통은 일반적으로 신체적인 통증의 차원(pain)과 정신적인 괴로움(suffering)의 차원으로 구분되어 설명된다. 고통은 이 두 가지 차원을 모두 포괄한다고 말할 수 있다. 통증은 전적으로 주체의 의식의 바깥으로부터 직접적으로 주어지는 수동적인 감응이라고 생각할 수 있다. 그러나 인간에게 통증은 동물과 같이 감각적인 것으로 끝나는 것이 아니라 거기에 주체의 의식 작용이 개입을 한다. 즉 동일한 자극이라도 개인의 경험, 상황, 성격, 심리적 상태, 문화적 배경에 따라 그 아픔의 정도와 질, 그리고 반응이 달라진다. 그리고 괴로움은 우리가 통증을 느낄 때뿐만이 아니라, 통증에 대한 기억이나 이로 인한 미래에 대한 근심과 걱정 등의 반성적인 의식 작용에 더욱 의존한다. 그러나 통증과 괴로움이 엄밀하게 구분되는 것이 아니라 범위가 넓은 동일한 느낌의 양극으로 이해할 수 있다.[2)] 즉, 불의의 사고로 인한 급성 통증은 전적으로 수동적이며 고통이 발생하는 곳을 분명히 인식

1) 손봉호(2003). 『고통 받는 인간』. 서울대학교출판부, 25쪽.
2) 같은 책, 30~31쪽.

할 수 있으며, 따라서 의학적인 방법으로 어느 정도 제거할 수 있다. 그러나 관절염 같은 만성 질병으로 인한 오랜 통증은 인격적 가치가 손상되고 삶이 무의미하고 공허하게 느껴지는 것과 같은 괴로움으로 존재한다. 따라서 고통의 양극이라고 할 수 있는 통증(pain)과 괴로움(suffering)의 차원을 육체적 고통과 정신적 고통으로 구분하여 접근할 수 있는 것이 아니다. 왜냐하면 육체적 통증이 인격적 가치를 손상시키는 고통의 원인이 될 수 있기 때문이다. 사실 오늘날 의학에서 고통을 육체적 통증과 동일시하는 태도는 고통 받는 환자를 비인격화시키는 잘못을 범하는 것일 뿐만이 아니라, 그것 자체가 또 다른 고통의 원인이 될 수도 있다.[3] 고통은 결국 인간이 겪는 고통 속에서 '한 인간이 어떻게 존재하는가', '한 인간의 온전한 인격성이 어떻게 위협을 받는가'하는 총체적 접근에 의해 이해될 수 있다.

또한 고통의 의미를 반성하고 이에 대해 논의를 하려는 사람들은 구체적인 경험을 넘어서 종교적 혹은 형이상학적 차원으로 들어간다. 동양의 불교나 쇼펜하우어의 철학은 고통을 인간 삶의 본질로서 의미를 부여하고, 이로부터 벗어나기 위한 금욕이나 자비행이라는 도덕 실천적 차원을 강조한다. 전통적으로 고통을 도덕적 악에 대한 벌의 형태라고 믿어 온 서구에서는 고통을 당하는 당사자와 다른 사람의 고통을 정당하게 받아들이게 한다. 고통은 언제나 악의 문제와 더불어 변신론의 테두리에서 논의되었다. 거기서는 죄 없는 자의 고통과 악이 실존함에도 불구하고 하느님은 전능하고 무한한 선함으로 인해 인간의 고통을 신적 섭리와 계획의 한 부분으로 설명되었다. 특히 기독교의 변신론은 자연과 역사 속에서 존재하는 고통은 궁극적 선을 실현하기 위한 수단들이며, 나의 작은 고통은 마침내 큰 선을 위해서 기여한다고 하였다. 따라서 종교에서는 현실에서 경

3) 에릭 J. 카셀(2002). 『고통 받는 환자와 인간에게 멀어진 의사를 위하여』(강신익 옮김). 코키토, 93쪽.

험되는 고통에 대한 개별적인 감수성보다는 고통에 대한 의미부여가 주도적인 역할을 한 것이다. 또한 의학에서는 신체적 통증을 일종의 생명 보존이라는 생물학적 목적에 기여하는 신호의 역할을 한다는 의미를 부여하였다. 또한 인류역사에서 고통의 극복을 위한 인간의 노력은 인류 문명의 발전을 이룩해 왔다. 이는 사회적 유용성이란 입장에서 고통에 의미를 부여해 온 것이다. 또한 윤리학자들은 타자의 고통에 대한 동정심이나 연민의 감정이 윤리적 행위의 동기가 됨을 주장하기도 하였다.

01-2 고통의 체험

인간의 고통을 어떻게 체험되는가? 그 특징은 그 무엇인가? 일차적으로 통증은 쾌락처럼 인간에게 가장 원초적이며 기본적인 경험 중 하나이다. 인간의 원초적인 경험에서 긍정적인 경험은 쾌락을 동반하지만 모든 부정적인 경험은 고통을 동반한다. 이러한 원초적 경험으로서 고통의 경험은 그 자체 외의 그 어떤 다른 경험으로부터 설명될 수 없는 가장 직접적이며 비의존적인 경험이다. 그러나 고통이 쾌락과 다른 점은 고통은 피하지 않으면 지속적인 것이 될 수 있다. 그러나 쾌락은 고통으로부터 해방되었을 때 그 강도가 크고, 그 쾌락의 상태가 지속되면 그것은 당연한 것으로 느껴지며, 더 이상 쾌락으로 느껴지지 않는다. 즉 쾌락은 한 욕망으로부터 다른 욕망으로 계속해서 나아가지만, 고통은 피하지 않으면 "항상 계속된다."는 것이다. 한 관절염 환자는 "우리의 몸은 오래 계속되는 육체적 아픔에 익숙해지기는커녕 오히려 시간이 지날수록 몸 전체가 극도로 민감하게 되어 모든 감각이 새로운 고통, 더 심한 고통의 통로로 변한다."라고 호소한다.[4] 그래서 사람들은 원초적으로 행복을 얻기 위해 노력하기보다는 우선 고통을 피하기 위해 노력한다.

그렇다면 **원초적인 부정적 경험**의 근원으로서 고통을 어떻게 이해할 수 있는가? 프랑스의 철학자 레비나스는 고통을 당하는 것은 수동적으로 내 의식 속에 주어진 것이지만, 자신이 수용할 수 없는 주도권을 상실한 경험이라고 말한다. 즉, 고통은 순수하게 당하는 것, 어떠한 도피처도 없이 굴복당하는 경험이며, 견딜 수 없는 낯선 것, 즉 자신이 받아들일 수 없는 감성인 것이다. 고통을 느낀다는 것은 수용성으로서의 감성보다 더 깊은, 아무런 방어나 보호 없이 상처에 노출되어 있음을 의미한다. 내가 느끼는 고통은 악이고 동시에 고통의 상해는 부조리의 폭발이고, 가장 심원한 부조리의 표현이다. 고통은 의미 없고 쓸모없는 것, "아무것도 아닌 것을 위한 것"이라는 것이다.[5] 특히 말초 신경계의 상처나 악성 종양에 시달리는 사람의 고통은 능동적인 모든 활동을 박탈당한 상실의 경험인 것이다.

이러한 부정적 경험으로서의 고통의 경험은 주관적이며 사적인 경험이다. 고통 그 자체는 의심할 수 없는 명증적인 체험이지만 객관적으로 측정될 수 없는 사적이며 주관적인 특성을 지니고 있다. 육체적 고통이란 언어로 표현될 수 있는 차원 이전에 머무는 현상이며, 단순히 언어로 표현되는 것을 거부할 뿐만 아니라, 언어를 파괴한다. 환자가 자신의 고통을 정확한 언어로 의료인에게 표현하는 것은 지극히 어려운 일이다.

또한 고통이 사적인 것이며 언어로 표현될 수 없다는 것은, 바로 '이것'이라고 가리킬 수 있는 대상이 없음을 의미하기도 한다. 즉, 고통은, '고통을 주는 무엇' 혹은 '고통스러운 무엇'을 지칭하기가 매

4) 손봉호(2003), 41쪽.

5) 강영안(1998). 「고통과 윤리」, 『서강인문논총』제8집, 12~13쪽.

우 어렵다는 것을 의미한다. 특히 고통을 주는 그 원인을 제거하려는 의학사를 볼 때, 고통을 경감시키려는 노력이 있어 왔지만, 질병의 원인보다는 이에 대한 치료법에 의해 오히려 더 고통이 가중되고 있음을 알 수 있다. 예를 들어 관상동맥질환을 진단하기 위해 관상동맥에 직접 들어가 촬영하는 관상동맥 조영술이란 검사과정에서 겪는 고통에 대한 체험은 "가슴이 오그라들고 숨통이 막혀옴", " 벗어 놓은 신발을 다시 신을 수 있을까?", "보아도 보이지 않고 들어도 들리지 않는 두려움" 등으로 기술하고 있다. 그 어떤 다른 의식의 상태와 달리 육체적 고통 그 자체는 그것에 대한 고통도 아니고, 무엇을 위한 고통도 아니다. 바로 고통은 어떤 대상도 갖고 있지 않기 때문에 다른 어떤 현상보다 더 언어로 객관화되는 것을 거부한다. 즉 색, 소리, 촉감처럼 고통도 하나의 의식의 내용을 지니지만, 모든 다른 감각과는 달리 고통을 주는 대상을 표현하기가 쉽지 않은 것이다.

그러나 고통 그 자체가 지향적 대상을 지니고 있지 않아 그것을 표현하기가 어렵지만, 고통의 경험은 우선 자아를 인식하게 하는 기본적인 경험이 된다. 바로 느끼게 하는 것, 느끼지 않을 수 없는 것, 부인하고 느끼지 않으려 해도 느껴야 하는 것이 바로 고통에 대한 경험이다. 모든 형태의 고통은 자기 자신에게 깊이 파고들고, 고통과 직접, 간접으로 관계하지 않는 모든 것으로부터 자신을 격리시킨다. 즉 정신적인 괴로움뿐만이 아니라, 육체적인 고통이 오래 계속되면 고통을 느끼는 자신을 의식하게 되면서 자신을 반성하게 된다. 그리고 내가 그런 고통을 당할 때, 나는 다른 사람과 철저히 다르며 그 누구와도 그 고통을 나눌 수 없음을 절실히 깨닫게 된다. 즉 인간이 구체적으로 자기의식을 얻는 과정에서 고통의 경험은 나와 너와의 경계, 타자와의 경계를 느끼게 해 주는 것이다. 다음의 시는 고통받는 사람의 고독을 잘 표현해 준다.

병든 사람

몸이 굉장히
굉장히, 굉장히
어려운 방정식을 푼다.
풀어야 한다.
혼자서
하염없이 외롭게
혼자서.[6)]

이러한 고통을 당하는 사람은 외롭지만 의사소통을 필요로 한다. 그는 다른 어떤 내면적인 필요나 욕구보다 더 강하게 의사소통을 요구하며 자신의 언어를 통해 자신을 표현하려는 절박하고 강렬한 욕구를 지니게 된다. 그 욕구는 고통에 대한 항의이며 고통의 감소나 제거를 바라는 행동을 요구하는 호소인 것이다. 고통은 주체의 표현 충동 중 가장 절박한 것이며, 그 충동에 따라 고통을 표현하는 대표적인 매개가 바로 언어이다. 따라서 고통은 반성을 통한 언어적 표현을 요구하는 충동이다. 지나친 고통은 비명, 울음, 신음과 같은 비언어적 수단으로 표현되지만 다소 완화되거나 약한 고통은 자기 반성과 더불어 언어적 표현의 계기로 작용할 수 있다.[7)]

따라서 고통의 경험은 그 자체가 사적이며 의미 형성에 적대적인 부정적 경험이지만, 인간이 자기를 의식하고 그것을 표현하는 언어 형성에 핵심적 역할을 한다. 고통의 경험을 통한 자기의식 과정은 그것에 대해 관심을 갖고, 사고를 하고 그것에 의미를 부여하는 과정이며 또한 다른 사람과의 의사소통과정인 것이다.

---

6) 황인숙(2004). 『자명한 산책』. 문학과 지성사, 73쪽.
7) 손봉호(2003), 76쪽.

02
의료 현장에서의 고통

02-1 의료현장에서 고통의 이해

의료 현장에서 고통 받는 사람들에게 고통을 덜어 주는 일은 의료인을 비롯한 돌보는 자의 임무이다. 그래서 돌보는 자는 우선적으로 신체적 현상을 통해 드러나는 고통에 대한 의미를 이해하여 고통 때문에 견디기 힘든 삶을 사는 사람들을 돕기 위한 인간에 대한 총체적 관점을 획득해야 한다. 여기서 한 개인의 온전한 인격체는 오로지 신체를 통해 현실화된다는 입장에서 신체를 이해하여야 한다. 따라서 여기서 고통을 영적인 문제나 도덕적 악의 문제로 만들려는 시도는 고통의 자연적 기반을 빼앗는 것이다. 가장 적합한 고통에 대한 관점은 우선은 인간을 결핍에서 오는 욕구를 지닌 취약한 신체적 존재로서 바라보는 것이다. 즉 인간을 피곤해하고, 배고프고, 갈증을 느끼고, 성적인 욕망을 느끼고, 병들고, 불안을 경험하고, 괴로워하는 신체적 존재로서 이해하는 것이다.

여기서 인간의 신체란 인간의 정신과 분리된 생리학적인 기능을 하는 신체가 아니라, 삶의 체험의 세계에 뿌리내린 일종의 인격적 자아의 기반인 것이다. 신체적 자아란 신체를 기반으로 신체를 통해서 그리고 신체의 지향적 활동에 의해 세계를 경험하면서 고통을 느끼고 상처 받을 수 있음을 함축한다. 의료 현장에서 보살핌을 필요로 하는 신체적 자아는 외부로부터의 상처 받을 가능성에 노출되어 있는 곤경에 처한 궁핍한 존재이다. 따라서 신체적 아픔을 겪는 인간은 자신의 고통에 대한 표현과 호소를 신체적인 표현을 통해 드러낸다. 이러한 신체는 자신의 결핍과 상처로 인한 고통을 직접적으로 드러낼 뿐만이 아니라, 자신의 상처를 기억하여 분노하고 저항하는 자신의 육화된 의식을 스스로 표현한다. 예를 들어 호흡 곤란, 불편함, 피로감 등은 자신의 육화된 의식으로서의 몸에 대한 표현 방식이며, 고통에 대한 호소와 이해되어야 한다. 의료 현장에서 질병으로 인한 고통 때문에 괴로워하는 인간은 신체를 통해 자신의 총체적 인격을 표현한다. 거기서 의료인은 이러한 고통의 과정에서 인격의 온전함이 영향 받고 있음을 환자 스스로 이해하게 하여, 그 고통을 견뎌 내도록 도와주어야 한다.

일반적으로 의료현장에서 환자를 돌보는 자는 환자가 겪는 고통을 두 가지 측면에서 이해한다. 즉 고통은 한편으로 빨리 물리쳐야 하는 부정적인 낯선 것이며 다른 한편으로는 그 고통이 지속될 때 참아낼 수밖에 없는 삶의 고유한 것이다. 즉 고통은 "우리에게 가장 고유한 것이며 동시에 가장 낯선 것으로서 느껴지는 것이다."[8] 여기서 고통이 삶에 고유한 것이라는 의미는 고통에 괴로워하면서도 고통을 피할 수 없는 삶의 일부로서 받아들이고 참고 견뎌야 하는 것임을 말한다. 이것은 만성 질병으로 오랜 고통에 시달리는 사람들에게는 유용한 고통의 이해 방식인 것이다. 특히 만성 질병과의 오랜 투병 생활은 그들의 총체적인 삶에 변화를 주기 때문에, 그것을 자신의 고유의 삶으로 받아들여 이에 대처할 수 있는 삶의 방식을 인식하는 것이 중요하다. 예를 들어 만성통증을 가지고 살아가는 환자들은 처음에는 '두려움, 고립감, 이질감과 더불어 살아가다가 스스로 고통의 유형을 알아내고 이와 더불어 사는 법을 배우는 삶의 과

8) Cf. P.Valery, Zur Theorie der Dichtkunst. Aufsäze und Vorträge, Frankfurt a. M.(1962), p. 453.

정을 체험하는 것이다'[9] 이에 반해서 고통이란 "우리에게 가장 낯선 것"임을 강조하는 사람들은 극심한 고통과 싸우면서 고통 속에서 치유의 불가능성과 삶을 거부하게 하는 근원을 본다. 극심한 통증으로 인한 고통의 지속은 인간 생명을 위협하여 절망에 빠지게 하며 또한 고통으로부터 회피하기 위해 자살을 기도하게까지 한다. 그래서 이때 의료인의 과제는 이러한 사람들을 되도록 빨리 고통에서 벗어나게 하거나 경감시키기 위한 실질적인 조치를 취하고 도움을 주는 데에 있다.

오늘날 특히 질병 치료를 위한 의학적인 요구는 주로 고통을 부정적인 것, 낯선 것으로서 제거하고자 하는 데에 초점을 맞춘다. 의학에서 고통은 인간 신체의 유기체적 활동에서 일종의 방해가 일어나고 있음을 인식하는 신호로서의 의미를 지닌다. 이러한 의학에서 인간의 신체를 오로지 생리적 차원에서 이해할 때, 고통의 의미에 대한 총체적인 이해가 어려워지는 것이다. 그러면 의학에서는 고통에 어떠한 의미를 부여하고 있는지 살펴보기로 하자.

우선 고통은 몸의 비정상적인 상황을 인식하게 하는 기능을 한다. 몸에 이상이 있으면 고통이 그 사실을 경고하여 그것을 고치도록 한다. 생리학의 연구에 의하면 고통을 느끼게 하는 말초 신경은 몸 전체에 퍼져 있을 뿐만 아니라, 어떤 특정한 감각 기능을 하지 않는 수많은 말초 신경까지 모두 아픔을 느끼는 데 동원된다. 또한 신체에 일어난 상해 상태를 중추 신경에 전달하여 고통을 느끼게 하는 통로가 여러 개가 있어서, 한 경로가 차단되어도 다른 경로가 그 기능을 할 수 있도록 되어 있다. 이렇듯 고통을 느낄 수 있는 신경망이 몸의 모든 부분에 퍼져 조직되어 있다는 것은 그 부분들이 모두 생존에 중요하고, 상처를 입거나 병이 들지 않도록 보호되어야하기 때문인

9) I. · 매드저 · J. 앤 윌튼. 『질병체험연구』 (신경림 외 옮김). 현문사, 142쪽.

것이다. 신체에 일어난 상해 상태를 중추 신경에 전달하는 통로가 여러 개란 사실은 그것에 대한 대처가 필수적으로 일어나야 함을 보여 준다. 그래서 어떤 부위에 통증을 느낀다는 것은 그 비정상적인 상황을 정상적인 것으로 회복하라는 신호인 것이다. 고통은 위험으로부터 피하라는 신호이며 몸의 안전과 생존 보호를 위한 신체 체계의 핵심인 것이다. 예를 들어 갑작스러운 발작, 급성, 중급성 통증은 경고 기능을 지닌다. 이때 인간은 통증을 피하기 위해서 어떠한 태도를 취해야 하는지를 배우는 것이다. 통증은 종종 통증 자극에 적합하게 반응하는 건전한 신체의 신호인 것이다.

그러나 적어도 중급성 통증에는 항상 잘못된 혹은 불충분한 치료에서 만성화될 수 있는 위험이 존재한다. 만성 통증은 더 이상 의미심장한 경고이거나 혹은 건전한 신체에 지시하는 신호의 기능을 지니지 않는다. 그것은 질병에 대한 증상이 아니라 질병 그 자체가 되어 가는 것이다. 그러나 별로 그렇게 심각하지 않게 나타나는 통증은 가장 잘 알고 있는 경고 기능을 지닐 수 있지만, 그 통증이 그냥 지나가는 것인지 혹은 경고의 기능을 하는지 실제로 그 당사자가 구분하는 것은 쉬운 것이 아니다. 예를 들어 항상 다시 출현하는 두통이 과량의 알코올 때문인지, 혹은 지금까지 숨겨진 뇌의 종양을 경고하는 것인지 구분하기 어려운 것이다. 그렇다면 의료인은 인간의 신체에 적용하는 통증이 지시하는 의미를 어떻게 이해할 수 있는가? 몸의 통증 경험을 형성하게 하는 요소들은 1) 병리적 원인, 2) 통증에 대한 지각, 3) 개별적이며 내적인 성질을 지닌 괴로움, 4) 객관적으로 측정이 가능한 고통의 양상으로 구분된다. 그리고 통증 치료를 위해서 1) 감각적으로 차별적인 감응, 2) 감정의 자극, 3) 신체 동작, 4) 자율 신경계의 반응, 5) 인지적인 사고 작용 등의 통증 체험을 구성하는 요소들을 이해해야 한다.[10] 이렇듯 통증 체험을 구성하는 요소에서 알 수 있듯이 병을 일으키는 독소가 작용하는 생리적인 기전에 대한 설명만으로는 통증의 체험을 제대로 이해할 수 없다. 오히려 통증 체험에서 감각적 · 감정적 그리고 통증의 다른 주관적 계기들이 더욱 필수적으로 통증 체험에 작용하고 있음을 알 수 있다. 이러한 통증 체험에 불가피하게 작용하고 있는 주관적 계기를 이해해야 고통의 과정을 파악하여 치료를 할 수 있다. 다음에 기술된 통증에 대한 특성들은 신체적 통증도 개인의 총체적 인격의 표현이라는 맥락에서 이해되어야 함을 보여 준다.

1. 통증은 예를 들어 삶의 쾌락이나 인간에 대한 관심, 자기 신뢰 그리고 감성 체험이나 지속적인 삶의 의욕과 같이 구체적인 삶에 영향을 미친다.
2. 통증을 생성하는 요소들에는 통증에 대한 기억, 통증 경험, 신체상(예를 들어 망상 고통), 통증에 대한 불안 등이 있다.
3. 대부분 통증과 고뇌가 서로 겹친다.
4. 통증은 생리적, 그리고 심리적으로 민감해진 상태에서 나타난다.
5. 신경학적으로 건전한 상태에서 통증 지각은 차별적인 증상으로 나타난다.
6. 다양한 개인적 능력들과 그 개인의 한계와의 관계 속에서 통증에 대한 지각이 생긴다.

구체적으로 통증은 실존적 개인의 정체성에 대한 "위기"의 체험이다. 다른 말로 하자면, 통증을 단지 신경학적 반응으로 환원하여 이해할 것이 아니라, 실존적 한계 상황에 처한 신체적 주체의 체험이

10) H.G. 가다머(2005). 『고통– 의학적, 철학적, 치유적 관점에서 본 고통』(공병혜 옮김). 철학과 현실사, 92쪽.

라는 사실에 기초하여 이해하는 것이 무엇보다도 중요한 것이다.[11)]

02-2 인격의 표현으로서의 고통

돌보는 사람은 통증에 괴로워하는 사람을 이러한 상황에서 가능한 빨리 벗어나게 할 뿐만이 아니라, 통증 전개 과정을 이해하고 표현하도록 도와주어야 한다. 통증은 자주 인간을 둔하게 하고 고독하게 하는데, 그 이유로 통증은 거의 소통이 불가능하며 자신의 위험 상황의 배경이 무엇인지를 들추어 보이지 않기 때문인 것이다. 극심한 통증 앞에서의 신음은 아무것도 말하지 않는다. 통증 자체가 그것의 위험에서 벗어나고자 하는 격렬한 요청임에도 불구하고, 통증은 그 자체는 파악되어져야 한다. 통증에 시달리는 사람은 그 통증이 어떤 원인 때문에 어떻게 경과되고 있는지 잘 모른다. 통증은 인간을 아주 쉽게 둔하고, 무감각하게 만들기도 한다. 통증의 최초의 표현은 탄식이다. 탄식은 병들고 고통을 느끼는 신체에 대한 가장 무차별적이며 무력한 표현인 것이다. 치료자의 과제는 통증을 느끼는 환자에게 자신의 목소리를 되돌려주는 것이 중요하다. 그는 결국 신체를 통해 드러나는 통증의 의미를 해석하고 환자의 이야기를 듣고 이해함으로써 환자 자신 스스로가 하나의 인격을 지닌 신체적 자아를 회복할 수 있도록 도와주어야 하는 것이다. 통증 치료를 위해 파악해야 할 통증의 의미의 차원을 다음과 같이 제시해 볼 수 있다:

1단계 질병에 의한 직접적인 통증 작용

2단계 건강관리에 대한 불안

3단계 질병의 위험성과 미래의 계획에 대해 알지 못함

11) 공병혜(2005). 「의료영역에서의 고통에 대한 이해」. 『인간연구』8, 255쪽.

4단계 진단에 대한 통보로 인한 통증, 즉 극심한 질병 경과, 통증 그리고 장애에 대한 통보
낙인, 불명예

5단계 치료의 작용
치료의 신체적, 정신적 영향
치료자와 환자의 이해의 차원의 상실
통합성과 존귀함의 감정에 대한 상실

6단계 신체적 정신적으로 약해지는 것과의 투쟁

7단계 삶의 새로운 총체적인 개념을 계획하는 것에 대한 필요성

8단계 관련 인물과 동료로부터의 부정적인 결과에 대한 예견

9단계 실제로 관련 인물들과 동료에 대한 부정적 반응

10단계 고유한 삶의 상황과 삶의 의미에 대한 절망[12)]

위에서 기술된 이러한 통증의 의미의 차원들을 이해해야 한다는 것은 바로 통증이 개인의 총체적인 인격적 표현이라는 것을 보여 주고 있다. 의사인 카셀은 35세의 유방암 환자의 항암 치료 과정에서 야기되는 통증과 괴로움의 경험에 대한 의미를 다음과 같이 기술하였다:

"조각가인 그녀는 암을 치료하는 과정 중 엄청난 고통을 받았는데, 그녀는 자신의 미래가 어떻게 될 것인지 몹시 두려웠지만, 의사들은 이에 대한 정보를 주지 않았다. 예를 들어 유방절제술 대신에 방사선 치료가 얼마나 외모를 손상시키는지 모르고 있었으며, 난소 제거 수술 후 약물 치료 중 남자처럼 털이 나고 살이 찌고 성욕이 사라졌으며, 암

12) CF.J.Illhardt(2004). "Schmerz als Ausdruck der Person". in: hrsg., M.Schnell, *Leib, Körper Maschine: Interdiszilinnare Studien über den bedürftigen Menschen*, Düsseldorf, pp. 29~30.

이 어깨까지 전이되자 조각할 때 사용하던 손에 힘을 줄 수 없게 되었고, 그래서 심한 우울증에 빠져들었다. 갑자기 설사와 요실금으로 고생했으며, 뼛속까지 전이된 암 때문에 넓적다리뼈에 골절이 발생하였다. 예후가 좋지 않을 것이 분명한 환자를 수술하지 않는 것이 옳다는 주장에 따라 부목을 대고 골절 부위를 당기는 장치를 했지만 극심한 통증은 줄지 않았다. 참지 못한 그 환자는 다른 병원을 찾아가 다른 의사로부터 골절 정복수술을 받았지만, 의사들은 수술 받지 않은 다리까지 암이 전이된 것을 발견했고, 그 다리에까지 골절이 발생할 것을 우려해 그쪽 다리에 체중을 싣지 말라고 지시하였다. 치료 효과가 나타났다가 다시 악화되자 새로운 약물 요법이 시작되었고 그 환자는 한편으로는 살고 싶은 욕망과, 다른 한편으로는 희망을 가지면 치료가 실패했을 때 오히려 더 큰 절망에 빠지게 될 것이라는 두려움 사이에서 만신창이가 되었다. 이런 병에 걸린 다른 환자와 마찬가지로 그녀는 내일이 되면 또 어떤 일이 생길 것인가에 대한 두려움에 끊임없이 시달렸다. 날이 갈수록 병세는 악화되었고, 통증과 장애는 깊어만 갔다. 다시는 좋은 시절이 올 것 같지 않았다. 그런 생각 때문에 점점 불안감이 더해 갔으며, 자신이 다른 사람들과 같지 않고, 다른 사람이 할 수 있는 평범한 일을 할 수 없다는 생각 때문에 그녀는 점점 더 고독해졌다. 그래서 더 이상 친구들도 찾아오지 않을 것이란 생각에 괴로워했다. 이제 그녀는 자기가 곧 죽게 될 것이라고 확신하게 되었다."[13]

카셀은 위의 환자가 겪는 고통에 대한 현상을 다음과 같이 해석하고 있다. 환자의 고통은 극심한 육체적 증상뿐만이 아니라, 여러 가지 사회적 요소와 인간적 · 개인적 요소들에 의해 영향을 받는다. 특히 이 환자는 의료 시술, 특히 항암 치료로부터 고통을 받고 있었다.

13) 에릭 J.카셀(2002), 87~89쪽.

이 환자에게서 고통을 일으키는 원인으로는 매우 복합적이며 다양한 요소들이 작용하고 있음을 알 수 있다. 따라서 카셀은 인간이 질병으로 인한 고통의 경험을 이해하려면, 한 개인의 인격이 그 속에서 어떻게 존재하고 있는가를 총체적으로 이해해야 한다고 말한다. 인격의 파괴라는 위협을 인식할 때 발생하는 고통은 또한 심각한 고뇌의 상태라는 것이다. 특히 고통은 심각한 고뇌를 동반한다. 이는 통증이 너무 심해서 숨이 막힐 듯이 환자를 압도해 버린다든지 환자가 통증에서 벗어날 수 없다고 믿을 때이다. 그리고 통증이 심하지는 않지만 너무나 오래 지속되어서 끊임없이 자신을 괴롭힐 것이라고 믿는 경우에도 마찬가지이다. 결국 고통 속에 있는 사람은 고통을 감당할 수 없다고 느낄 때, 고통의 원인이 무엇인지 알지 못할 때, 그리고 고통의 끝이 보이지 않을 때 극심한 괴로움을 느끼는 것이다.

급성 질병에 의한 인격의 위협은 분명하고 제한적이지만, 만성 질병으로 인해 인격의 파괴를 가져올 수 있는 위협은 지속적이며 포괄적이고 인생의 모든 국면에 걸쳐 나타난다. 급성 질병(dieses)은 신체 내의 기관이나 조직, 시스템의 기능과 구조에 교란을 일으키는 하나의 실체를 지닌다. 병(illness)은 통증을 유발하는 실체가 검사를 통해 발견되지 않아도 주관적으로 느끼는 아픈 상태이며, 자신의 몸이 좋지 않음을 느끼게 하는 신체 기능이나 감각상의 장애를 통틀어 말하며 인간 전체의 삶에 영향을 미친다. 특히 만성 질병을 앓는 과정은 신체의 일부분이 아닌, 인간 삶의 모든 차원에서 나타나는 현상이다. 만성 질병은 1) 세계의 인식을 변화시키며, 모든 통증의 경험은 현실적으로 환자가 앓아 온 병의 경과에 비추어 이해된다. 그리고 특히 만성 질병을 앓는 과정은 2) 사회적 세계와 자신과의 관계에서 갈등을 일으킨다. 만성 질병 환자는 사회와 집단이 요구하는 것과 자신의 신체적 제약 조건이 자신 안에서 갈등을 일으키기 때문에 괴로워한다. 그들은 이처럼 상반되는 요구를 충족시켜야 하는 모순이 내면화되어 인간으로서의 온전함이 위협받거나 훼손된다고 느낄 때 고통스러워하는 것이다. 3) 고통은 "나는 할 수 있다."는 신체적 자아의 갈등, 그리고 인간이 추구하는 가치와 다양한 욕구들 사이의 불일치로 인해 더욱 심화된다. 따라서 심한 통증으로 인한 괴로움은 한 개인의 인격의 온전함에 대한 위협이 사라지거나 온전함이 회복될 때까지 계속된다. 따라서 질병으로 인한 고통이란 한 개인의 인격의 온전함의 위협이나 손상에 대한 경험이라고 보는 관점이 중요한 것이다. 카셀은 개인의 인격의 온전함에 대한 위협을 경험하는 만성 질병을 앓는 사람들이 고통을 예방하거나 줄이기 위한 전략을 다음과 같이 제안하고 있다.

1. 고통은 불확실한 미래에 대한 두려움, 즉 한 개인의 온전함이 손상되어 다시 회복할 수 없다는 생각에서 생긴다. 그래서 그 개인이 현재 중심의 삶을 살도록 도와주어야 한다. 만성 질병으로 고통이 지속되는 이유는 고통스러운 미래의 모습이 과거의 아픈 기억을 통해 재구성되기 때문이기도 하다. 따라서 과거에 경험했던 고통의 기억에 사로잡히지 않게 하고 불필요한 미래의 예상에서 벗어나도록 도와주는 것이 중요하다.
2. 만성 질병을 앓는 사람에게 고통은 자신의 욕망과 기대, 그리고 질병으로 인한 한계 상황 사이의 갈등과 모순 때문에 생긴다. 왜냐하면 현재 겪는 신체적 제약이 개인의 삶 전체에 대한 제한으로 받아들여질 수 있기 때문이다. 따라서 그들이 오랜 투병 과정을 오히려 일상적 세상의 표면 뒤에 숨겨진 중요한 삶의 가치를 깨달을 수 있는 자아 성찰의 기회로 삼을 수 있도록 해야 한다.

02-3 고통과 인격적 돌봄

고통 받는 환자들을 돌보기 위해서는 고통이 그 병을 앓는 사람에게 무엇을 의미하는지를 이해해야 한다. 돌보는 자들은 환자의 고통의 전 과정과 그 의미를 이해하게 하고 이에 반응하고 표현하게 함으로써 위협받는 인격의 온전성을 회복시켜 주기 위한 노력을 기울여야 할 것이다. 환자를 보살핌에 있어서 환자 삶의 이야기를 통해 그가 처한 곤경과 고통을 이해하고 판단하는 것이 중요하다. 환자가 질병으로 인한 고통 때문에 자신이 추구하는 자신의 삶의 가치에 위협을 받고 있는 것으로 이해한다면, 돌봄의 태도는 바로 총체적인 삶의 이야기 속에서 그들을 이해하고 그들의 인격적 가치를 회복할 수 있도록 도와주는 것이 중요하다.

질병으로 인해 고통 받은 사람을 돌보는 자는 다음과 같은 태도를 갖추어야 할 것이다. 우선 인간 신체에 대한 이해이다. 우리는 일상 삶에서 묵묵히 존재하는 그 신체를 망각할 수 있다. 가다머에 따르면, 건강이란 바로 신체를 이루는 기관이 침묵하는 일종의 자기 망각이라는 놀라움 속에서 우선은 주관적으로 '잘 있음(well being)'으로 느껴지는 것이다.[14] 그러나 병은 건강과는 반대로 무엇인가 들이닥쳐 오고 있고, 방해하는 것이 있으며, 무엇인가 위험한 것이며 그것으로 지쳐있는 것으로 나타난다. 이러한 들이닥침에는 '고통', '아픔'이 우선적으로 존재한다. 삶에서 고통의 기능은 주관적 감응을 통해 삶의 운동의 불균형을 지시하는 것이다. 고통과의 싸움은 당연히 의료인의 과제이다. 이러한 고통에 대한 의료인의 태도는 통증을 가능한 빨리 잊게 하는 것이 아니라, 오히려 환자로 하여금 본인 스스로 고유의 헌신적 노력을 통해서 참을 만한 삶을 이끄는 데 스스

14) H.G.Gadamer(1994). *Über die Verborgenheit der Gesundheit*, Suhrkamp, Frankfurt am Main, p. 126.

로 능력을 갖추도록 도움을 주는 것이다. 의사의 진료하는 손은 조심스럽고 책임감 있게 환자의 몸을 만져 봄으로써 환자 자신이 겪는 고통을 확인하면서 치료하는 데 도움을 줄 수 있는 환자의 노력과 긴장을 감지한다. 살아 있는 몸에서 확인되는 고통의 역할은 주관적 감각을 통해 건강을 구성하는 신체적 과정의 조화로운 균형에 어떤 이상이 생겼음을 알리는 것이다. 이것은 바로 환자의 통증이 신체적 자아의 전체적인 상태에 어떤 영향을 미치는가를 이해하는 것이다. 그래서 통증의 경험이 자신의 고유한 인격의 파괴나 위협의 기회가 되어서는 안 된다. 오히려 통증의 경험이 자아 인식의 기회를 주어 위협받고 손상된 환자 자신의 인격의 온전함을 되찾을 수 있는 잠재적 힘이 활성화되도록 지원해야 하는 것이다. 이를 위해서 환자가 자신의 고통의 상태를 스스로 이해하도록 지도할 수 있는 통증관리를 위한 체계가 다학제적으로 구성되어야 한다. 그래야만 비로소 통증 치료는 환자가 자신 안에서 모든 능력과 잠재력을 활성화시켜 고통스러운 자신의 삶을 견뎌낼 수 있는 상태에 이를 수 있도록 도울 수 있는 것이다.

03
고통과 윤리

03-1 고통 받는 타자에 대한 도덕적 의무

신체적 상해나 질병으로 인한 통증, 외로움, 탈인격화, 피로, 늙어감, 절망 등의 고통의 체험은 자신을 피해자로 만들며, 자신의 자유를 무력화시키고 자신을 구속하는 삶의 체험이다. 고통 받는 사람은 그것으로부터 벗어나고자 자신에게 혹은 타자에게 행동을 촉구하고 요청한다. 고통 받는 사람은 다른 그 어떤 내면적인 필요나 요구보다 더욱 강하게 자신을 표현하며 그것으로부터 벗어나고자 하는 절박하고 강렬한 욕구와 행동에 대한 요청을 타자에게 느끼게 한다. 그 요청은 고통에 대한 항의이며 고통의 감소나 제거를 바라는 호소인 것이다. 나의 고통은 외롭고 닫혀 있고 그 고통 받는 사람에게 고유한 것이지만, 다른 사람이 느끼는 나의 고통에 대한 지각은 의사소통과 행동을 촉구한다. 여기서 고통 그 자체가 인간 상호 관계에서 의사소통과 행동을 촉구하는 본성 때문에 바로 윤리적 관점이 열리는 것이다. 여기서 고통에 대한 윤리적 관점이란 바로 인간 상호 관계 속에서 나의 고통, 혹은 타자의 고통 그 자체가 담고 있는 호소에 대해 어떠한 태도를 취하는 가에 있는 것이다. 즉 고통 그 자체가 호소하는 도움의 요청을 듣고 그것에 관심을 기울일 때 비로소 고통에 대한 윤리적 전망이 열리는 것이다. 자기 스스로 벗어날 수 없는 고통 받는 상황에서 무력해진 개인에게 타자의 도움이 절실하듯이, 타자의 고통에 대해 관심을 갖는 나는 타자의 도움의 요청에 대한 의무와 책임을 부여받는 윤리적 상황에 처하게 되는 것이다. 이때 나는 윤리적 주체가 되는 것이다. 인간관계 속에서 전개되는 윤리적 차원은 타자의 고통에 대한 의무나 책임에 동반되는 상황에서 열리며, 이것은 필연적으로 윤리적 주체의 고통에 대한 경험을 동반한다. 여기서 우선 칸트의 의무론을 통해서 고통 받는 타자에 대해 윤리적 의무를 실천하는 자율적 주체가 경험하는 고통에 의미에 대해 살펴본다.

칸트에게서 곤경에 처한 고통 받는 사람을 도와주는 행위는 윤리적 의무이다. 칸트에 있어서 윤리적 의무는 자연적 경향심에 좌우되는 동정심이나 호의에 의한 것이 아니라, 도덕법칙에 따라야만 하는 당위성을 지닌다. 즉 칸트에 따르면 도덕법칙은 "마치 너의 행위의 준칙이 보편적 자연 법칙이 되어야 하듯이 그렇게 행위하라.", "너는 너 자신의 인격과 다른 모든 사람의 인격에 있어서 인간성을 언제나 동시에 목적으로 간주하여야 하며, 결코 단순한 수단으로 간주해서는 안 된다."이다.[15] 곤경에 처한 사람을 돕는다는 행위의 원칙이 도덕적 가치를 지니는 것은 그 원칙이 이성적 숙고에 따라 보편적 타당성을 지니기 때문이다. 만약 이것을 윤리적 의무로 삼지 않는다면, 내가 곤경에 빠졌을 때에도, 어느 누구로부터 도움을 받지 못하는 경우가 발생하기 때문이다. 그리고 또한 극심한 고통으로 인해 목적 그 자체로서의 인격의 존엄성이 훼손되거나 위협을 느끼는 상황에 처한 타자를 돕는 행위는 바로 '나 자신이나 모든 사람의 인격 안에 있는 인간성을 목적으로 대우해야 한다'라는 도덕적 명령에 따른 행위이다. 만약 타자에 대한 동정심에서 혹은 자신이 원하는 도움을 받고자 하는 기대감에서 고통 받는 타자에게 도움을 준다면, 이것은 '인간 누구에게나 인격 그 자체를 목적으로 대하라.'는 도덕

15) I. 칸트(2005). 『윤리형이상학정초』(백종현 옮김). 아카넷, 429쪽.

적 명령에 따른 것이 아니라, 자연적인 마음의 경향에 따르는 자신의 이기심에서 비롯된 것이다.

이러한 칸트의 고통 받는 타자를 도와야 한다는 윤리적 의무는 모든 자연적 경향심을 도덕의 규정근거로부터 제거한 실천이성의 도덕적 명령이다. 즉 칸트에게서 고통 받는 타자에 대한 윤리적 행위는 바로 타자의 고통에 대한 동정심이나 연민에 의해서가 아닌 것이다. 이는 실천이성에 의해 정립된 도덕법칙에 대한 존경심이 동기가 되어 그것을 나의 행위의 준칙으로 기꺼이 받아들일 때 실제로 실현될 수 있다. 그러면 이 존경심은 무엇인가? 그것은 순수이성이 우리의 감성 속에서의 감각적 욕구와 경향심을 제어함으로 발생하는 고통스런 감정을 극복함으로써 발생하는 자기긍지의 감정이다. 도덕법칙에 대한 존경심은 감성적인 저항을 이겨내는 자기 고통을 경험함으로써 단련된 도덕적 심성에서 나온 것이다. 그래서 윤리적 주체가 겪는 고통은 도덕적 자율성과 강인성의 표시이다. 따라서 칸트에게서 타자의 고통에 대해 연민을 느끼는 동정심을 갖는 것은 도덕의 기초가 될 수 없다. 동정심에 대해 칸트는 다음과 같이 말한다:

"어떤 박애가의 마음이 자신의 불행으로 인해 비통함에 덮여 있다고 가정해 보자. 그 비통함은 다른 사람의 운명에 대한 모든 동정심을 없애버리고 그의 신경은 온통 자신의 곤경에만 쏠려 있다. 이처럼 어떠한 경향성도 더 이상 그를 자선을 하도록 자극하지 않지만, 그가 이런 치명적인 무감동 상태를 박차고, 아무런 경향성도 없이 오직 의무로부터 그 행위를 한다면, 그때 비로소 그것은 참된 도덕적 가치를 갖는 것이다."[16]

16) I. 칸트(2005), 398쪽.

흄은 우리가 마음의 고통을 직접 지각할 수 없다하더라도, 그의 비명, 소리, 표정, 몸짓을 통해서 그의 내면의 고통을 미루어 느낄 수 있는 심리적 능력이 동정심이며, 이것이 도덕적 가치를 갖는 연민의 근거라고 보았다. 그러나 칸트는 인간의 도덕성이 동정심이란 연민을 느끼는 심리적 능력으로 환원된다면, 참된 의미의 고통은 도덕적 강제력을 지니지 못한다고 말한다. 그래서 칸트에 따르면 천성적으로 타자에 대해 동정심을 지니지 않는 냉담한 기질과 타자의 고통에 대해 무감각한 사람이라도, 자신의 고통을 견뎌 내는 천부적인 인내력과 강인함이 있고, 의무에 의해서 친절을 행할 때 진정한 도덕적 가치가 있다는 것이다. 그는 동정심이 없어도 오직 의무감만으로 선한 행위를 할 수 있다고 여긴다. 우리가 느끼는 연민의 크기는 원칙적으로 고통스런 자극의 크기에 비례하여 우리에게 눈앞에 보이는 연민의 대상에 집착하도록 한다. 그리고 그것이 강렬해지면 격정이 되며 이성의 제어를 벗어나게 된다. 그래서 칸트는 원칙과 규범을 상실한 맹목적인 동정은 바로 그 맹목적성 때문이 사람을 악덕에 빠뜨리기도 한다고 경고한다.

그래서 칸트에 있어서 인간의 도덕성이 갖는 진정한 위엄은 도덕법칙의 보편성에 따르기 위해 오직 자연적 정념을 우리 스스로가 부정할 수 있는 능력에 있는 것이다. 예수가 말하는 '너의 원수를 사랑하고 너희를 핍박하는 자들을 위하여 기도하라'라는 자연적 정념과 경향성의 부정으로서 발생하는 사랑만이 참된 의미의 도덕적 가치를 갖는 실천적 사랑임을 보여주고 있는 것이다. 참된 도덕성은 오직 자연적 정념의 부정에 따른 자기의 고통의 경험을 통해서 가능한 것이다.

결국 고통 받는 사람을 도와주어야 한다는 윤리적 의무는 동정심이나 연민과 같은 자연적이며 심리적 능력에 의해 부과된 것이 아니라, 바로 보편적 인류애라는 관점에서 도덕법칙에 따라야만 하는 실천이성의 필연적인 자기 구속력에서 나온 것임을 고찰해 보았다. 그 의무는 고통 받는 사람의 인격 안의 인간성을 '목적 그 자체'로 대하고 인간성의 위협으로부터의 보호하라는 도덕적 요청인 것이다. 그래서 고통에 처한 사람에게 도움을 주는 것은 인간성의 파괴라는 위협으로부터 그 사람이 인간답게 살기 위해 보호해주고 필요한 도움을 줌으로서 그의 인격을 '목적 그 자체'로 대우하기 위한 것이다.

그러면 고통 받는 타자에 대해 윤리적 의무를 부과 받는 윤리적 주체와 고통과는 어떤 관계에 있는가? 도덕적 인간은 바로 이러한 도덕법칙에 따라야만 하는 의무에 스스로 구속되기까지 자기 고통을 겪어야 한다. 그는 바로 자연적 경향심, 예를 들어 자기애에서 오는 이기심이나 질투나 탐욕 등과 그리고 도덕법칙에 따라야만 하는 선한 의지와의 투쟁으로 인한 고뇌의 심적 상태를 경험하게 되는 것이다. 따라서 도덕적 심정으로 덕이란 자기 자신을 극복하는 강인함에 있다. 그래서 "덕이란 항상 의무에 대한 존경심과 자연적 경향심과의 투쟁 상태에 있는 도덕적 심정이다."[17] 칸트는 특히 이러한 도덕적 의무와의 갈등을 겪지 않고 오로지 자기애의 충족을 행위의 준칙으로 택하려는 성향을 바로 악에 대한 성향이라고 말한다. 인간은 누구나 본성과 함께 타고 나온 악의 성향이 있으며, 그것은 고통 받는 타자에 대한 의무에 눈을 멀게 하고 자기애를 행위의 준칙으로 받아들이게 한다. 이러한 인간의 본성과 함께 타고 나온 악의 성향에 대해서 싸우며 죄책감을 느끼며 스스로 겸허해지는 도덕적 심정 상태에서 겪는 자기고통이야말로 윤리적 주체가 필연적으로 경험하는 고통에 대한 의미인 것이다.

17) I. 칸트(2005), 99쪽.

03-2 고통과 책임의 윤리

그리고 레비나스의 책임의 윤리에서는 감성적 존재로서 윤리적 주체가 체험하는 고통의 의미를 성찰해 보고자 한다. 레비나스는 고통의 윤리적 의미를 논의하기 이전에 내 의식 속에 주어진 고통의 현상에 대해 다음과 같이 기술한다:

" … 고통은 상처를 입는다는 의미에서 수동성이다. 고통을 인식한다는 것은 엄격하게 말하자면 '취한다'는 뜻은 아니다. 그것은 의식 행위의 능동적인 수행이 아니고 오히려 적대적인 것, 곧 굴종이다. 그것은 심지어 굴종에 대한 굴종이라고까지 말할 수 있는 데 아파하는 의식이 의식하는 내용이 바로 고통이라는 것, 즉 상처 받는 것이기 때문이다 … . 고통은 수동성은 우리 감각기관의 수동성보다 훨씬 더 심각한 의미에서 수동적이다. 감각의 수동성에는 환영하는 능동성이 있으며 그렇게 함으로써 지각이 일어지만, 고통을 당하는 감수성은 상처에 노출된 약점이 있고 수동성보다 더 수동적이다. 그것은 경험보다 더 수동적인 시련이다."[18]

레비나스에 따르면 고통은 순수하게 당하는 것, 어떠한 도피처도 없이 굴복당하는 경험이며, 견딜 수 없이 낯선 것, "자신에 의해 수용이 불가능한 감성"이다. 즉 고통은 하나의 의미 전체로 통합될 수 없으며 감성을 통해 주어지면서도 견딜 수 없는 방식으로 존재한다. 이러한 고통 속에서의 감성은 아무런 방어나 보호 없이 상처에 노출되어 있음을 의미한다. 감성 속에서 경험하는 고통은 악이며 동시에

18) E. Levinas(1995). "das sinnlose Leiden"(tr. F. Mieting), *Zwischen Uns*, M. Krueger(T(eds), Muenchen, Wien: Carl Hanser Verlag, p. 118.

고통의 상해는 가장 심원한 부조리의 표현이라는 것이다. 고통은 의미 없고 쓸모없는 것이다. 특히 질병이나 상해 등에 의해 시달리는 사람의 신체적 고통은 능동적인 모든 활동을 박탈당한 상실의 경험을 보여준다. 내가 체험하는 고통 그 자체는 무의미하며 수동적이며 나를 구속하고 나를 잡아두고 나를 강요하며 또한 이로부터 벗어나기 위한 행동을 촉구하는 것이다.

이렇듯 고통은 본래 부조리한 것이며, 무의미한 경험이다. 레비나스는 주로 신체적 고통을 다루었지만 이것은 또한 절망, 갈등, 외로움 등 심리적 고뇌를 포함한다. 즉, 고통의 현상이란 한편으로는 극도의 수동성, 무력, 포기, 극도의 고독한 상황이며, 다른 한편으로는 수용할 수 없는 것, 통합 불가능 한 것, 낯선 것이며, 나의 것으로 환원되지 않는 치유 불가능한 것이다. 이것이 바로 고통의 타자성이다. 고통은 어떤 수단을 통해서도 나에게 환원되지 않는다. 그러나 그 고통을 내 안에서 수용할 수 없다는 그 점 때문에, 나의 고통은 타자에게로 열릴 수 있는 것이다. 즉, 내가 어찌 할 수 없는 것, 내 밖으로 밀어내야만 하는 고통의 타자성 때문에 도움의 요청을 담은 "한탄, 외침, 신음, 한숨" 등은 타자에게로 나아가 호소한다. 이러한 고통 그 자체가 본질적으로 담고 있는 도움에 대한 요청이 바로 타자와의 관계를 열리게 한다. 무의미하고 쓸모가 없는 나의 고통이 타자와의 관계에로 나아갈 때, 과연 그 고통의 호소가 타자에게 무의미하고 쓸모없는 호소인가? 그것이 의미를 지닌다면 과연 어떤 의미로 다가올 수 있는가?

레비나스는 인간은 본래 자기 자신을 유지하면서 존재하는 동시에, 밖으로는 타자를 향한 존재라고 말한다. 자기중심적인 사람들은 타자를 대상화하여 자아 안으로 포섭하고 자기화하고 장악하고 동일시한다. 그러나 나로부터 타자에게로 초월해 나가는 것이야말로 윤리적 관계형성의 올바른 계기이다. 나와 다른 낯섦, 타자로 향한 무한한 열망은 본질적으로 자기의 바깥을 향해 열려져 있다. 이는 채워질 수도 없고 완성될 수도 통합될 수도 없이 타자와의 관계로 나아가게 한다. 자아는 타자를 욕망의 대상으로 삼는 것이 아니라, 타자의 존재를 인정하면서 타자에게로 향하는 열망은 무한한 것이다.

그러나 타자와의 관계가 실제로 열리기 위해서는 고통 받는 사람의 호소에 대해 듣고 이에 대한 응답이 이루어져야 한다. 이것은 타자가 받는 고통에 자신을 노출시켜 내가 고통을 받으며 책임을 진다는 의미이다. 내가 체험하는 고통은 무의미하고 나를 구속하지만, 내가 타자의 고통 받는 얼굴에 노출되어 내가 고통 받을 때 그 고통은 윤리적으로 의미가 있는 것이다. 즉, 고통은 고통가운데 인간 상호간의 윤리적 전망을 열어 준다. 즉 그 고통 받는 타자에게 노출되어 내가 받는 고통은 타자의 도움의 요청에 귀 기울이며 응답하고 책임을 지닌 주체로 나아가게 하는 것이다. 따라서 레비나스에게서 윤리적 삶은 반드시 고통을 수반하는 할 수 밖에 없는 것이다.

그러면 고통 받는 타자의 호소에 응답함으로써 열리는 고통에 대한 윤리적 관점은 과연 어떤 계기를 통해 열리는가? 타자를 위한 도덕적 주체의 고통은 어디서 오는가? 그것은 칸트처럼 자기 자신의 내면의 심정, 즉 자기 이기심을 억제하고 도덕법칙을 따라야만 하는 나의 도덕적 심정에서 오는 것이 아니다. 그것은 나의 감수성에 노출되어 수용되는 '타자의 얼굴'에서 온다. 레비나스는 다음과 같이 타자의 얼굴에 대해 기술한다.

"남의 얼굴을 쳐다본다는 의미가 아니라, 차라리 얼굴로 나아가는 것이 그게 곧 윤리라 본다. … 그 얼굴은 뜻이, 즉 상황 없는 뜻이라는 것이다. … 동시에 얼굴과의 관계는 곧 바로 윤리이다. 얼굴이란 누구도 죽일 수 없는 것이다. 그 얼굴의 뜻은 "당신을 죽일 수 없소"라고 말하는 데 있다. … 그 얼굴은 말한다. "그 말은 응답이요, 책임이다."[19)]

타자의 얼굴이 나타나는 방식은 현현(epiphany)이다. 여기서 타자의 얼굴이 보여주는 현현은 유한한 자아의 사유에 의해 파악할 수 없는 무한성, 즉 신과 같은 무한자의 흔적을 계시한다. 이것은 자아가 타자를 통합, 동일화, 장악할 수 없음을 보여준다. 타자의 얼굴은 나의 의도와 무관하게 그 자신을 나타내며, 그 어떤 맥락과도 무관한 근원적인 윤리적 언어, "살인하지 말아라."라는 명령이다. 그것은 동정심에 호소하는 것이 아니라 강한 정의를 표현한다. 고통 받는 타자의 얼굴, 타자의 고통과 기아, 불안, 병고의 시름은 우리의 감성에 호소한다. 즉 타자의 얼굴의 호소에 노출되는 감성적 존재는 그의 소리를 듣고 보고 요청에 귀를 기울이고, 그에게 응답하면서 타자와의 관계를 연다. 그것은 윤리적 책임을 느끼도록 호소하는 윤리적 요청이자 동시에 윤리적 행위를 요구하는 명령이기도 하다. 따라서 타자의 얼굴과의 관계는 책임의 관계이며, 말보다는 섬김의 실천이다. 윤리적 주체는 타자의 완전한 종, 마치 볼모로 잡힌 것처럼 타자에 대한 무한한 책임을 요구받는다. 결국 타자의 불행이나 고통과 결핍은 우리에게 끊임없이 나만이 누리는 자유나 이기심의 부당함을 깨닫게 한다. 레비나스는 자아에게 윤리적 행위를 요구하는 타자를 마치 높이에서 명령을 내리는 주인에 비유한다. 윤리적 명령을 내리는 타자가 지닌 힘은 바로 벌거벗음 속에 나타나는 고통 받는 사람의 결핍과 가난을 향한 도움의 요청인 것이다.

고통 받는 사람이 도움의 손길을 필요로 할수록 그가 배고프면 배고플수록 그가 불의를 당하면 당할수록, 그의 윤리적 호소와 윤리적

19) E. Levinas(1991). *Totality and Infinity*, tans. Lingis, A. Netherlands: Kluwer Academic Publishers. p. 111. E. 레비나스(2019). 『전체성과 무한』(김도형 외 옮김). 그린비, 294쪽.

명령은 커져간다. 이러한 윤리적 명령에 대해 윤리적 주체는 타자에 대한 책임을 감수해야 하는 구속을 받게 된다. 여기서 윤리적 주체란 고통 받는 자, 즉 타자로부터 영향을 받고 상처받을 수 있는 존재, 상처로 노출되는 존재, 타자에게 노출되어 고통을 대리하고 볼모로 잡힌 존재이다. 레비나스는 그 존재가 처한 윤리적 상황을, 인질, 강박관념, 불안, 대속 등으로 표현한다. 즉 인질은 타자에게 사로잡힌 사람이고, 불안은 나 자신의 동일성 안에 편안히 거할 수 없는 상태이고, 대속은 타자의 고통을 대신하여 희생되는 상황이다. 따라서 레비나스의 타자의 윤리에서 인간의 도덕성이란 자유로부터 오기보다는 오히려 자신의 자유의 자의성이나 과도함에 대한 죄책감으로부터 일깨워진다. 우리가 자신의 자유의 과도함에 대해 반성할 때 도덕적 주체는 더욱 타자에게로 향하고 고통 받는 자의 부름과 호소에 귀 기울이고 이에 사로잡혀 응답하게 되는 것이다.

여기서 윤리적 주체는 고통 받는 타자의 얼굴의 부름에 응답하는 상처에 노출되어 있는 감성적 존재이다. 고통 받는 타자의 얼굴에 노출되어 상처받고 영향을 받아 타자를 위해 고통 받을 수 있다는 그 사실이 곧 윤리적 주체를 구성하는 것이다.

03-3 고통과 도덕적 상상력

지금까지 고통이 지니는 윤리적 차원을 칸트의 의무주의와 레비나스의 타자를 위한 윤리학을 통해서 살펴보았다. 고통이 지닌 윤리적 의미는 바로 고통 받는 타자에 대한 도덕적 의무와 책임 때문에 필연적으로 윤리적 주체가 겪는 고통에 있다. 칸트에게서 고통 받는 타자에게 도움을 주어야만 하는 도덕적 의무를 부여받는 윤리적 상황은 자신의 이기심을 제압하는 감성에 가하는 고통을 필연적으로 수반한다. 이러한 내면의 도덕적 심정의 상태에서 윤리적 주체는 도덕법칙에 대한 존경심으로부터 고통 받는 타자에 대한 윤리적 의무에 스스로 구속되는 것이다. 그러나 레비나스에게서 주체의 윤리적 고통이란 타자의 얼굴에 노출되어서 상처받아 구속되는 감성적 상태로부터 온다. 여기서 나의 도덕적 고통은 얼굴로 드러나는 타자의 고통을 외면할 수 없어 타자의 고통에 상처받아 그의 고통에 대해 책임을 지는 윤리적 주체의 모습에 있다.

칸트는 윤리적 삶에는 항상 불쾌나 아픔 그리고 고통이 수반된다고 보았다. 윤리적 삶에는 항상 자기애와 도덕법칙에 대한 존경이라는 두 동기들 사이의 대립과 갈등이 있는 자리 잡고 있다. 윤리적 삶을 살기 위해서는 도덕법칙을 수용함으로써 자기애의 억제를 수반할 수밖에 없고, 자기애의 억제는 필연적으로 자기 고통을 초래한다. 그러나 이러한 고통은 오히려 인격의 존엄성을 유지시키는 인간의 실천 이성으로부터 오는 도덕적 자율성과 그것이 자연적 경향성에 억제를 가하는 강인성의 표현인 것이다. 왜냐하면 도덕성은 끊임없는 자기애와의 싸움을 거쳐 성품이 단련된 윤리적 주체로부터 오기 때문이다. 이것은 바로 도덕의 근원이 윤리적 고통을 함축하고 있음을 보여준다. 이러한 자기 고통을 극복해 나가는 윤리적 주체는 도덕법칙에 대한 존경심에 의해 고통 받는 타자에 대한 도움의 요청에 응답해야 한다. 왜냐하면 그 도덕법칙은 자신의 인격뿐만이 아니라 타자의 인격적 가치를 절대적 가치로서 여기고 대우해야 하며, 고통 때문에 인격의 훼손이나 위협의 상황에 처한 인간성을 존중하고 보호해야 한다는 의무를 내포하고 있기 때문이다. 따라서 고통으로 인해 인격적 훼손이나 위협의 상황에 처한 고통 받는 타자에 대한 도움의 의무는 인격존중이라는 도덕법칙의 절대적 명령에 대한 존경심에서 나온다.

이렇듯 칸트에 있어서 고통 받는 타자에 대한 윤리적 의무가 바로 나 자신의 실천적 합리성에 근거한 도덕성으로부터 오는 반면에, 레비나스의 윤리적 책임은 나와 다른 나보다 더 높은 타자의 얼굴로부터 온다. 그의 윤리적 주체의 토대는 고통 받는 타자의 얼굴에 영향받고 상처받아 그것으로부터 벗어날 수 없는 신체적 주체의 수동적 감수성에 있다. 피와 살을 지닌 감성적 존재는 타자와의 관계에 있어서 그의 고유한 얼굴의 호소에 노출되어 있으며 불안하고 불편함을 느낀다. 여기서 윤리적 주체는 이러한 몸의 감수성에 노출된 타자의 얼굴의 출현이라는 윤리적 명령과 요청의 형태를 가지고 오로지 자신의 이기심을 문제 삼으며 타자의 불행에 함께 묶여진다. 그래서 윤리적 주체가 경험하는 윤리적 상황이란 고통스런 상황이다. 타자의 고통에 대한 호소가 크면 클수록 윤리적 요청은 더욱 커지며, 그 요청은 이에 대한 응답을 몸으로 실천할 것을 요구하는 것이다.

위에서 살펴본 바와 같이 타자에 대한 윤리적 책임은 고통이 수반될 수밖에 없다는 점은 칸트와 레비나스가 같다. 그리고 칸트의 의무론이나 레비나스의 책임의 윤리는 절대적인 명령의 형식을 띠며, 자연적 이끌림에 따른 연민의 감정에 의해 고통을 함께 느끼는 동정심에 대해서도 부정적인 것이다. 따라서 고통 받는 타자를 도와주는 것은 그 어떤 마음의 동요나 자연적 이끌림에 의한 것이 아니라, 윤리적 주체의 피할 수 없는 도덕적 강제로서 고통이 수반되는 윤리적 의무이며 책임인 것이다. 그러나 칸트에게서 고통 받는 사람에 대한 도덕적 의무가 주체의 자율적인 실천 이성의 도덕적 명령에서 비롯된다. 그러나 레비나스에게서 책임의 윤리는 주체의 이성적 사고 이전에 몸의 감수성에 근원적으로 호소하고 요청하는 타자의 얼굴의 출현으로부터 오는 것이다.

그렇다면 우리가 살고 있는 현대사회에서 고통 받는 타자에 대한 윤리적 의무와 책임을 다하는 실천적 행위로 나아가기 위해서 우리가 반드시 갖추어야 할 윤리적 역량은 과연 무엇인가? 우리는 지금까지 고통이 지닌 윤리적 의미를 두 철학자의 입장에서 고찰해 보았다. 칸트에 있어서 우리의 실천이성이 감성적 자극이나 이끌림을 제압하는 과정에서 체험하는 자기 고통은 도덕적 자율성과 자기 긍지의 표현인 것이다. 그러나 레비나스는 근원적인 도덕적 능력은 우선적으로 고통 받는 사람의 얼굴에 노출되어 상처받을 수 있는 도덕적 감수성에 있다. 이렇듯 내 안의 도덕적 실천 이성능력과 내 밖의 타자로부터 영향 받는 도덕적 감수성 모두가 고통과 함께 하는 윤리적 삶을 위해 반드시 필요한 윤리적 역량이다.

그러나 우리는 또한 주체중심의 도덕적 사고 능력으로부터 타자중심의 도덕적 책임감에 따른 행위로 나아갈 수 있게 하는 윤리적 역량이 무엇인지에 대해 질문을 할 수 있다. 즉, 주체의 도덕적 자율성과 타자에게 열려진 도덕적 감수성을 모두 포괄하여 실제로 고통받는 타자의 고통을 이해하여 그들을 도울 수 있도록 하는 우리가 갖추어야 할 능력이란 과연 무엇이란 말인가? 이것은 바로 고통 받는 사람의 입장에서 사고할 수 있고 상상할 수 있고 느낄 수 있는 가역적인 반성적 사고능력이다. 이것은 주체중심의 도덕적 관점에서 타자중심의 도덕적 관점으로 이행하기 위해 필요한 사유능력이며, 또한 자신의 입장을 고통 받는 사람이 처한 구체적 상황에 놓고 상상할 수 있는 반성적 판단 능력인 것이다.

특히 이러한 반성적 판단능력과 관련해서 한나 아렌트는 예루살렘에 있었던 아이히만의 재판에 대한 보고를 하면서 악의 평범성에 대해 언급한다. 그녀는 아이히만의 악행의 유일한 인격적 특징은 일종의 특별할 정도의 천박성 같은 것이며, 이것은 어떤 특정한 정신병리학적인 요소 또는 이데올로기적인 확신에 있는 것이 아니라, 일종의 진정한 사유의 불능에서 온다고 말한다. 그것은 현실을 담아내지 못하는 상투어와 관용어의 습관적인 사용, 특히 타자의 관점에서 사유할 수 있는 능력, 행위 할 수 있는 능력의 결여에서 비롯된다는 것이다.[20] 하이히만은 히틀러의 명령에 대한 복종을 마치 칸트의 정언명령처럼 절대적 의무로서 여겼던 것이 이제는 왜 범죄라고 칭하게 된 사실에 대해서 사유할 능력이 없었으며, 그래서 자신의 행위로 인해 고통 받는 사람에 대한 책임을 질 수가 없었던 것이다. 즉 그는 바로 이러한 의무에서 범죄로 칭하게 된 새로운 판단의 규칙에 대해 진정한 사유를 할 수가 없었던 것이다. 그는 아무런 생각 없이 기계적으로 상투어, 관용어를 사용했고 관습적이고 표준화된 표현과 행위의 규칙만을 아무런 생각 없이 받아들이고 획일적으로 사용하는 것을 고수했다. 그는 자신과 관계하는 타자들의 현실을 느끼고 이해하고 받아들이는 언어를 사용할 수 없었으며 그래서 타자의 관점에서 진정한 사유를 할 수 없었던 것이다. 아렌트에 따르면 그의 악행의 근원은 바로 인간의 복수성, 다른 사람과의 차이, 그래서 자신과는 다른 고통 받는 타자의 입장에 대해 생각해 볼 수 없고 느껴볼 수 없는 가역적 사유의 무능력에 있다는 것이다.

그러면 타자의 입장에서 진정한 사유를 할 수 있는 능력은 무엇인가? 아렌트는 그것을 반성적 판단력, 즉, 공통감(common sense)이라고 말한다. 공통감이란 나와 다른 타자와의 차이를 인정하는 인간관계의 복수성 속에서 타자의 관점으로 확장된 사유 방식인 것이다. 즉, 이것은 바로 타자와 함께하는 현실적 상황에 자신을 개방하고 자신의 위치를 타자의 위치로 전도시켜 생각할 수 있는 자기에서 타자에게로 확장되어가는 사유 방식이다. 우리가 고통 받는 타자를 이해하기 위해서 현실적인 상황에 개방적이지만 직접적으로 상처받지 않으면서 자신을 타자의 위치에 놓고 사유할 수 있는 상상력의 자유로움을 필요로 한다. 이것은 바로 자신의 현실에 대한 직접적인 이해관계로부터 벗어나서 자신의 입장을 타자의 입장에서 상

20) 한나 아렌트(2006). 『예루살렘의 아이히만』(김선욱 옮김). 한길사, 40쪽.

상하여 점점 다른 모든 사람의 입장을 향해 이미지를 떠올리며 반성할 수 있는 능력인 것이다. 공통감은 고통 받는 사람의 현실적 상황, 즉 신체적 지각과 시선, 표정, 몸짓, 그리고 비유적 표현에 주목하면서 타자가 처한 총체적인 삶의 현실과 곤경상태를 상상하고 자신에 비추어 상상하여 반성할 수 있는 능력이다. 칸트는 공통감이 인간의 자연적 경향심을 순화시켜서 도덕적 의무로 나아가게 하는 인간의 자연적 본성을 도야하는 훈육의 기능을 지닌다고 말한다. 즉 우리가 고통 받는 타자를 위한 실천적 행위로 나아가기 위해서 현실적 상황에 자신의 감수성을 개방하여 느끼고 가역적으로 상상하고 사고할 수 있어야 한다. 자신의 고통을 타자의 입장에서 상상해 보고, 타자의 고통을 자신의 입장에서 상상해 볼 수 있을 때, 비로소 고통에 처한 인간에 대한 도덕적 감수성과 책임감이 살아난다. 이러한 자신의 입장을 타자의 입장으로 바꾸어 생각해 보는 반성적 사유는 점차 자신의 이기심을 비우며 타자에게로 향한 관점으로 전환하게 한다. 특히 고통 받는 사람의 처지를 그려낼 수 있는 이러한 도덕적 상상력은 자기중심을 향한 자연적 경향심을 순화시키고 타자의 관점을 향해 자신의 마음의 능력을 확장시켜주는 윤리적 역량인 것이다.[21)]

---

21) 공병혜(2008).「고통의 현상과 윤리적 삶」.『인문의학』. 휴머니스트, 145쪽.

참고 문헌

- 가다머, 한스 게오르그(2005). 『고통–의학적, 철학적, 치유적 관점에서 본 고통』 (공병혜 옮김). 철학과 현실사.
- 강영안(1998). 「고통과 윤리」. 『서강인문논총』8집.
- 공병혜(2005). 「의료영역에서의 고통에 대한 이해」. 『인간연구』8집.
- 공병혜(2008). 「고통의 현상과 윤리적 삶」. 『인문의학』. 휴머니스트.
- 레비나스, 임마누엘(2019). 『전체성과 무한』 (김도형외 옮김). 그린비.
- 매드저 I. 월튼, J.(2001), 『질병체험연구』 (신경림 외 옮김). 현문사.
- 손봉호(2003). 『고통 받는 인간』. 서울대학교출판부.
- 카셀, 에릭(2002). 『고통 받는 환자와 인간에게 멀어진 의사를 위하여』 (강신익 옮김). 코키토.
- 칸트, 임마누엘(2005). 『윤리형이상학정초』 (백종현 옮김). 아카넷.
- 아렌트, 한나(2006). 『예루살렘의 아이히만』 (김선욱 옮김). 한길사.
- 황인숙(2004). 『자명한 산책』. 문학과 지성사.
- Gadamer, H.G.(1994). *Über die Verborgenheit der Gesundheit*, Frankfurt am Main.
- Illhardt, CF.J.(2004), "Schmerz als Ausdruck der Person", in: M. Schnell (hrsg.), *Leib, Körper Maschine: Interdiszilinnare Studien uber den bedürftigen Menschen*, Düsseldorf.
- Levinas, E.(1995). "das sinnlose Leiden"(tr. F. Mieting), *Zwischen Uns*, M. *Krueger*(T(eds), Muenchen, Wien.
- Levinas, E.(1991), *Totality and Infinity*, tans. Lingis, A. Netherlands: Kluwer Valery, Cf. P.(1962), *Zur Theorie der Dichtkunst. Aufsätze und Vorträge*, Frankfurt am Main.

LIFE AND DEATH.

PART
07
삶과 예술

아름다움은 인간이 추구하는 고유한 삶의 가치로서 자연이나 인간 그리고 인간이 창조한 예술작품을 통해 인간의 마음속에 미적 감정을 일으키는 심미적 가치이다. 우리 삶에서 아름다움이란 무엇인가, 아름다움에 대한 체험은 어떻게 가능한가? 자연과 구분되는 진정한 예술이란 무엇인가? 예술은 우리 삶에 어떠한 영향을 미치는가? 미학은 위와 같은 주제에 대해 탐구한다. 예술은 감성적 인식을 통해 우리에게 즐거움을 줄 뿐만이 아니라 인간 삶의 진리를 인식하게 하고 감정을 통해 인간 상호 간의 교류를 촉진시킨다. 그래서 예술은 인간의 존엄성과 자율성을 회복시키는 계몽의 역할과 또한 전인적 인간교육에 기여하며, 예술의 사회적 실천은 소외된 자아와 현실비판을 통한 사회적 변화를 가져다준다. 또한 오늘날 예술은 삶의 예술, 예술로서의 삶을 통해 인간 삶을 건강하게 치유하는 역할도 하는 것이다. 이 글은 미학에서 다루어지는 핵심 주제들에 대해 생각해 봄으로써 인간 삶의 인식과 행위의 영역에서 예술이 어떠한 역할을 하는지 살펴보기로 한다.

01 아름다움과 예술

01-1 감성학으로서 미학

미학에서는 인간 삶에서 추구하는 아름다움과 인간문화의 산물인 예술에 관해 탐구한다. 아름다움은 동서양을 막론하고 인간이 추구하는 고유한 삶의 가치로서 자연이나 인간 그리고 인간이 창조한 예술작품을 통해 인간의 마음속에 즐거움을 주는 심미적 가치이다. 철학에 속하는 미학은 주로 다음과 같은 주제를 다룬다. 아름다움(미적 가치)이란 무엇인가? 아름다움에 대한 체험은 어떻게 가능한가? 그리고 예술이란 무엇인가? 미적 가치는 어떠한 기준에 의해 판단될 수 있는가, 그리고 예술은 무엇인가 등을 탐구한다. 결국 미학의 주제는 다음과 같다. 아름다움이란 무엇인가, 미적 체험은 어떻게 가능한가? 자연과 구분되는 예술이란 무엇인가? 예술의 창조적 근원은 무엇인가? 아름다움은 진리와 도덕과 어떠한 관계를 지니는가? 궁극적으로 예술은 인간의 문화로서 인간 삶과 행위에 어떠한 영향력을 지니는가?

아름다움과 예술에 대한 탐구는 이미 고대 그리스로 거슬러 올라갈 수 있다. 플라톤은 참된 예술은 '미의 이데아'라는 보편적 진리에 대한 인식을 하게 한다. 또한 예술은 인간의 도덕적 성품을 계발하기 위한 도구라고 생각하였고, 특히 국가의 차원에서 폴리스의 시민이 되기 위한 예술교육의 중요성을 강조하였다. 그러나 예술에 대한 본격적인 철학적 탐구는 아리스토텔레스의 시학(詩學)에서 발견할 수 있다. 특히 아리스토텔레스는 예술(techne)은 자연의 모방(mimesis)이라고 규정한다. 왜냐하면 예술가는 바로 자연의 진리를 발견하여 그것을 예술작품 속에 표현하기 때문에 예술은 자연의 보편적 진리를 인식하는 수단이 된다. 그는 시학에서 예술의 궁극적인 목적은 인간 삶의 행복, 즉 기쁨을 주는 것이라고 한다. 특히 그는 그리스 시대의 비극의 목적을 가련함과 무서운 감정의 카타르시스를 통한 기쁨이라고 말하고 있다. 여기서 비극이 인간 삶에서 인간의 감정을 도덕적으로 순화시키고, 또한 감정의 배설이나 육체적 감정을 정화시키는 역할을 하는 것이다. 또한 아리스토텔레스는 정치학에서 음악의 선율이 인간의 삶에 미치는 효과에 있어서 교육적, 도덕적, 그리고 유희적 가치뿐만이 아니라, 감정의 카타르시스를 통한 치유적 가치를 강조하고 있다. 특히 음악 교육은 젊은이들에게 관조적 즐거움 자체를 위한 지적 기쁨을 가져다주며, 무엇보다도 훌륭한 성격과 품위 형성을 위해서는 중요한 것이다.[1] 이는 예술이 유희적 즐거움을 줄 뿐만이 아니라 인간 삶을 변화시키는 도덕적, 치유적 영향력을 지니고 있음을 보여주고 있다.

그러나 아름다움과 예술에 대한 탐구가 미학이라는 학문으로서 성립하게 된 것은 독일의 바움가르텐(A. G. Baumgarten)(1714~1762)이라는 철학자에 의한 것이다. 그는 인간의 이성적 사고에 의해서 개념적이며 논리적 인식을 하지만, 감성적 능력을 통해서 아름다움 감정을 통한 미적 인식과 예술창조를 가능하게 한다고 여겼다. 그래서 그는 "감성적 인식에 대한 학문"으로서의 미학을 성립시킨다. 여기서 인간의 총체적인 감성적 능력이란 주의력, 예민한 감응력, 기억력, 미래에 대한 예지력, 기호 능력, 감성적 판단 능력, 시적인 상상력 등을 말한다. 여기서 미학은 인간의 총체적인 감성적

1) 김혜숙 외(1988).『예술과 사상』. 이대출판부, 80쪽.

능력을 계발하여 전인적 인간을 향해 성장시키는 일종의 도구 역할을 하는 것이다. 그래서 그 이후의 18세기 인문주의 전통에서 미적 교육은 전인적 인간 교육의 도구로서 중요시 여겨졌다.

바움가르텐 이후의 칸트의 미학에서는 감정을 통해 미를 판단하는 취미 능력에 대해 다루었다. 취미능력은 일종의 인간성의 이념을 향해 확장된 사유능력으로서 인간 상호간의 사교성과 인류의 도덕성의 증진을 위한 문화적 역할을 한다. 그 이후 예술의 역할은 인간의 자율성과 비판적 능력을 계발시키는 인간성을 계몽하는 역할로 이어졌다. 이러한 계몽미학의 전통을 이어받은 현대의 비판미학에서 예술의 역할은 소외된 사회현실에 대한 비판적 활동을 통해 사회변화를 가능하게 하는 실천적 활동에 있음을 강조하였다.

또한 19세기 독일 낭만주의자들은 예술이야말로 인간 본성의 숨겨진 비밀과 무의식세계를 표현하가 때문에 무한한 해석이 가능하다고 했다. 그래서 예술이 인간의 깊은 심층의 자아의 세계를 들여다보는 정신분석에도 활용되며, 고통의 근원인 삶의 집착과 욕심으로부터 해방시켜주는 삶의 위안제 혹은 치유제 역할을 하는 것이다. 특히 현대 미학에서 예술은 예술가에 의한 창조가 아닌 누구나가 예술가가 될 수 있는 예술로서의 삶, 인간 삶이 모든 것이 예술작품이 될 수 있다는 삶으로서 예술이라는 견해에 이르게 되었다.

01-2 시적 사유와 예술

미학적 사유는 세계를 이해하여 표현하게 하는 시적(poetic) 사유라는 용어를 통해 주로 다루어져 왔다. 바움가르텐은 이성적인 논리적 사유와 구분되는 감성적 능력으로서 시적 상상력, 감성적 판단력, 기억력, 예감능력, 예민한 감응능력 등의 감성적 능력을 통해 미적 진리에 도달할 수 있다고 하였다. 예술가는 바로 시적 상상력을 통해 세계를 인식하고, 예술작품을 창조할 수 있는 것이다. 특히 시적 사유를 통해 도달되는 미적 진리는 개념이 아닌 은유나 상징을 통해 표현되며 이성의 추론적인 합리적 사고에 의해 도달되는 추상적 진리보다 훨씬 명석하며 풍부한 내용과 생동감 그리고 구체성을 지니는 것이다.

이렇듯 미학적 사유의 특징은 일반적으로 다음과 같이 정리될 수 있다. 미학적 사유는 추상적 개념이나 가설을 매개로 하여 논리적이며 분석적 추론적 절차에 따라 사물을 사유하는 과학적 사유 방식과는 확연히 구분된다. 즉, 미학적 사유는 상상력이나 시적 능력과 같은 감성적 능력을 자유롭게 발휘함으로써 은유나 상징을 통해 직접적이며 생동감 있고 풍부하게 삶의 진리를 총체적으로 표현하는 것이다. 따라서 논리적이며 분석적인 과학적 사유에 의해서 학문이 형성되지만, 직관적이며 총체적인 미학적 사유에 의해서는 예술이 창조된다.

특히 현상학(phenomenology)에서는 시적 사유가 본래의 '현상'을 있는 그대로 직시하게 해 준다고 한다. 현상학의 창시자인 후설은 '현상 그 자체'로 돌아가기 위해서는 자연적 태도나, 선입견, 그리고 자연과학적 지식으로부터의 '판단중지(bracketing)'를 거쳐야 한다고 말한다. 이러한 태도는 마치 시인이나 화가에게서처럼 논리적 과학적 사고의 개입이 없이 세계에 대한 순수한 시선으로 사물에 대해 놀라워하고 하는 태도와 유사하다고 말할 수 있다. 예술가들의 시적인 사유야말로 자연과학적인 이론이나 가설에 의한 그리고 자연적 태도라는 습관적 사유를 중지하고 우리에게 직접적으로 드러나는 존재의 진리를 새롭게 발견하는 방식인 것이다. 우선 '시적인 사유를 메를로-퐁티와 하이데거의 현상학'을 통해 살펴보기로 한다.

01-2-1. 메를로-퐁티의 현상학과 시적 사유

메를로-퐁티는 현상학은 신체적 주관에 의해 체험된 근원적 삶의 세계를 있는 그대로 기술하고자 하는 태도를 지닌다고 말한다. 즉, 현상학적 태도란 나의 신체에 의해 체험된 근원적인 지각의 세계로 돌아가서, 그 세계를 있는 그대로 해명하여 그 의미를 발견하고자 하는 세계보기의 한 방식이다. 나의 신체가 거주하는 생활세계는 과학 이전, 반성 이전에 체험된 지각의 세계에 속하며, 현상학은 바로 그 세계 속에서 원초적인 의미를 발견한다.

메를로-퐁티의 현상학에서 신체는 객관적인 삼인칭의 유기체로서의 신체가 아니라, 구체적인 환경에 몸담고 실존하는 주체로서의 몸이다. 즉 나의 몸은 정신과 분리된 것이 아니라, 실존적 주체로서의 의식이 담긴 지향성을 가지고 이 삶의 세계에로 개방되어 있다. 내 몸은 지금까지 이 세상에 태어나 살아온 것만큼의 감각의 공동체를 형성하고 있다. 따라서 나의 몸의 느낌은 지금까지 살면서 습관화된 나의 삶의 지각의 역사와 문화를 반영한다. 즉 사유와 의식은 바로 이러한 몸의 지향성을 기초로 하고 있으며, 나의 몸은 의식과 정신, 학문과 예술의 근원적 출처라고 말할 수 있다. 색감이나 소리, 촉감, 후각, 미각 등과 같은 나의 몸이 지향하는 느낌은 바로 내 몸이 거주하는 이 세계와의 살아있는 교감인 것이다. 그래서 메를로-퐁티의 몸의 현상학은 결국 나의 몸과 세계와의 살아있는 교감으로서 지각의 세계에 대한 근원적인 체험을 기술하는 학문인 것이다. 현상학자는 마치 예술가들처럼 의미를 잉태하고 있는 현상을 발견하여 의미를 낳게 하는 산파 역할을 하며, 이것은 마치 예술을 창작하는 과정과 유사하다고 말한다.[2)]

---

2) 메를로-퐁티(2002). 『지각의 현상학』(유희근 옮김). 문학과 지성사, 13~33쪽.

몸에 의해 체험된 근원적 지각의 세계는 시적 사유를 통한 예술로써 표현된다. 특히 그는 "세잔의 회의"라는 논문에서 세잔의 그림은 우리에게 익숙한 습관적 사고를 잠시 중단시키고 우리의 몸을 통해 직접적으로 드러나는 육화된 세계의 의미를 그대로 보여준다고 한다. 그의 그림은 생각하는 것과 보는 것, 그리고 영혼과 신체의 구분이 없이 그 사람의 표정과 응시, 제스처 등을 통해 삶의 의미를 회화 속에서 표현하고 있다. 회화는 우리의 신체 속에서 일어나는 사물의 비밀스러운 발생을 보여준다.[3] 화가는 감각적 시각적 요소들을 통해서 존재를 그려내며, 회화는 존재에 대해 말없이 사유하는 언어인 것이다.

카드놀이하는 사람들, 폴 세잔

3) 메를로-퐁티(1983). 『현상학과 예술』(오병남 옮김). 서광사, 197~198쪽.

화가의 회화적 사유는 일상적인 눈으로는 보이지 않는 것을 선, 색, 면, 윤곽으로 보이게 하면서 육화된 세계의 의미를 탄생시킨다. 회화적 사유란 마치 숲을 걷다가 숲이 나를 바라보고 어느 날 나무가 나를 바라보며 말을 걸어오는 것을 느끼면서 그것을 듣고 있는 것과 같은 태도인 것이다. 여기서 회화적 사유란 어떤 대상을 바라보면서 나의 의식과 사고를 통해 그 대상을 통제하고 지배하는 사유가 아니다. 오히려 그것은 그 대상이 나를 바라보고, 내게 말을 걸어오면 그 소리를 듣고 응답하며 세계와 나의 몸이 서로 교감하는 사유인 것이다.

생트 빅투아르 산, 폴 세잔

01-2-2. 하이데거의 실존적 현상학과 시적 사유

하이데거는 서구의 철학과 과학은 존재의 의미를 이해하는 것이 아니라, 사물을 연구하는 데 몰두해서 점점 존재에 대한 명상과 이해로부터 멀어져 갔다. 그래서 궁극적으로 인간이 사물을 어떻게 기술적으로 사용하며 정복할 수 있는가에 대해서만 관심을 지니게 되었다는 것이다. 그는 서구의 역사를 존재의 의미를 망각한 과학과 기술 공학이 진보한 역사로 보고, 이러한 존재 망각의 역사가 유럽학문의 위기를 초래하게 되었다고 비판한다. 그는 자신의 존재론은 바로 그동안 잊힌 존재의 의미를 되찾는 것이라고 말한다. 존재에로의 사색에는 두 개의 길이 있다. 그 첫째는 인간 현존재의 존재 양식에 대한 분석을 통해 자기 존재의 이해, 즉 실존에 이르는 길과, 두 번째는 존재의 의미에 직접적으로 이르는 길인 시적(詩的) 사유 방식이다. 하이데거는 존재의 의미를 드러내기에 가장 적합한 방식은 바로 시적, 예술적 사유를 통해 존재 그 자체를 직접적으로 드러내는 방식이라고 말한다.

하이데거는 자신의 후기의 철학인 "숲길"에서 인간이 존재의 진리에 이르는 근원적 방식은 시적인 사유 방식이라고 말한다. 이러한 시적인 사유는 머무름, 참고 견딤, 기다림, 물러남, 그대로 둠이라는 용어로 표현되는 마음에 간직하는 태도이다. 시적 사유 방식은 현대의 과학이나 기술 공학 시대에 만연된 사물을 통제하고 조절하기 위한 조작적인 기술적 사유 방식에서 한 걸음 뒤로 물러나 존재의 목소리에 귀 기울이며 우리 자신을 열어놓는 개방적 태도를 지닌다.[4] 특히 "그대로 둠"은 존재의 목소리에 우리 스스로 개방하며 기다리고 청취하는 사색과 명상의 방식이다. 사색은 사변적 추론 과정과 대조적으로 대상에 대해 적극적으로 생각하고 분석하고 평가하거나 그것에 어떠한 성질들을 부여하지 않는다. 우리는 나무를 사색할 때 단지 우리의 마음의 눈앞에 드러나는 나무에 대해 스스로 개방하고 고요한 침묵 속에서 그 소리를 청취하는 것이다.

이렇듯 그대로 둠, 참고 견딤, 응시 속에서 드러나는 존재의 목소리에로의 귀를 기울여 존재의 진리를 체험하는 방식이 바로 시적인

4) 공병혜(2017). 『돌봄의 철학과 미학적 실천』. 서울대학교출판문화원, 26쪽.

사유 방식이다. 이러한 사유는 일종의 마음에 간직하는 회상적 사유 혹은 근원에 대해 생각하는 시원적 사유라고도 칭해진다. 하이데거는 자신의 저서 "예술작품의 근원"에서 시적 사유를 통해 체험되는 진리란 존재의 '열림'이라는 사건이라고 말한다. 회화, 시, 음악 등 예술작품은 은폐되어 있던 진리를 열리게 하는 것이다. 하이데거는 반 고호의 작품을 예로 들면서 그 작품을 통해 농부의 생활세계의 진리가 열리며 보존된다고 말한다.

"이 구두라는 도구 밖으로 드러난 내부의 어두운 틈으로부터 들일을 하러 나선 이의 고통이 응시하고 있으며, 구두라는 도구의 실팍한 무게 한 가운데는 거친 바람이 부는 넓게 펼쳐진 평탄한 밭고랑을 천천히 걸어가는 강인함이 쌓여있고, 구두가죽 위에는 대지의 습기와 풍요함이 깃들여 있다 … 이 구두라는 도구에 스며들어 있는 것은 빵의 확보를 위한 불평 없는 근심과 다시 고난을 극복한 뒤의 말없는 기쁨과 임박한 아기의 출산에 대한 전전긍긍과 죽음의 위협 앞에서의 전율이다 … 이 구두라는 도구는 대지에 속해 있으며, 촌 아낙네의 세계 가운데 보존되고 있다…."[5)]

5) M. Heidegger(1994). *Holzweg*, Vittorio Klostermann, Frankfurt am M, p. 19.

구두 한 켤레, 빈센트 반 고흐

이 그림 속의 구두를 응시하면서 일어나는 하이데거의 시적인 상상력은 아낙네의 삶의 세계에 속한 구두에 대한 진리가 어떻게 경험되고 있는 지를 보여준다.

그리고 하이데거는 언어를 '존재의 집'이라고 일컫고 그 언어를 지키는 자를 시인이라고 말한다. 그는 시인에 대해 다음과 같이 말하고 있다. 존재의 소리가 시인에게 말을 건네 오고 이에 응답하는 것이 발생하는데, 이것이 바로 시적인 언어이다. 그 언어 속에서 인간 존재에 대한 이해가 가능하며, 세계가 개방되며, 이 개방이 곧 존재의 밝힘인 것이다. 존재는 자신을 드러내면서 언어로 다가오며, 이러한 존재의 진리를 언어로 담아내는 사람이 바로 시인이다. 시인은 존재의 진리를 언어 속에 담아 그것을 전달하려는 의무를 지닌다. 시인은 침묵하면서 존재의 소리에 귀를 기울이며, 그 소리를 언어를 통해 응답한다. 시인은 존재의 진리를 돌보는 파수꾼인 것이다. 이러한 예술작품에 대한 경험은 곧 존재의 열림이라는 근원적인 진리를 체험하게 하는 것이다.

01-2-3. 미적인 판단과 의사소통

아름다움을 경험한다는 것은 곧 어떤 사물이나 사태에 대해 미적 판단을 하는 것이다. 칸트는 아름다움을 경험하는 미적 판단 능력은 인간 누구나 가지고 있는 선천적 능력이라고 말한다. 즉 "이것은 아름답다."라는 미적인 판단은 어떤 대상에 대해 개념에 의한 논리적인 추론이 아니라 자유로운 상상력과 사고의 유희활동을 통해 느끼는 감정에 의한 것이다. 따라서 이러한 미적 판단은 감정을 통해 일어나기 때문에 어떠한 보편적 개념에 의해 서술되거나 규정될 수 없으며, 과학적 인식이 될 수 없다. 또한 이러한 미적 판단은 어떤 대상에 대한 직접적인 감각적 욕구와 이에 대한 실천적 유용성에 대한 관심에서 벗어난 만족감을 통해 이루어진다.[6]

이러한 미적 판단을 할 때 일어나는 감정 상태는 일종의 무관심적인 만족감이다. 여기서 무관심이란 의미는 우선 현존하는 대상에 대한 직접적 감응이나 학문적인 인식관심, 그리고 자신의 욕망의 수단으로 삼으려는 실용적인 관심 혹은 도덕법칙에 대한 의무감으로부터 벗어난 자유로운 마음의 상태를 의미한다. 이때 아름다움을 경험하는 사람은 대상에 대해 자유로운 상상력의 유희가 일어나는 개방적 태도를 지니는 것이다.

그래서 미적 태도란 사람이나 사물에 대한 직접적인 쾌감이나 불쾌감등의 자극을 주는 감응의 지배로부터 자유로운 심정을 의미한다. 또한 이는 주어진 선지식에 의해 사물이나 사람들을 객관적으로 규정하고 인식하려는 과학적 태도로부터 벗어난 것이다. 또한 이때 미적 태도를 지닌 사람은 개인의 사적 관심이나 욕망의 대상으로 상대방이나 사물을 바라보거나 어떤 목적 달성을 위한 기술적 혹은 전

6) I. Kant(1974). *Kritik der Urteilskraf*, hrsg.W. Weischedel, Suhrkamp, Frankfurt am Main, Bd. 10. B 3.

략적인 태도를 버리고 오로지 사물 그 자체에 자유로운 상상력의 유희가 일어나는 상태인 것이다. 따라서 이러한 미적 태도란 현실의 직접성으로부터 어느 정도 반성적 거리를 두고, 그 어떤 개념이나 이론에 의해 대상을 객관적으로 규정하기 않으며, 또한 개인적 욕망의 필연적인 강압이나 목적의식으로 벗어나 대상을 향해 자유롭고 개방적으로 관계하는 태도인 것이다.[7)]

이러한 칸트의 미적 판단에서 보여주는 미적 태도는 사적 관심이나 이해관계, 그리고 선입견에 사로잡히지 않고 공동체 내에서의 공감을 통해 상호 소통을 가능하게 해주는 태도라고 말할 수 있다. 칸트는 감정을 통해 누구에게나 자신의 판단에 대해 소통하고 공감할 수 있는 능력을 '공통감(common sense)'이라고 칭하였다. 공통감은 어떤 사태나 사건에 대해 자신의 이해관계를 결부시키지 않고 공정하게 바라보며 소통할 수 있는 능력, 즉 편견에 사로잡히지 않으며 모든 타자의 입장에서 사고할 수 있는 상상력에 의해 확장된 사유방식인 것이다. 여기서 상상력은 우리 자신을 편협한 사적인 이해관계를 벗어나 잠재적으로 다른 모든 사람의 입장에서 상상해 보게 함으로써 공감적 이해의 영역으로 들어가게 한다. 우리는 공통감을 통해 자신의 현실에 대한 직접적인 이해관계로부터 벗어나서 자신의 입장을 타자에 입장으로 상상하는 과정을 통해 일어나는 감정을 서로 공유하며 서로 소통할 수 있다.

이렇듯 자유롭고 개방된 미적 태도를 지닌 사람이 마주하는 현실은 객관적인 대상, 성질, 요소 등으로 객관화되지 않는 상상력이 자유롭게 활동할 수 있는 정서적이며 구체적인 상황적 세계이다. 상상력에 의해 확장된 정신능력에 의한 소통의 가능성은 바로 기억과 상상, 정서적 지각과 상상력의 유희활동, 은유와 언어적 표현 등 인간

7) 공병혜(2007). 『미감적 의사소통을 통한 배려의 윤리의 가능성』. 『칸트연구』제19집, 108쪽.

의 모든 잠재능력이 실현되는 과정에서 이루어진다. 우리가 만약 신체적인 직접적 감응이나 욕망에 붙잡혀 있거나, 혹은 지성적 개념이나 이론에 구속받거나 혹은 기술적이거나 목적달성을 위한 전략적 태도를 가지고 우리가 마주하는 현실을 대한다면, 우리의 상상력은 모든 사람의 입장으로 향한 보편적 관점으로 나아갈 수 없을 것이다. 우리의 상상력은 현실의 직접성에 따른 감성적 자극이나 자신의 편협한 사적인 이해관계를 벗어나 다른 모든 사람의 입장으로 확장되어 인간성의 이념을 향해 반성해 보며 공감에 도달하게 한다. 이때의 공감이라는 것은 개인 상호간의 일어나는 감정이 아닌 인류애라는 보편적 감정에 서로 동의하는 마음의 상태라고 말할 수 있다. 이는 우리의 상상력이 바로 보편적인 인간성에 대한 이념을 향해 자유롭게 우리의 사유 방식을 확장시키기 때문인 것이다.[8)]

칸트는 대상과의 자유로운 호의적 관계 속에서 일어나는 순수한 미적 감정뿐만이 아니라, 대상에 대한 적대적 관계 속에서 이를 극복함으로서 일어나는 숭고한 감정에 대해 말하고 있다. 자연 혹은 인간 상호간의 관계에 있어서 일어나는 숭고의 감정은 대상과의 감성적 거부로 인한 적대적 관계에서 일어나는 반감을 극복하는 과정에서 일어나는 도덕적인 자기 고양 감정이다. 우리는 우리에게 호의적으로 다가오지 않는 비정형적인, 폭력적인 대상을 대할 때에 일단 감성적 거부가 일어난다. 그러나 만약 인간의 존엄성에 근거하여 도덕적으로 계발된 사람은 타자와 공감할 수 없는 자기에 대한 고통, 절망, 격정이라는 역동적인 마음의 운동과정을 통하여 대상과의 반성적 거리를 유지하며 자신의 내면으로 향한다. 이때 그는 자기 자신에 대한 도덕적 반성을 통해 감성적인 한계를 극복하고 타자에게

8) 칸트 철학의 인간의 존엄성 사상을 영향을 받은 베토벤은 자신의 작품 제 9번 합창 교향곡에서 모든 사람이 함께 공감할 수 있는 인간성의 이념을 표현하고 있다.

로 향할 때 정신적인 숭고한 감정을 느낀다. 아름다운 감정이 대상과의 직접적인 공감의 과정에서 일어나는 반면, 숭고의 감정은 대상에 대한 반감에 부딪혀 일단 생명감이 저지되었다가 자기 자신의 감성적 한계를 극복함으로써 일어나는 도덕적인 자기고양감정이다. 이러한 숭고한 감정은 외부의 감성적 자극에도 흔들림 없는 견고한 자신의 도덕적 능력을 확인시켜주는 자기 긍지의 감정인 것이다. 다음의 프리드리히 카스파의 작품은 이러한 숭고한 감정을 경험하게 하는 인간의 모습을 그려내고 있다.

안개바다 위의 방랑자, 카스파르 다비드 프리드리히

미적인 판단력, 즉 공통감은 사회 속에서의 인간 상호 간의 관계를 도덕적으로서 순화하는 소통능력이다. 칸트에 따르면 이것은 인류를 동물성과 미개성을 극복하여 자유롭게 상호 소통하게 함으로서 인류의 문화와에 기여한다고 말한다. 한나 아렌트는 자신의 저서 『칸트 정치철학 강의』에서 칸트의 미학이론을 공적인 사회에 적용시키고 있다. 그녀는 취미판단을 하는 인간은 복수의 인간이 함께 하는 공적인 사회 속에 살고 있는 개별자라고 말한다.[9] 그녀는 취미를 인간의 개별성을 중시하는 공적인 정치적 영역에서 의사소통과 설득과 동의를 이끌어 낼 수 있는 능력으로 생각한다. 즉, 개별자의 상상력의 자유에 의한 개별성이 존중되는 미적인 반성적 판단은 이성에 의한 추론이 아니라, 상상력의 자유와 반성이라는 정신적 작용에 의한 전달되며 감정을 통한 보편적 동의가 가능한 것이다. 취미의 이념으로서 공통감에 의한 미적 판단의 태도는 사적인 관심으로부터 벗어나 인류라는 세계시민적 관점에까지 확장될 수 있다고 한다. 인류라는 보편적 인간성에 기초를 둔 세계시민적 관점에서 우리는 가장 폭넓은 의사소통을 할 수 있는 판단을 할 수 있는 것이다.

취미판단뿐만이 아니라, 숭고함에 대한 판단도 공공 영역에서 의사소통의 모델로서 제기되고 있다. 숭고함에 대한 판단은 동질성보다는 차이를 강하게 느끼는 체험이며, 따라서 타자와의 차이 속에서 끊임없는 갈등과 대립을 겪으면서도 동시에 지속적으로 그 갈등과 대립의 해소를 자신 속에서 발견하는 인간이다. 즉 숭고함을 체험하는 인간은 미를 체험하는 인간에서처럼 타자와 그저 조화로운 관계 속에서 공감의 관계에 놓여있는 인간이 아니다. 그는 타자와 맞서 고통 받고 좌절하는 가운데에 자신으로 돌아올 줄 아는 인간이다. 즉 그는 다양한 서로 다른 사람들과의 관계 속에서 끊임없이 긴장과 갈등을 겪으면서, 단지 그러한 긴장과 갈등에만 머물거나 동질성으로 빠지지 않은 채, 자기 자신의 존엄성으로의 귀환을 통해 타자의 존엄성을 지속적으로 추구해간다. 이것은 공공영역에서의 인간 상

9) 한나 아렌트(2000). 『칸트 정치철학 강의』(김선욱 옮김). 푸른 숲, 66~67쪽.

호간의 관계에서 숭고함을 체험하는 미적 정치적 인간의 모습인 것이다. 숭고함을 체험하는 인간은 인간 상호관계 속에서 끊임없이 타자와의 차이를 경험하면서, 긴장과 갈등 속에서 자기에게로 복귀를 통해 자신의 긍지를 되찾아야 한다. 그 다음 비로소 그는 보편적 인간 존엄성에 대한 이념을 자신 속에서 받아들이면서 타자와의 화해를 모색할 수 있는 것이다. 숭고함을 체험하는 인간은 타자를 그 무엇으로도 환원할 수 없는 존엄한 존재자로서 간주한다. 그래서 나는 좌절과 고통에도 불구하고 자기 자신에게로 돌아와 자기 스스로에 대한 긍지를 지니며 타자와의 관계를 다시 회복하는 인간인 것이다.[10)]

01-3 현실 비판으로서 예술

현대 사회비판 철학자인 아도르노는 현실사회를 비판할 수 있는 잠재력을 항상 깨어있게 하는 역할을 예술에서 찾고 있다. 그는 오로지 예술만이 철저히 부조리하고 소외된 사회에 대해서 비판을 할 수 있다고 하였다. 예술은 부조리한 현실을 그대로 반영하는 것도 아니며, 또한 어떤 희망이나 대안을 제시하는 것이 아니다. 오히려 예술은 사회현실을 부정하는 현실과의 새로운 소외관계를 끊임없이 제시해 줄뿐인 것이다. 예술은 더 이상 현실사회에서 존재하지 않는 자연미를 회상하면서 현실 사회에 대한 비판적 잠재력을 일깨워 줄 수 있는 것이다.[11)] 예술은 오늘날 총체적으로 화폐에 의한 교환가치에 의해 관리되는 자본주의 사회에서 순응하는 대중 예술 같은 문화

10) 공병혜(2002). 「돌봄의 윤리를 위한 미감적-윤리적 패러다임」. 『대한간호학회지』32(3), 370쪽.

11) 게트만 지페르트(1997). 미학입문(공병혜 옮김). 철학과 현실사, 246~253쪽.

산업에 대한 비판적 기능을 함축하고 있다. 예술은 가상(假像)로서 이룰 수 없는 행복에로의 약속에 다가가려는 인간의 끊임없는 고통과 불안을 담아내고 있다. 아도르노의 현실비판으로서의 예술의 역할에 대해 살펴보기로 하자.

우선 독일의 작가인 프리드리히 쉴러는 근대 이후 인간이 계몽되어가고 합리화되어 감에 따라 인간은 오히려 자연과 분리되었으며, 우리의 문화는 이성과 자유의 길을 통해 다시 자연을 그리워한다고 말한다.[12] 인간이 자연과 분리되어 자연을 지배하기 시작한 근대부터 점점 자연과 인간이 직접적으로 조화하던 자연미를 노래하는 자연의 수호자인 소박한 시인은 더 이상 존재하지 않게 되었다. 이제 더 이상 되돌아올 수 없는 과거를 동경하는 감상시인만이 예술을 통해서 그 이상향적인 세계를 추구할 수 있는 것이다. 즉 감상시인은 인간과 자연에 대한 통일적 상이 깨어진 현실세계 속에서 다시는 되돌아갈 수 없는 유토피아에 대한 동경을 예술이라는 미적 가상의 세계를 통해 보여줄 수 있을 뿐인 것이다.

아도르노에게 오늘날 예술은 인간에 의해 관리되고 훼손된 자연의 상처를 건드리고 인간에 의해 지배되지 않은 자연미를 회상하는 역할을 한다. 인간에 의한 자연 지배의 역사가 진행된 오늘날 어떻게 자연미를 회상하는 감정이 가능하단 말인가? 아도르노에 따르면 자연미에 대한 체험은 적어도 주관적 의식에 비추어 마치 근원을 일깨우는 그러나 순간적으로 흘러가 버리고 마는, 그것을 잡으려 하면 할수록 무정형 상태로 해체되고 마는 체험이다.[13] 마치 어떤 경치를 보고 참 '아름답다'라고 말하게 되면, 자연의 말 없는 언어가 손상되듯이 주체가 자연에 가까이 다가가는 순간 자연미가 숨어버리는 것

12) 프리트리히 쉴러. 『소박문학과 감상문학』(장상용 옮김). 인하대학교 출판부, 5쪽.
13) T. 아도르노(2009). 『미학 이론』(홍승용 옮김). 문학과 지성사, 124쪽.

처럼 갇다. 자연의 언어자체가 지니는 이러한 수수께끼 같은 성격 때문에, 현상으로 나타나는 자연은 주체가 침묵하기를 원한다. 자연의 아름다움에 대한 동경은 가장 절실한 고통에 대한 체험을 일으킨다. 그 이유는 그 아름다움에 다가가면 갈수록 오히려 그로부터 멀어지는 불확실한 상태에서 오는 주체의 무력함 때문인 것이다. 자연미란 "인간의 언어로 자연에 접근할 수는 없으며, 자연의 품위란 바로 그 자체의 표현을 통해 의도적인 인간화를 거부하는 것이다."[14)]

그래서 진정한 예술이란 인간에 의해 지배되지 않는 자연미 그 자체에 대한 동경을 표현하는 것이다. 즉 예술은 자연미의 표현방식이 침묵이라면 예술은 그처럼 '말 없는 것'을 말하도록 해야 하는 것이다. 이는 인간과 자연이 분리되기 이전의 상태인 자연미 그 자체에 대해 가까워지는 기억을 찾는 것이다. 그러면 자연미에 대한 동경은 자연미에 대한 모방(mimesis). 그러면 자연미에 대한 모방을 통해 어떻게 예술창조가 이루어지는가?

아도르노의 모방(mimesis)의 개념은 선사시대의 주술에 그 기원을 두고 있다. 주술적 단계의 인간은 자연으로부터 어느 정도 거리를 갖게 되지만, 아직 확고한 자아를 형성하지 않아서 자연과 분리될 수 없다. 원시시대의 제의에서 볼 수 있듯이, 자신을 악령이나 맹수와 유사하게 만드는 주술사의 행동이 모방의 전형적인 형태라고 할 수 있다. 주술사가 가면을 쓰고 스스로 악령인 맹수가 되어 그들의 행동을 재현할 때, 그것은 자연의 공포와 위협으로부터 벗어나기 위해 스스로를 자연에 동화시키는 행위인 것이다. 이러한 주술적 행위는 자연에 대립해서 자연을 지배하려고 하는 것이 아니라, 자연에 순응하면서 그것을 따라하는 자연과 인간과의 친화성을 전제하는 것이다. 주술과 계몽은 '자연의 공포로부터 해방'이라는 동일한 목적

14) 같은 책, 123~124쪽.

을 갖고 있다. 그러나 주술이 모방을 통해 자연과의 친화성을 바탕으로 자연에 자신을 동화시키는 것이라면, 계몽은 자연을 지배함으로서 자연을 자신의 개념에 동일화함으로써 그것을 전유하려는 것이다. 그러나 오늘날 인간의 계몽의 과정은 모방하는 존재방식으로 돌아가는 것을 비이성적인 행위이기 때문에 엄격히 금지하게 되었다. 그래서 오늘날 이러한 자연을 지배하지 않고 동경하는 모방 능력은 바로 예술에만 살아남게 된 것이다.[15]

물론 예술에 있어서 자연미에 대한 모방은 단순히 자신의 기원인 주술로 돌아갈 수 없다. 그러나 그것은 자연미에 대한 기억으로서의 진리인식의 계기를 지녀야 한다. 예술 속에 구현되는 이러한 미적인 모방의 특징을 아도르노는 음악에 비유한다. 마치 슈베르트의 음악에서처럼, 시간의 흐름 속에서 비 대상적인 자연의 변화를 가장 깊이 있는 동경의 효과로서 이끌어내는 것이다. 왜냐하면 자연미는 음악처럼 시간의 흐름 속에서 형성되며 사멸해가는 자연의 변화를 닮은 역사적 요인들로 서로 얽혀있으며, 지나가 버리는 흔적에 대한 동경으로 상기되기 때문이다.[16] 오늘날 예술작품은 현실적인 외부세계를 모방하지 않는다. 오로지 예술작품은 일시적이고 덧없이 사라져 버리는 자연미에 대한 기억을 지속적으로 만들어 구제하려는 노력 속에서 형성된다.

아도르노는 자연미를 닮은 예술의 역할은 인간에 의해 지배되기 이전의 자연을 기억하게하며, 이로써 소외된 현실에 저항하며 세계고통을 견뎌내게 하는 비판적 잠재력을 지닌다고 말한다. 예술작품은 인간의 유토피아에 대한 동경이 소외된 현실세계와 화해할 수 없다는 세계고통에 대한 반성과 더불어 실현 불가능한 행복에 대한 알

15) 같은 책, 134쪽.
16) 같은 책, 122쪽.

레고리를 드러내준다. 즉 예술은 과학과 기술시대의 도구적 이성에 의해 지배되고 사물화 되어가는 총체적으로 '관리되는 사회'를 부정하며 세계고통을 견지하는 자연미라는 비존재에 대한 가상을 제시하는 것이다. 예술은 영원히 실현될 수 없는 주체의 너머의 비존재에 대한 동경을 통해 소외된 현실 사회에 대한 저항력을 일깨워주는 것이다. 이러한 비존재의 동경을 통해 소외된 현실에 대한 저항력을 일깨워주는 예술의 예로 아도르노는 파울 클레의 "새로운 천사(Angelun Novus)"의 그림을 예로 든다.[17)]

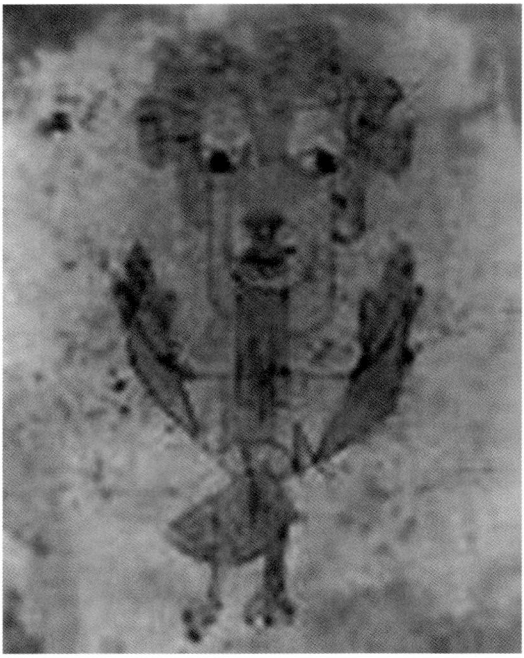

새로운 천사, 파울 클레

17) T. 아도르노(2009), 137쪽.

이 그림에 대해 발터 벤야민은 다음과 같이 말하고 있다:

"새로운 천사라는 그림에는 한 천사가 그려져 있는데, 그가 응시하고 있는 것은 무언가에서 금방이라도 멀어지려 하고 있는 것처럼 보인다. 그의 눈은 크게 뜨여 있고, 입은 헤벌어져 있고, 날개는 펼쳐져 있다. 역사의 천사는 이런 모습일 게 분명하다. 그는 얼굴을 과거로 돌리고 있다. 우리가 사건의 연쇄를 바라볼 때 그는 파국만을 본다. 그 파국은 쉬지 않고 폐허 위에서 폐허를 쌓고 그것을 그의 코앞에 들이댄다. 아마 그는 거기에 머물면서 죽은 자들을 눈뜨게 하고 파괴된 것들을 주워 모아 다시 조립하고 싶겠지만, 낙원에서 불어오는 강풍이 그의 날개를 부풀릴 뿐만이 아니라 그 바람의 기세가 워낙 강해서 그는 이제 날개를 접을 수도 없다. 강풍은 천사를 그가 등지고 있는 미래 쪽으로 막무가내로 데려간다. 한편 그 눈앞에 있는 산더미 같은 폐허는 하늘에 닿을 만큼 높아진다. 우리가 진보라고 부르는 것이 바로 이 강풍이다."[18)]

18) W. 벤야민(2017), 『역사의 개념에 대하여, 폭력 비판을 위하여, 초현실주의』(최성만 옮김), 길, 338~339쪽.

02
예술과 치유 그리고 자기 돌봄

인간 삶에서 고통을 어떻게 체험하여 이해하고 극복할 수 있는가라는 물음은 각자 자기 자신의 삶을 돌보는 우리 삶의 실존적 과제인 것이다. 인간 삶의 고통은 신체적 상해나 질병에 의한 통증뿐만이 아니라 불안, 무의미, 낯섦, 외로움, 피로, 욕망의 좌절과 절망, 타자와의 관계에서 오는 폭력과 아픔 등 다양한 모습으로 우리 삶을 에워싸고 있다. 그러나 인간은 인류 역사 속에서 그 고통을 만나 해석하여 의미의 그물망을 짜는 방식을 통해 그 고통을 견디고 극복하기 위해 철학, 예술 등의 문화적 양식 통해 치유의 힘을 얻어왔다. 특히 예술은 세계 인식의 관점을 제시하거나 혹은 삶을 변화시키는 실천방식으로 존재해 왔다. 특히 예술은 고통에 대한 의미를 부여하고 이를 통해 삶을 치유하는 실천적 역할을 해왔고, 이에 대한 시각을 제공한 철학자로서 쇼펜하우어나 니체가 있다. 쇼펜하우어에게서 고통은 인간 삶의 본질이며, 그 고통의 바탕에는 멈출 줄 모르는 맹목적인 삶에 대한 충동으로서 의지가 있다. 예술이란 바로 인간 삶의 본질로서 고통의 근원인 의지의 현상을 해석하는 세계인식방식으로 작용하며, 이는 결국 우리 삶을 자기 집착에서 오는 고통의 현상으로부터 벗어나게 하며 삶의 변화를 가져다준다. 그래서 예술 감상이나 창작이 인간의 삶에 미치는 영향은 인간 삶에서 경험하는 다양한 고통의 현상을 일종의 미적, 윤리적 체험으로 변용시키는 과정에 있는 것이다.

특히 니체는 삶의 예술이라는 실존의 미학이라는 입장을 지닌다.

실존의 미학이란 삶 자체가 예술이 된다는 것이다. 그의 삶의 예술이란 인간 삶의 다양한 고통을 적극적인 삶의 기제로 자기화하여 새로운 삶의 양식을 창조하는 인간의 실존 방식인 것이다. 삶의 예술이란 자기 삶의 관점을 변화시켜 자기 삶을 건강하게 새롭게 조형하는 방식인 것이다. 여기서 건강이란 고통에 반응하는 치유본능을 통해 삶을 적극적으로 긍정하는 새로운 건강을 의미한다. 삶의 예술이란 고통을 창조적으로 극복하여 새롭게 자기를 변형하는 기술인 것이다. 이 글은 우선 쇼펜하우어와 니체의 철학에서 드러난 인간 삶의 고통에 대처하는 의미부여 방식으로서의 예술의 역할을 고찰해 보고자 한다. 그래서 예술을 통한 인간 고통에 대한 미학적 변형 과정이 어떻게 인간 삶에서 자기 돌봄과 치유의 역할을 할 수 있는지 살펴보도록 한다.

02-1 세계 인식과 예술의 역할

쇼펜하우어는 이 세계가 단지 표상일 뿐인지, 마치 본질 없는 꿈과 같은 것인지, 이 세계의 근원에 그 어떤 본질이 있는지에 대해 묻는다.[19] 그는 이 세계는 나의 신체의 감응을 통해 내 의식 속에 표상된 세계에 불과하지만, 이 표상의 세계의 근원에는 바로 무의식적인 맹목적으로 살고자 하는 의지가 있음을 가정한다. 이 무의식적 의지는 그 자체는 파악이 불가능하지만, 나의 신체활동을 통해서 직접적으로 욕구나 행위의 동기로 표현된다는 것이다. 의지는 우리가 자연현상에서 지각하는 자연력처럼 생명력으로 작용한다. 즉, 자연의 세계에서 광석과 같은 무기물이 자신의 형태를 변화시키고, 식물이 성장

19) 공병혜(2015). 「인간의 고통과 예술의 역할」. 『인간연구』29, 107~133쪽.

하고, 동물적 욕구나 혹은 인간의 이성적 사고를 매개로 한 의욕에 의한 행위이든지 이것들은 동시에 하나인 보편적인 근원적 의지인 생명력의 표현방식인 것이다.[20]

그래서 인간이라는 개별자도 이 세상에서 살고자 하는 맹목적인 의지의 현상일 뿐인 육체를 가지고 이 세상에 왔다가 사라지는 존재일 뿐이다. 그래서 이 개별자가 이 세상에서 산다는 것은 육체를 지닌 자아가 자기의식 속에 드러난 표상의 세계에서 산다는 것을 의미한다. 그 표상의 세계 속에서 인간 삶의 본질은 바로 고통이다. 거기서 개별자로서의 인간의 자기의식 속에 의욕이 존재하고, 인식이 지속적으로 살고자 하는 맹목적인 의욕의 수단이 된다. 거기서 인간은 채워지지 않는 욕구에 의해 고통의 쳇바퀴로부터 벗어날 수 없다.

인간 삶의 본질을 고통으로 특징짓는 이유는 다음과 같다. 개별자로서의 인간의 자기 보존욕은 표상의 세계 속에서 자신의 지성을 매개로 하여 행위의 동기로 지속적으로 작용한다. 동시에 이러한 자기 보존욕은 다른 사람의 욕구를 자신의 생존욕구를 위해 희생시키는 이기주의로 나아가게 한다. 여기서 인간의 고도의 인식능력인 지성이나 이성은 자신의 욕망을 채우기 위한 수단으로 끊임없이 부추겨지지만, 채워지지 않는 욕망에 대한 좌절로부터 고통은 지속된다. 그래서 인간의 자기의식 속에서 의욕이 끊이지 않는 한, 인간의 삶에서 고통은 본질적인 것이다. 이러한 개별자의 자기 보존욕은 또한 성욕에 의해 새로운 개체를 생식하게 하여 삶의 고통은 미래의 세대로 이어지게 된다. 또한 죽음의 불안에 대항하는 인간의 생존에 대한 욕구는 성충동을 통해서 인류라는 종을 이어가게 하며, 그래서 인류의 생존이 지속되는 한 인간 삶에서 고통은 본질적일 수밖에 없

20) A. Schpoenhauer(1977). Die Welt als Wille und Vorstellung I. erster Teilband, in: Zürcher Ausgabe, Werke in zehn Bände, Bd.I, p. 185.

는 것이다.

그럼에도 쇼펜하우어는 고통으로부터 벗어나는 마음의 상태가 있음을 강조한다. 그것은 바로 개인의 자기의식 속에서 일어나는 자기보존 욕구로부터 해방되어 '의지 그 자체'가 표현된 세계의 본질을 직관하는 미적 인식의 상태이다. 여기서 쇼펜하우어는 세계의 본질을 직관하는 미적 인식을 가능하게 하는 것이 예술이라고 말한다.

그러면 인간은 근원적 의지가 표현된 이 세계의 본질을 어떻게 미적 인식을 통해 직관하는가? 쇼펜하우어에 따르면 나의 표상의 세계 속에서 개별적 사물에 대한 인식은 자기의식 속에서 언제, 어디서, 왜, 무엇을 위해서라는 주관과 사물과의 관계성에 따라 이루어진다. 이에 반해 미적 인식은 이러한 관계성으로부터 자유로운 인식이며, 사물 속에서 세계의 근원인 의지를 자신의 근원과 똑같은 의지로 바라보게 하다. 여기서 미적 주관은 직관하는 대상 속에서 하나가 되어 몰입하여 모든 의욕이 멈추는 정관의 순간을 경험하게 된다. 이는 나와 사물이 나의 순수한 의식 속에서 합일을 이루는 신비로운 순간이다. 예를 들어 자연에서 식물이나 동물을 관조할 때 주관은 더 이상 개별자로서 대상과 분리되어 자신을 인식하는 순간이 아니라, 그 대상 속에 자아를 잃어버리는 순간을 경험한다. 이것을 쇼펜하우어는 바이런의 시를 인용하여 " … 마치 산, 파도, 하늘은 나와 내 영혼의 일부분이 아닌가, 내가 그들의 일부분인 것처럼 … " 이라고 말한다.[21]

예술가는 바로 의지가 표현된 이 세계의 본질을 가장 직접적이며 투명하게 인식하여 예술작품 속에 표현한다. 이때 예술을 통해 경험하는 미적 인식이란 바로 현상의 세계에서 "왜, 무엇을, 어떤 목적"이라는 관계의 사슬로부터 발생하는 개별적 고통이 존재하는 시

21) 같은 책, 232쪽.

간의 바퀴를 멈추게 하는 것이다.[22] 쇼펜하우어는 예술을 통한 미적 인식이야말로 '이 세계 전체의 명석한 거울'이라고 말한다. 이러한 인식은 자기 보존욕의 수단이 되기 않기 때문에 세계의 근원인 의지를 자신과 같은 의지로 바라보게 함으로써 대상 속에 몰입하는 정관의 상태를 경험하게 한다는 것이다.

이렇듯 예술을 통해 이러한 정관적 상태를 반복적으로 경험하게 되면, 미적 주관은 이 세계가 본질적으로 하나의 의지의 세계라는 사실을 명료하게 인식하게 된다. 이러한 반본적 경험은 개인의 자의식에서 벗어나 점차 세계에게로 나아가 하나가 되어가는 방향으로 마음을 넓혀 준다. 개인의 자의식에 갇혀있는 사람은 오직 자기 보존을 충족시키기 위한 관계로서 개별사물들을 인식하며, 그 인식은 지속적으로 행위의 동기로서 의욕을 부추긴다. 그러나 예술을 통한 미적 인식은 개별 사물들에 대해 왜, 무엇을, 어떤 목적이라는 물음에서 발생하는 이기심에서 벗어나 미적 무욕상태로 상태로 이끈다. 그래서 쇼펜하우어는 예술만이 순수한 진실한 심오한 세계의 본질에 대한 인식과 더불어 의욕의 휴식을 통해 자기 집착에서 오는 고통에서 벗어나는 위로를 준다고 말한다. 그러나 더 나아가 이러한 반복적인 미적 경험은 일상적 삶에서 자기 이기심을 부추기는 지속적인 사물과의 관계의 도구적 사슬로부터 벗어나게 하여 점차 전체 세계의 근원을 향해 나아갈 수 있는 마음의 심정의 확장을 가져다 줄 수 있다.

특히 쇼펜하우어는 인간성의 이념을 표현한 비극예술이야말로 현상적 세계에 대한 무가치함을 통찰하게 한다고 말한다. 비극에서는 삶의 추한 측면, 즉 이름 없는 고통, 부조리함, 인간성의 비통함, 악

---

22) Schopenhauer(1977), 252쪽. 일상적인 사람들은 세계의 본질에 대한 직관에는 관심이 없고 구체적인 삶에 대한 욕구에 사로잡혀 있지만, 예술작품을 창조하는 천재는 세계의 본질을 직시하는 정관능력을 지니며, 이를 통해 파악한 이념을 예술작품 속에 재현하는 능력을 지닌다.

의 승리, 조롱하는 우연의 장악과 구조될 수 없는 정의로운 자들의 행위 등이 가장 잘 표현된다.[23] 비극은 자기 의지와의 불화로 인한 고통을 인간 실존의 한계까지 몰고 가서, 결국 자기 의욕의 포기를 극의 종말로 표현하다. 비극은 관객들에게 그 의지의 고유한 본질을 완전히 인식하게 하여 욕망의 체념에 도달하여 의지가 휴식하는 순간을 경험하게 한다. 그래서 의지의 진정제 역할로서 비극이란 감상자에게 삶이란 더 이상 의욕하지도 집착할 가치가 없음을 깨닫게 함으로써 의욕이 체념되는 숭고의 감정으로 승화시킨다.[24] 이러한 숭고의 경험은 개별적인 육체적 존재로 현상의 세계 속에 살아가는 데에 의지의 집착이 고통의 원인임을 더욱 명료하게 인식하게 한다. 인간성의 본질을 표현한 비극은 결국 인류의 고뇌를 의도적으로 재현하여, 이에 대한 비극적 인식을 통해 경악과 비참의 원인인 의지에 대한 집착을 정화하여 윤리적 체념으로 마음의 변화를 일으킨다. 그래서 감상자가 비극의 주인공의 의욕이 좌절된 가운데 드러난 의지의 고유한 본질을 완전히 통찰하게 되면, 그들 스스로 의욕의 포기를 재현하는 진정효과를 지니게 된다.

쇼펜하우어가 시 예술 중에서도 비극을 최고로 인정하는 이유는 바로 비극이 큰 불행의 재현으로서 의욕과 자기 자신과의 투쟁을 인류 고통의 본보기가 될 수 있도록 무대 위에서 재현하기 때문이다. 비극을 관람한 관객은 의욕을 채우려는 모든 노력이 결국 고통의 원인이라는 허망함을 깨닫게 되고, 그 결과 의욕 그 자체를 체념하게 되는 지점까지 심화되면, 비극의 본래 목적이 성취되는 것이다. 비극은 세계의 본질에 대한 비극적 인식을 통해 의지의 체념에 이르는 마음의 변화를 주어 금욕이라는 삶의 태도로 변화하는 계기를 준비

23) Schopenhauer(1977), p.318.
24) 공병혜(2015), 124쪽.

해 준다.

또한 더 나아가 비극은 무대 위에서 재현되는 타자의 고통에 직접 참여하는 연민의 감정을 통해 인간에게 동정심을 계발하게 한다. 비극적 감동이 동정심을 일으키는 이유는 고뇌하는 불행한 인간과 자신과의 보편적 유사성을 발견하기 때문인 것이다. 즉 인간 삶에 대한 비극적 통찰은 동시에 덕행의 기초로서 타자의 고통에 동참하는 동정심을 일깨워 준다. 이러한 동정심은 연대적 삶 속에서 개인의 이기주의를 극복하게 할 수 있는 것이다. 왜냐하면 타자에 대한 동정심은 똑 같은 의지가 객관화된 인간 삶의 고통에 대한 연대의식을 갖는 것이기 때문이다. 덕행이란 타자의 고통을 경감시키는 훌륭한 행동과 자선으로 나아가는 것이며, 이는 항상 타자의 고뇌를 자신의 고뇌와 직접적으로 일치시키는 동정심으로부터 비롯된다. 동정심이란 하나의 의지에 자신과 타자가 굴복하고 있음을 인식하면서 모든 현존재의 삶이 고통이라는 것을 깨닫는 마음의 상태에서 생겨난다. 즉 동정심은 항상 자기 자신과 다른 사람에게서 같은 삶의 본질을 인식하는 것에서 발생하기 때문이다.

그래서 동정심은 개인의 이기심을 허물고 "심정의 진실한 선함"에서 오는 윤리적 행위, 즉 타자의 고통을 줄이는 자비행위로 나아가게 한다. 쇼펜하우어는 이러한 동정심이 추상적 인식이 아니라 인간의 행위나 인생의 과정에서의 직접적이며 직관적인 인식으로부터 발생한다고 말한다.[25] 그래서 비극작품에서 주인공의 행위와 사건을 통한 인간 삶의 비극적 통찰을 통해 일어나는 숭고의 감정은 이러한 개별자의 고뇌의 근원인 이기심으로부터 벗어나게 하는 동정심을 확장시키는 데 기여한다. 따라서 이러한 예술의 역할이야말로 개인을 자기 집착이나 이기심으로 벗어나서 타자에 대한 사랑과 자

25) S. 뫼부스(2002). 『쉽게 읽는 쇼펜하우어-의지와 표상으로서의 세계-』. 이학사, 227쪽.

비라는 덕행을 실천할 수 있는 윤리적 심성으로 자기를 변화시킬 수 있는 것이다.[26)]

위에서 살펴본 바와 같이 인간 삶에 윤리적 치유적 영향력을 지니는 예술의 역할을 쇼펜하우어의 예술철학에서 찾아볼 수 있다. 그의 철학의 핵심주제는 궁극적으로 해소될 수 없는 인간 삶의 본질인 고통과, 그것의 근원인 의지에 대한 탐구이다. 여기서 진정한 예술의 역할은 인간 삶의 존재론적 고통의 근원이며 우주전체를 관통하는 삶의 맹목적인 충동인 의지에 대한 자기 통찰을 하게 한다. 또한 예술을 통한 세계의 본질에 대한 통찰은 자신의 고유한 육체를 매개로 하여 표상의 세계에 억매인 인간의 이기적인 성향으로부터 벗어나, 동정심에 의한 세계와 타자와의 연대적 감정을 통해 도덕적 삶에로 나아가게 한다. 예술의 경험은 삶의 본질인 고통에 대한 자기 통찰을 통해 자기 집착에서 벗어나 윤리적으로 삶을 변화시키는 치유의 과정으로 이해할 수 있다.

물론 예술은 영원한 행복을 약속하지 못하며, 금욕을 통해 고통으로부터 완전히 해방시켜주는 해탈의 경지에 이르게 하지도 못한다. 그러나 예술의 역할은 단순히 삶의 고통에 대한 순간적인 위로나 혹은 도피나 휴식을 하게 하는 차원을 넘어서 고통의 원인인 자기집착에서 벗어나 세계의 근원인 같은 의지를 인식하게 한다. 이러한 예술은 세계의 근원을 향해 심정을 확장시킬 수 있는 계기를 마련해주며, 동시에 타자의 고통에 동참하여 자비행이라는 윤리적 행위를 가능하게 하는 것이다. 그래서 고통으로 차 있는 이 표상의 세계에 살고 있는 인간에게 진정한 예술작품을 통한 이러한 미적 경험은 예외적 경험이다. 특히 예술을 통해 경험하는 타자를 향해 넓어지는 심정의 변화는 자신의 이기심으로부터 벗어나게 할 뿐만이 아니라,

26) 공병혜(2015).「인간의 고통과 예술의 역할」.『인간연구』29, 128~129쪽.

동정심을 통해 타자의 고통에 동참하여 덕을 실행하는 윤리적 성숙 과정으로 나아가게 한다. 이러한 타자의 고통에 동참하는 동정심은 고통 받는 타자를 고통으로부터 벗어나도록 도와주는 자비라는 덕행을 실천하는 윤리적인 자기 돌봄의 방식이 될 수 있다.

02-2 고통의 치유술과 건강

예술은 인류 역사 속에서 고통 받는 자의 삶의 치료제 혹은 구조책 역할을 해왔다. 그러면 어떻게 예술은 고통 받는 삶의 치료제가 될 수 있는가? 니체는 고통은 오히려 자기 삶의 주인이 되어 가치를 창조하는 사람에게는 강화와 성숙의 계기로 작용할 수 있기 때문에 이를 피하는 것이 아니라 더욱 적극적으로 받아들여야 한다고 말한다.[27] 그래서 자기 삶을 창조하는 자에게 반드시 고통을 필요로 하며, 고통의 크기가 곧 삶의 크기에 비례하는 것이다. 여기서 자기 삶을 조형하여 예술작품처럼 다시 태어나는 삶이 바로 예술로서의 삶이다. 그러면 자기의 삶을 마치 예술작품으로 조형하는 데 있어서 고통은 과연 어떤 의미를 지니는가? 니체는 고통을 어떻게 이해하고 있는 것일까? 삶의 고통으로부터 어떻게 삶의 자기 변형이 일어날 수 있는가?

니체는 고통을 세계의 본질로 파악하고 우리가 그 세상에 집착할 가치가 없다는 것을 깨닫는 것을 강조하는 쇼펜하우어의 철학에 대해서 비판적이다. 니체가 그리스 비극에서 발견한 삶을 긍정하는 디오니소스적 고통은 광기와 도취를 통해 비로소 창조가 가능해지는 산통이다. 이것이야말로 삶의 부조리한 고통에 의미를 부여하여 삶

27) 공병혜(2016).「고통의 치유로서 예술과 자기 돌봄」.『의철학 연구』제 21집, 3~32쪽.

을 적극적으로 긍정하도록 하는 것이다. 그래서 고통은 인간이 감당해야 하는 인간의 조건이며, 삶의 한계 상황으로서 고통의 의미파악만이 삶을 적극적으로 받아들이는 계기가 된다. 니체는 다음과 같이 말한다.

"인간은 자신의 의미의 문제 때문에 괴로워했다. 그는 그 밖의 문제로도 괴로워했다. 인간이란 대체로 보아 병든 동물 이었다; 그러나 그의 문제는 고통 자체가 아니었고, '무엇 때문에 고통스러워하는가?'라는 물음의 외침에 대한 해답이 없는 것이다. 가장 용감하고 고통에 익숙한 동물인 인간은 고통 그 자체를 부정하는 것은 아니다: 인간에게 고통의 의미나 고통의 목적이 밝혀진다고 한다면, 인간은 고통을 바라고, 고통을 찾기도 한다. 지금까지 인류 위로 널리 퍼져 있던 저주는 고통이 아니라, 고통의 무의미였다."[28]

그러면 고통의 의미는 어떻게 밝혀지는 것일까? 니체는 인간이 오랫동안 깊은 고통에 시달린다고 할지라도, 그 고통을 통해 최고의 냉정함을 회복하게 되며, 오히려 고통에 저항하려는 지성의 엄청난 긴장으로 인하여 새로운 빛 속에서 세상을 보게 한다고 말한다. 이처럼 고통에 직면할 용기를 가지고 이에 저항하는 인간은 삶을 받아들이면서 자신을 강화시키며 자기를 성숙시키고 자신의 치료자가 된다. 니체는 특히 다음과 같이 말한다.

"괴로움에 대한 용기－현재 우리가 그런 것처럼, 우리는 상당히 많은 불쾌를 견딜 수 있다. 그리고 우리의 위는 이 무거운 음식물을 소화하는 데 적합하게 만들어져 있다. 아마 그것이 없다면 우리는 인생이라는

28) F. 니체(2009).『니체전집 14, 선악의 저편. 도덕의 계보』(김정현 옮김). 책 세상, 540쪽.

식사시간을 무미건조하게 생각하게 될 것이다. 고통을 기꺼이 견디려는 의지가 없다면 우리는 너무 많은 기쁨을 놓칠 것임에 틀림없다!"[29)]

니체에 따르면 고통을 받아들이는 용기는 삶이 필요로 하는 덕목이다. 마치 생목이 불태워지듯이 느리게 오는 긴 시간에 걸친 커다란 고통은 우리 최후의 심층에까지 내려가게 하여 정신의 궁극적 해방자가 될 수 있게끔 한다는 것이다. 여기서 말하는 큰 고통이란 인간에게 의혹을 갖게 하여 인간의 마음의 깊이와 삶 전반의 상황들의 깊이를 열게 해 주는 실제적인 스승이라는 것이다. 따라서 니체에게 고통, 즉 근심, 권태, 욕망, 나약함, 야만성, 복수, 결핍, 상실, 질병 등은 거세해야 하는 하나의 부정적 질병이 아니다. 고통은 오히려 인간이 자신의 심연의 깊이로 내려가는 길잡이 역할과 더 나아가 정신적 해방을 가능하게 하며, 사람을 고귀하게 까지 한다. 왜냐하면 인간은 상처를 입으면 그 자신의 내부로부터 이미 그 치유력을 지니고 있어 새로 태어날 수 있듯이 오히려 그 상처로 인해 정신은 성장하고 새 힘이 솟기 때문이다. 니체는 다음과 같이 말한다.

"고통의 나락으로부터, 심각한 질병과 심각한 회의의 질병으로부터 회복한 사람은 마치 낡은 껍질을 벗고, 더 민감해지고, 더 악의적으로 되고, 기쁨에 대한 더 세련된 취향을 지니며 모든 것은 것에 대해 보다 섬세한 혀를, 그리고 더욱 쾌활해진 감각과 기쁨 안에서 … 이제 보다 위험한 두 번째의 순진함을 지니게 되며, 동시에 더 천진난만하고 이전보다 백배나 더 영리해진 사람으로 다시 태어나는 것이다."[30)]

29) F. 니체(2012). 『니체전집 10, 아침놀』(박찬국 옮김). 책 세상, 305쪽.

30) F. 니체(2005). 『니체전집 12, 즐거운 학문/메시나에서의 전원시, 유고』(안성찬, 홍사현 옮김). 책 세상, 2~30쪽.

이처럼 인간은 고통의 체험을 통해 마치 뱀이 허물을 벗듯이 낡은 존재의 껍질을 벗어던지고 인간 본연의 내면세계를 심층적으로 이해하며 참된 인간으로 탄생한다. 이 탄생의 과정이 바로 자기 치료의 과정이며 동시에 새로운 건강을 향한 과정인 것이다. 그러면 여기서 자기 치료와 커다란 건강이란 무엇인가? 여기서 자기 치료란 삶의 고통을 받아들어 자기 극복을 통해 새로운 건강으로 태어나는 과정이다. 여기서 새로운 건강으로 태어나는 인간은 원한, 원망, 죄의식 등의 자기 부정에 사로잡힌 병든 상태에서 벗어나 자기 형성을 촉진하는 힘의 고양이 일어나 건강한 자연성을 회복하는 인간이다. 자기 극복의 과정이란 바로 수많은 종류의 건강의 상태를 거듭해서 통과하고 또 통과하여 자신의 상처를 정신적인 형식으로 바꾸어가는 치유의 과정이다. 즉 자신의 고통스런 상태를 가장 정신적인 형식으로 운영하는 '변형의 기술'이 치유의 기술이며 바로 삶의 예술인 것이다.

그러면 여기서 건강이란 무엇인가? 그는 건강과 병을 곧 삶의 가치문제로 귀결시킨다. 건강이란 고통에 적극적으로 반응하는 삶을 긍정하는 능력이며, 병든 상태란 긍정적 방식으로 고통에 반응할 수 있는 능력의 부재를 의미한다. 여기서 니체가 말하는 위대한 건강이란 지속적으로 고통에 반응하는 치유본능을 통해 삶을 적극적으로 긍정하는 새로운 건강을 의미한다. 병든 인간은 자신의 빈곤함과 용기부족으로 고통에 반응하지 못하지만, 건강한 인간은 고통에 직면할 용기를 가지고 고통에 반응하며 자기 자신의 의사가 될 수 있는 사람인 것이다. 그래서 니체에 따르면, 병과 건강은 본질적으로 다르지 않으며, 건강은 변할 수 있다. 오히려 병이란 삶에 유용할 수 있으며 삶을 위한 자극제가 될 수 있는 것이다. 즉 "병 자체는 삶의 자극제가 될 수 있다. 단지 우리는 이러한 자극을 이겨낼 정도로 충분히 건강해야 한다."[31] 그래서 병과 고통이란 건강에 이르려는 자연의 시도이며 내적 신호인 것이다. 이러한 신호에 우리가 반응함으로써 우리는 생리적 불균형이나 심리적 부조화의 상태, 혹은 삶의 잘못된 습관이나 자세를 점검하고 다시 건강을 추구하게 되는 것이다. 니체는 오히려 질병에 걸린 삶에 감사하며 스스로를 수양하고 단련하는 삶의 시도와 실험을 통해 지속적으로 삶의 가치에 대한 관점을 전환함으로써 병으로부터 회복될 수 있다고 말한다.

니체가 말하는 진정한 건강이란 관점의 전환을 통해 넓고 깊게 세계를 인식할 수 있는 열린 정신과 세계와의 진정한 화해, 그리고 일상과의 잘못된 교섭에서 벗어나 자유정신이 될 때 얻어진다. 그렇다면 인간은 어떻게 새로운 건강으로 나아가는 치료의 기술 혹은 도구를 발견할 수 있는가? 니체는 고대 치료술과 연관된 기억과 망각의 관계를 통해 치료의 기술을 발굴한다. 고대 치유술에는 기억의 여신으로서 므네모시네(Mnemosyne)를 체현하는 '기억의 기술'과 망각의 여신인 레테(Lethe)로 대표되는 '망각의 기술'이 있다. 이것을 니체는 건강과 질병의 치료문제로 옮겨 놓는다. 니체는 기억을 통해 인간은 역사적 삶뿐만 아니라 의미 있는 삶을 만들어 갈 수 있다고 보았다. 그러나 그는 기억의 가치뿐만 아니라 망각할 수 있는 능력의 가치에 대해 다음과 같이 언급하고 있다.

"망각이란 천박한 사람들이 믿고 있듯이 그렇게 단순한 타성력(vis inertiae)이 아니다. 오히려 이것은 능동적인, 엄밀한 의미에서의 적극적인 저지 능력이며, 이 능력으로 인해 단지 우리가 체험하고 경험하며

31) F. 니체(2009). 『니체 전집 15, 바그너의 경우. 우상의 황혼 . 안티그리스트. 이 사람을 보라. 디오니소스 송가. 니체 대 바그너』(백승영 옮김). 책세상, 30쪽.

우리 안에 받아들인 것이 소화되는 상태(이것을 '정신적 동화'라고 불러도 좋다)에 있는 동안, 우리 몸의 영양, 말하자면 '육체적 동화'가 이루어지는 수천 가지 과정 전체와 마찬가지로, 이것이 우리의 의식에 떠오르지 않는다. … 이것이야말로 이미 말했듯이, 능동적인 망각의 효용이며, 마치 문지기처럼 정신적인 질서와 안정, 예법을 관리하는 관리자의 효용이다: 여기에서 바로 알 수 있는 것은 망각이 없다면 행복도, 명랑함도, 희망도, 자부심도, 현재도 있을 수 없다는 것이다. 이러한 저지 장치가 파손되거나 기능이 멈춘 인간은 소화불량 환자에 비교될 수 있다."[32)]

니체에게 망각이란 인식 능력의 상실이 아니라 건강한 삶을 살기 위한 적극적인 저지 능력이며, 새로운 것을 만들기 위해 자리를 준비하는 능동적 정신활동이다. 물론 기억을 통해 우리는 의미와 역사를 만든다. 그러나 과거의 고통의 상처에 대한 망각이 없다면 현재와 새로운 것을 만들 수 없게 되는 것이다. 즉 니체에 따르면 고귀한 인간이란 "조형하고 형성하고 치유하고 또한 망각할 수 있는 힘을 넘치게 지닌 강하고 충실한 인간"이라고 말한다.[33)] 그래서 망각할 수 있는 힘이란 고통에 반응하여 상처를 치유하고 새롭게 조형할 수 있는 능력이다. 망각을 통해 조형하는 힘은 스스로 고유한 방식으로 성장하고, 과거의 것과 낯선 것을 변형시켜 자신의 것으로 만들며, 상처를 치유하고 상실한 것을 대체하고 부서진 형식을 스스로 복제할 수 있는 힘이다.[34)] 여기서 망각능력은 과거의 상처나 고통을

32) F. 니체(2009), 395~396쪽.

33) 같은 책, 370쪽.

34) 여기서 망각능력을 토대로 하는 조형능력을 특히 회복탄력성과 연관시켜 해석해 볼 수 있다. 즉 회복탄력성(resilience)란 "변화하는 환경에 적응하고 그 환경을 스스로에게 유리한 방향으로 이용하는 인간의 총체적 능력"을 뜻한다. 이것은 "어려움을 적응적 상태로 다시 되돌아온다는 의미인 회복과 정신적 저항력의 향상, 즉 역경을 딛고 되튀어 오르는 성장을 의미하는 탄력성"은 곧 니체의 관점의 변경(가치전도)

시간의 간격을 두고 변형시키는 치유력이며 새로운 것을 만드는 삶의 조형력의 토대가 되는 것이다.

니체의 "적극적 망각"의 능력이란 억압이 아닌 일종의 억제의 의미를 지닌다. 적극적 망각은 시간의 간격을 두고 낯선 것을 변형시키거나 동화시키고, 상처를 치유하며, 상실된 것을 대치시키는 능력으로 새로운 삶을 조형하는 건강에 기여하는 것이다. 우리의 기억 속에 잠복해 있는 양심의 가책, 죄의식, 원죄 등 처벌에 대한 공포와 불안은 문명화된 도덕의 기원으로서 의무나 계약, 부채 등과 같은 약속을 의식 속에 각인시키는 기억의 훈련에서 비롯된 것이다. 그러나 적극적 자기 망각능력은 한 개인뿐만이 아니라, 한 민족이나, 한 문화를 형성하는 삶의 정신과 신체의 위생에 필수불가결한 조건으로 삶의 유용성에 이바지한다. 물론 니체에게서 내면세계의 억제가 자기무시, 자기부정, 자기증오, 자기희생이라는 자기 학대의 퇴행적 힘으로 작용하거나, 퇴폐적 미로 속에서 부정적 이상과 양심의 가책, 자기부정의 심리적 범죄와 같은 부정적 모습으로 표현되기도 한다. 그러나 내면세계에서 적극적인 망각의 힘은 건강한 영혼의 성장이나 정신적인 창의성을 위한 승화과정에서 내재적 힘으로 작용하는 것이다. 여기서 승화란 충동의 극복이며 정신화의 과정인 것이다. 니체는 바로 적극적으로 망각하여 내면으로 승화시키는 자기 변형의 과정을 건강의 회복과정과 관계시키고 있다. 인간은 고통의 경험과 상처를 적극적 망각하여 내면으로 승화시켜 특히 예술로 표현한다. 예술은 삶에로의 의지를 건강하게 변형시켜서 삶의 활력을 강화시켜주는 역할을 한다. 이처럼 건강한 삶으로 회복시키는 삶의 조형과정을 과거의 상처와 고통을 내면화하는 적극적 망각을 통해 변형을 경험하는 승화의 관점에서 이해할 수 있다.

과 관계한다고 해석될 수 있다.

특히 니체는 이러한 승화를 통한 자기 치유를 감정의 운동과의 적절한 교류와 연결시킨다. 그는 불안, 걱정, 수치심, 모욕, 슬픔, 상심, 분노, 돌발적 분노, 시기심, 질투 등과 같은 정동을 스토아학파에서처럼 인간을 병들게 한다고 하여 절제하거나 억압하고 단절시키는 것이 아니다. 오히려 그는 이것을 내면화하여 밖으로 능동적으로 열리게 하는 정화를 통한 승화의 방식에서 치유의 방향을 찾는다. 그래서 니체는 특히 성욕의 억압이나 단절, 체념을 통해 고통으로부터의 윤리적 구원책을 제시하는 쇼펜하우어와는 달리 이러한 충동을 내면화하여 표현하는 승화의 방식을 제시한다. 그에 의하면 정동의 억압은 오히려 인간의 영혼의 내면에서 원한감정, 죄책감, 양심의 가책을 생기게 하여 병들게 한다. 반면, 정동의 능동적 적극적 표현인 특히 예술을 통한 '승화'는 자신을 세계를 향해 열리게 하며 자기 자신에 대한 신뢰를 강화시키며 절제 있는 건강한 정서의 질서를 이루게 할 수 있다는 것이다.

02-3 자기 치유와 삶의 예술

인간은 삶의 고통을 적극적으로 받아들여 자기를 극복하는 치유본능을 지니고 있으며, 이를 통해 자신의 삶을 건강하게 조형하는 힘을 지닌다. 이때 인간 삶의 고통을 창조적으로 변용시켜 건강한 삶을 향해 자기를 극복하는 자기 돌봄의 과정이 바로 예술로서의 삶이라고 말할 수 있다. 여기서 우리는 니체 철학에서 인간 삶의 고통을 적극적으로 변용시킨 삶의 예술이 어떻게 건강을 향한 자기 치유와 자기 돌봄의 역할을 할 수 있는지 살펴보기로 한다.

니체의 실존미학에서 삶이 예술이 되는 과정은 곧 고통을 적극적으로 받아들여 건강한 몸으로 회복되는 치유의 과정이다. 삶의 예술은 곧 주체의 변형과 삶의 조형이다. 미적으로 실존하는 주체는 개인을 지배하고 있는 억압적인 규범에 대항하면서 능동적인 '힘에로의 의지'에 의해 자기의 삶의 양식을 창조한다. 니체는 자기 자신의 삶을 예술작품으로 창조해야 한다는 입장을 지닌다. 이는 곧 개인의 삶과 세계를 "스스로 분만하는 예술작품"으로 이해하는 것이다. 니체는 삶의 가치를 도덕적 규범이 아닌 주체의 능동적인 자기 창조의 힘으로 인해 삶의 고양이 일어나는 자연의 힘에서 찾는다. 자연의 힘이 보여주는 것은 좋은 것이고 그러한 기능을 하지 못하는 것은 나쁜 것이다. 행복한 것 역시 저항을 극복하는 힘의 행사에서 느껴지는 삶의 상승에 대한 체험인 것이다. 예술로서의 삶을 사는 사람은 '힘에로의 의지'의 주체이다. 그는 스스로 고통에 적극적으로 반응하며 자기 자신의 힘을 고양시키면서 자신과 자신의 삶을 조형해 가는 사람인 것이다. 여기서 자신의 삶을 조형해 가는 자는 외적 조건에 무기력하게 복종하는 존재가 아니라, 외적 관계망 속에서 부단한 힘의 투쟁을 통해 자기 자신을 능동적으로 구축하는 존재인 것이다.

그렇다면 어떻게 나는 내 삶을 창조적으로 이끌어갈 수 있는가? 니체는 삶의 기술(ars vivendi)을 의식적으로 자신의 삶을 이끌어가던 방법, 자기 돌봄, 쾌와의 관계, 우정, 침묵, 자기 점검 등 삶의 성찰과 훈련에 관심이 있던 고대철학, 특히 금욕을 강조하던 스토아 철학에서 그 뿌리를 찾는다. 삶의 기술이며 실천인 예술로서의 삶은 바로 금욕, 시도와 실험을 통한 자기 극복을 통해 실천된다. 여기서 금욕이란 법칙이나 종교적 교리로부터 개인에게 부여되는 규정이 아니라, 자기 자신을 극복하기 위한 훈련이며 자기 형성의 능동적 실천방식으로서 예술적 삶을 창조하기 위한 준비단계에 속한다. 그리고 시도와 실험은 자기의 변형과 구성을 위해 선과 악을 넘어서 다양한 관점을 수용하고 새로운 삶의 관점으로 전환하기 위한 과정인 것이다. 삶의 예술에서는 진리는 존재하지 않고 지속적인 관점의 변경을 통한 진리의 해석만이 존재한다. 즉 자기 시도와 실험을 통한 관점의 변경은 곧 자기를 극복하는 창조적 행위이며 고통을 적극적으로 받아들어 삶을 긍정하는 최고의 예술이 된다. 이러한 삶의 관점의 변경을 통한 자기 변형과 구성의 과정은 마치 예술작품을 창조하는 것과 같은 것이다.[35] 미적 실존의 주체는 평생을 훈련과 시도와 실험 그리고 고통에 적극적으로 반응하는 자기 극복을 통해 삶의 수행의 조건이 되는 개인적 조건과 사회적 조건 일체를 자기화한다. 그는 실존적 결단을 위해서 여러 가지 삶의 기술들과 조건들을 활용하면서 자기를 훈련시키고 변화시킨다. 마치 예술가가 재료를 가지고 자신의 작품을 만들어가듯이 개인은 여러 가지 삶의 조건들과 자기 시도와 실험을 하면서 삶을 예술작품처럼 조형해 가는 것이다.

니체는 섭생, 기후, 풍토, 생활방식, 글쓰기와 글 읽기 등의 삶의 조건과 기술을 통한 삶의 예술적 과정을 언급한다.[36] 왜냐하면 삶의 조건을 적극적으로 받아들여 자기화하며 변형하는 기술이 니체에게 실존적 예술의 과정이기 때문이다. 이러한 니체의 실존적 예술의 과정으로 삶의 예술은 결국 고통의 극복을 통해 자기를 강화하고 다른 사람에게 자신을 열어놓을 수 있는 자기 배려이다. 자기 삶을 조형하는 실존 예술이란 개별적인 인간이 다양한 상황에서 자신의 삶을 이해하고 자신을 선택할 수 있도록 자신을 강화하는 방법을 열어놓을 수 있는 기술인 것이다.

이밖에도 니체는 건강을 위해 자신의 삶을 조형하고 치유하는 기술로서 자신의 영혼을 관리하는 법에 대해 강조한다. 즉 자신의 영

35) 이상엽(2010).「니체의 삶의 예술철학」『니체 연구』17, 109쪽.

36) F. 니체(2009), 276~295쪽.

혼을 치유하려는 사람조차 가장 사소한 습관들을 고쳐야 하는 것이다. 인간관계에서 부정적으로 자신을 표현하거나 거친 태도나 감정을 다스리지 못하는 마음의 습관, 게으름과 탐욕의 습관 등은 자신의 영혼을 손상시키며, 타자에게 상처를 준다. 그래서 자신의 사고습관이나 생활습관을 검토하고 교정함으로써 영혼의 치유가 일어날 수 있는 것이다. 니체의 이러한 습관의 훈련, 자기관계에 대한 배려의 훈련은 개인이 다양한 상황에서 자신의 삶을 이해하고 자신을 선택할 수 있도록 하며 자신을 강화하는 삶의 조력술인 것이다. 이러한 삶의 습관과 자기 배려의 훈련이야말로 삶을 적극적으로 긍정하는 가치로 조형하기 위해 자기를 강화시키는 일종의 삶의 예술이다.

정리해 보자면, 니체에게 예술이란 삶 그 자체, 즉 삶의 조형을 의미한다. 삶의 윤리라는 자리에 들어 선 삶의 예술은 고통에 반응하는 삶에로의 의지를 강화시켜서 삶의 관점을 새롭게 변화시켜 자기 삶을 조형하는 과정인 것이다. 그래서 그는 적극적으로 고통과 대결하여 자신을 강화하여 새로운 가치를 창조하는 예술로서 삶을 원한다. 그의 삶의 예술이란 쇼펜하우어처럼 고통의 근원에 대한 통찰을 통해 개인의 자기 집착에서 벗어나 금욕적 태도와 그리고 타자에 대한 동정심을 통해 윤리적 세계로 나아가게 하는 치유의 기술이 아니다. 그에게 예술이란 고통스런 삶을 긍정하여 강화하는 적극적 기제로 받아들어 삶을 건강하게 조형하는 자기 돌봄의 기술인 것이다. 그래서 개인의 경험, 일상적 행위나 몸짓, 자기 자신이나 타자나 그리고 세계에 대한 관계나 태도와 행동방식 등 삶의 모든 것이 삶의 의지를 건강하게 강화하여 자기 변형을 하기 위해 열려져 있다. 이때 삶의 예술이란 세계의 실존의 모순과 비극적 본질을 창조적으로 받아들여 자기 극복을 통해 스스로 조형하는 현존재를 긍정하는 최고의 상태인 것이다.[37] 삶의 예술은 부조리한 고통을 견뎌 내야하는 이 세계에서 자기 삶의 실존적 조건들을 자기화하여 자기 삶의 변형을 향한 적극적인 자기 돌봄의 기술인 것이다.

37) 세계와 삶의 실존을 긍정하는 니체의 미학적 사유는 삶의 미학뿐만이 아니라, 세계와 인간의 삶의 놀이를 강조하는 유희미학의 성격을 지닌다. G. 볼파르트(1997). 『놀이하는 아이 예술의 신 니체』(정해창 옮김). 담론사, 20~21쪽.

참고문헌

- 공병혜(2017). 『돌봄의 철학과 미학적 실천』. 서울대학교출판문화원.
- 공병혜(2015). 「인간의 고통과 예술의 역할」. 『인간연구』29.
- 공병혜(2016). 「고통의 치유로서 예술과 자기 돌봄의 철학 연구」제21집. 『한국의 철학회』.
- 공병혜(2007), 『미감적 의사소통을 통한 배려의 윤리의 가능성』. 『칸트연구』제19집.
- 김혜련외(1998). 『예술과 사상』. 이대출판부.
- 니체, F.(2009). 『니체 전집 15, 바그너의 경우. 우상의 황혼. 안티그리스트. 이 사람을 보라. 디오니소스 송가. 니체 대 바그너』(백승영 옮김). 책 세상.
- 니체, F.(2012). 『니체전집 10, 아침놀』(박찬국 옮김). 책 세상.
- 니체, F.(2005). 『니체전집 12, 즐거운 학문/메시나에서의 전원시, 유고』(안성찬, 홍사현 옮김). 책 세상.
- 니체, F.(2009). 『니체전집 14, 선악의 저편. 도덕의 계보』(김정현 옮김). 책 세상.
- 메를로-퐁티, M.(1983). 『현상학과 예술』(오병남 옮김). 서광사.
- 메를로-퐁티, M.(2002). 『지각의 현상학』(유희근 옮김). 문학과 지성사.
- 뫼부스, S.(2002). 『쉽게 읽는 쇼펜하우어-의지와 표상으로서의 세계-』. 이학사.
- 벤야민, W.(2017). 『역사의 개념에 대하여, 폭력 비판을 위하여, 초현실주의』(최성만 옮김). 길.
- 볼파르트, G.(1997). 『놀이하는 아이 예술의 신 니체』(정해창 옮김). 담론사.
- 쉴러, F.(1996). 『소박문학과 감상문학』(장상용 옮김). 인하대학교 출판부.
- 아렌트, H.(1982). 『칸트 정치철학 강의』. 푸른 숲.
- 아도르노, F.(2009). 『미학 이론』(홍승용 옮김). 문학과 지성사.
- 이상엽(2010). 「니체의 삶의 예술철학」. 『니체 연구』17.
- 지페르트, G.(1997). 미학입문 (공병혜 옮김), 철학과 현실사.
- Heidegger, M.(1994). *Holzweg*, Vittorio Klostermann, Frankfurt am M.
- Kant, I.(1974), *Kritik der Urteilskraft*, hrsg.W. Weischedel, Suhrkamp, Frankfurt am Main.
- Schpoenhauer, A.(1977), *Die Welt als Wille und Vorstellung I*. erster Teilband, in: Zürcher Ausgabe, Werke in zehn Bände, Bd.I

PART

08

여성주의 생명윤리와 생명정치

이 글은 여성의 몸과 관련된 임신과 출산과정에 대한 여성주의 접근에 따른 생명의료윤리의 이슈들과 이를 에워싼 생명정치에 대해 살펴보도록 한다. 특히 여성의 임신과 출산과정에서의 생식보조 기술의 개입에 따른 여성주의 윤리의 주요 논쟁들을 살펴보고 이로 인해 발생하는 사회적 고통에 대해 생각해 본다. 그리고 여성적 돌봄의 윤리는 개인의 구체적인 삶의 맥락과 '이야기체적 사고방식' 그리고 공감능력과 책임감을 강조한다. 그래서 의료현장에서 여성적 돌봄의 윤리의 실천은 의사소통과정에서 중요하다.

또한 21세기 생명정치는 인간 게놈 프로젝트와 같은 생명공학의 성장이 생명의 정의와 인간의 정체성을 유전자 단위로 바꾸어 놓고 있으며, 건강과 질병에 대한 새로운 지식-권력관계를 형성하고 있다. 이 글은 21세기 생명정치현상을 분석함으로써 유전적 정체성을 지닌 시민들이 자신의 생명과 건강을 에워싸고 있는 생명정치를 주체적으로 변화시키는 역할에 대해 생각해 보도록 한다.

01
여성주의 생명윤리

01-1 여성주의 윤리

여성주의 윤리는 여성주의로부터 그 뿌리를 찾을 수 있다. 여성주의란 일반적으로 남성의 지배와 여성의 종속을 만들어 내거나 유지하는 태도로부터 벗어나려는 목표를 지닌 정치적, 경제적, 문화적, 사회적 운동을 말한다. 여성주의 접근에 따른 여성주의 윤리는 행위의 주체인 성별(gender)에 관심을 갖고 전통적인 윤리학의 전제와 방법을 분석 · 비판하고 재수정 한다. 여성철학자 재거(A. Jaggar)는 전통윤리학이 남성의 경험과 관점에 의해 서술되고 여성의 도덕적 경험을 간과하고 있다는 점을 지적하였다. 즉, 1) 전통윤리학은 남성의 이해관계와 권리 주장과는 대조적으로 여성들의 이해관계나 사적인 세계의 문제를 도덕적으로 중요시 여기지 않았다. 2) 여성의 도덕적 능력에 대해 부정하고 있다. 3) 문화적으로 구성된 남성의 특징들, 독립, 자율성, 분리, 정신, 이성, 문화, 초월성, 전쟁과 같은 것을 과대평가하면서, 여성적 특징들, 상호의존성, 공동체, 연결, 몸, 정서, 자연, 내재성, 평화, 생명과 같은 것들을 평가 절하한다. 4) 관계성, 특수성, 부분성을 강조하는 여성의 도덕적 추론방식보다는 규칙, 보편성, 공평성을 강조하는 남성의 도덕적 추론방식을 더 선호한다.[1)]

1) A. Jaggar(2001). "Feminist Ethics". in: L.C. Becker and C. B. Becker (ed.). *Encyclopedia of Ethics*, New York & London, pp. 528~529.

이렇듯 여성주의 윤리학을 우리는 여성의 관심과 도덕적 능력과 경험을 간과하고 오히려 남성에 의한 여성의 종속을 합리화하려는 서구 전통의 윤리학을 재고하여 수정해 보려는 시도로서 이해할 수 있다.[2)]

그러면 이러한 여성주의 접근에 따른 윤리학이 어떠한 방식으로 내용이 구성되고 있는지 살펴보자. 일반적으로 여성적 윤리(feminine ethics)는 현재 여성 고유의 목소리에 대한 추구를 가리키며, 흔히는 양육, 보살핌, 동정심, 그리고 의사소통의 그물망을 포함하는 보살핌의 윤리를 지칭한다. 여성주의 윤리(feminist ethics)는 가부장적 지배에 반대하고, 동등한 권리와 희소한 자원의 정당하고 공정한 분배를 옹호하는 이론들을 지칭한다. 이러한 여성적, 여성주의 구분을 통(Tong)은 1) 보살핌에 중점을 둔 윤리적 접근과 2) 권력에 중점을 둔 윤리적 접근으로 구분한다.

1) **권력에 중점을 둔 여성주의적 접근은** 여성의 억압에 기여하는 규칙들의 묶음, 구조, 체계를 제거하거나 개혁하는 것을 첫 번째 과제로 삼는다.[3)] 이를 위해서 여성은 우선 자신들이 남성에 지배당하고 종속되어 있다는 사실을 깨닫고 이러한 종속으로부터 해방하고자하는 인식을 지녀야 한다. 따라서 여성주의는 정치적이다. 이러한 여성철학자들은 전통적 윤리이론, 특히 칸트의 의무주의, 공리주의,

2) R. Tong(1997). Rosemarie, *Feminist Approach to bioethics*. Theoretical Reflections and practical Applications. Westvier Press, p. 52. 통은 여성주의 윤리적 접근방식을 여성적, 모성적, 정치적, 레즈비언적 접근방식으로 구분한다. 길리간과 노딩스를 대표로 하는 여성적 접근방식은 남성과 여성과의 생물학적, 사회적 차이가 남성과 여성 각자의 서로 다른 도덕적 추론, 행위, 정체성의 양식들을 드러내는 토대가 된다는 것이다. 러딕을 대표로 하는 모성적 접근방식은 모든 도덕적 행위자들은 어머니 역할이라는 활동과 관련된 개념, 메타포, 이미지를 사용한다. 또한 정치적 접근방식은 여성에 대한 체계적인 종속을 전복시키려는 목표를 지니며, 가령 자유주의 막스주의 급진적, 사회주의 실존주의, 다 문화적, 전지구적, 다양한 정치적 이슈를 지닌다. 레즈비언 접근방식은 가부장적 사회에서 이성애적 관계를 윤리적으로 적합하지 못한 것으로 비판한다(로즈마리 통(1995).『페미니즘 사상–종합적 접근–』(이소영 옮김). 한신문화사).

3) 같은 책, 51쪽.

사회계약이론, 정의론 등을 비판한다. 전통적 윤리이론은 성별을 초월한 도덕적 가치의 객관성과 보편성을 추구하고자 하지만, 실제로 그 이론 안에는 남성적 이상들이 녹아 있으며 남성의 시각을 대변하고 있다는 것이다. 그래서 여성주의 윤리학은 바로 전통윤리학에서 흔히 보이는 여성의 종속을 합리화하거나 여성의 도덕적 경험을 무시하는 남성들의 편견을 교정하는 결단을 요구한다. 특히 이러한 윤리적 접근은 선과 악, 돌봄과 정의 등에 대한 질문을 함에 있어서 성별에 따른 사회적 권력의 불균형을 해소하는 데에 중점을 두는 것이다. 이러한 여성주의 윤리학자들은 성별에 중점을 두고 윤리적 접근을 시도하지만, 성차별주의(sexist)를 부정한다. 여성주의 윤리는 남성들의 도덕적 관심과 동등하게 여성들의 도덕적 관심에 귀를 기울일 것을 주장하는 것이다. 권력비판으로서의 여성주의 윤리는 성, 계급차별로부터의 해방이라는 사회적 평등으로 나아가는 거시적 관계를 다룬다.

급진적 여성주의자들은 모성적 가치로서 양육이나 돌봄의 여성적 능력을 가부장적 사회에서 길들여진 덕성이라고 생각했다. 그러나 이에 반해 2) **보살핌**(care)**에 초점을 둔 여성주의적 접근은** 우선 주류의 윤리학에서 간과해 온 동정심, 감정이입, 공감, 양육, 친절함과 같은 여성적 문화적 가치와 체험을 복원하는 데 중점을 둔다. 그래서 보살핌의 윤리학자라고 일컫는 여성주의자들은 공감, 동정심, 양육, 간호 등을 여성의 도덕적 장점으로 삼아 윤리 이론을 구성한다. 여성적 보살핌의 윤리는 도덕적 가치를 독립된 자아의 자율성이나 권리에 대한 의무보다는 개별적이고 구체적인 삶의 맥락 속에 형성되는 인간상호관계에 대한 보살핌에 가치를 두는 것이다. 따라서 보살핌의 윤리에서는 개인의 이성적 추론에 의한 논리적 사고보다 동정심, 공감이라는 정서가 더 중요한 역할을 하며 구체적인 삶의 맥락 속에서 각각의 개인의 관심을 존중하는 보살핌과 나눔의 사회를 지향하는 것이다. 이러한 보살핌의 윤리는 생식의 역할과 책임이라는 여성적 의식을 중요시한다. 즉 임신, 진통, 출산, 간호, 출산 후의 회복의 경험을 통해 이루어지는 여성적 의식을 가정이라는 사적인 공간을 넘어 공동체의 영역으로 확장시킬 수 있는 것이다.[4] 이러한 보살핌의 윤리는 문화적으로 여성과 연관되어 왔던 인간관계의 능력, 공감능력, 보살핌 등을 인간의 주요한 도덕적 특징으로 간주하고, 이것을 윤리학 안에 수용하는 것을 주된 과제로 삼는다. 보살핌의 윤리는 개별적 삶의 상황에서 개인에 대한 배려와 관심과 같은 인간관계의 미시적 측면에 중점을 둔다.

01-2 여성의 몸과 인격존중

오늘날 여성의 몸의 체험과 관련된 임신과 낙태 그리고 출산과정에 대한 윤리적 논의들은 여성의 재생산과정과 관련된 생명의료윤리의 이슈이다. 또한 이는 국가의 인구조절정책과 맞물려 공적 담론을 형성하게 하는 생명정치라는 틀 속에서 새로운 논쟁을 일으키고 있다. 특히 국내외적으로 임신중절처럼 생명존중을 옹호하는 보수적 윤리이론가들과 여성의 권리와 여성의 체험을 중요시하는 여성주의자 사이에서 그토록 격렬한 논쟁을 일으킨 윤리적, 정치적 이슈가 없다. 서구에서의 임신중절 논쟁의 역사를 간단히 고찰해 보면 1967년까지 스웨덴과 덴마크를 제외한 거의 모든 서구 민주국가에서 불법이었으며, 주로 종교계, 철학계 등에서 태아의 생명권 옹호를 위한 논의가 지배적이었다. 이들은 인간 생명의 존엄성에 대한 신학적, 혹은 철학적 해석에 근거하여 태아의 생명의 권리가 무엇인

4) 공병혜(2004).「여성주의와 생명윤리」.『범한철학』59, 118~119쪽.

가, 인간이라는 고유한 인격체의 형성은 언제부터인가에 대해 논의하였다. 그러나 1973년 '로우 대 웨이드' 사건에서 미국의 대법원은 임신 6개월 내에는 산모가 중절할 헌법적 권리를 가진다는 판결을 내렸다.[5] 여기서 자유주의 여성주의자들이 임신중절을 여성의 신체적 자율성을 기초로 한 사적인 선택의 권리로서 보았다. 그러나 급진적 여성주의자들은 이 문제를 사적인 차원을 넘어서 사회적, 제도적 차원에서 성적 불평등과 억압으로부터 벗어나기 위한 정치적 이슈로서 접근하였다. 최근 여성주의자들은 성과 임신, 출산, 양육의 과정을 통합적으로 보는 여성의 재생산 권리를 실현할 수 있는 재생산 정책과 제도 개선에 집중하고 있다. 이렇듯 오늘날까지도 낙태는 수많은 철학자, 생명의료윤리학자, 여성주의자들에 의해 격렬한 법적 · 윤리적 · 정치적 논쟁거리가 되고 있다.

우선 전통적인 도덕 이론을 대표하는 칸트의 인격존중사상에 근거하여 임신중절에 대한 논의를 살펴보기로 한다. 임신중절은 산모의 몸체로부터 생명의 시작인 태아를 떼어냄으로써 태아라는 생명체의 죽음을 야기시킨다. 그래서 임신중절은 인간의 생명의 시작과 죽음에 대한 윤리적 물음을 동시에 지닌다. 여기서 임신중절을 칸트의 윤리에 근거하여 접근하기 위해서 우선 태아가 이성적 존재로서의 인격을 갖추고 있는지에 대한 물음이 선행되어야 한다. 그러면 태아는 이성을 지닌 인격체로서의 도덕적 지위를 갖는가? 그러나 여기서 태아는 인격체로 성장해 갈 수 있는 잠재적 인격체라고 가정할 수 있다. 왜냐하면 태아로부터 독립된 인격체로서 성장할 때까지의 과정은 연속적이며 동일한 자아를 지닌다고 가정할 수 있기 때문이다. 따라서 인간생명의 존엄성의 출발점은 수정된 순간부터라고 주장하는 보수주의자들처럼 태아는 잠재적인 인격체이며 동시에 태

5) 피터 싱어(1993). 『실천 윤리학』(황경식, 김성동 옮김). 철학과 현실사, 169쪽.

아에서부터 독립된 인격체에로 성장하기까지의 자아동일성을 지닌다고 주장할 수 있다. 그러면 이러한 태아도 잠재적인 고유한 인격체라는 가정 하에서 임신중절 낙태의 사례를 칸트의 도덕철학에 따라 적용시켜보자.

칸트의 도덕철학에서 윤리적 판단의 기준이 되는 것은 도덕법칙이다. 그 도덕법칙은 우리의 실천이성이 스스로에게 부여한 행위의 법칙으로서 자기 자신뿐만이 아니라, 누구에게나 보편적으로 타당하게 적용될 수 있는지에 대한 이성적 검증과정을 통과한 법칙이다. 그래서 칸트의 도덕법칙은 마치 자연법칙과 같이 누구에게나 타당한 보편적인 행위의 법칙이어야 하며, 나의 의지가 그 법칙에 따라서 행위를 했을 때, 그 행위는 옳은 행위가 되는 것이다. 그 도덕법칙의 내용은 “너 자신의 인격과 다른 모든 사람의 인격에 있어서 인간성을 언제나 동시에 목적으로 간주하여야 하며, 결코 단순한 수단으로 간주해서는 안 된다.”이다.[6] 도덕법칙은 이성적 존재자의 인격체(person) 그 자체에 대한 절대적 존중을 명령한다. 여기서 인간의 존엄성이란 자신뿐만이 아니라 다른 모든 인격체는 인간성 실현을 위한 목적 그 자체이며, 상대적 가치로 평가될 수 없다는 점에 있는 것이다. 그러면 이러한 도덕법칙에 근거하여 어떻게 낙태의 문제에 접근할 수 있는 지 살펴보기로 한다.

우선 나의 어머니는 강간을 당해서 나를 임신했으며, 어머니가 그때 낙태를 하는 것이, 혹은 계속 임신을 지속시키는 것이 옳은지에 대한 여부를 생각해 보자. 이 경우에 현재 하나의 인격체로서 성장한 내가 과거의 어머니가 처한 어려운 상황에 대해 무엇이라고 말할 수 있는가? 첫 번째로 낙태를 시키는 행위가 누구에게나 보편타당한 행위의 법칙이 될 수 있는지 생각해 보자. 이 경우 지금 내가 살

6) I. 칸트(2005). 『윤리형이상학 정초』 (백종현 옮김). 한길사, 147쪽.

아있는 것에 대한 가치와 존엄성을 느낀다면, 그와 같은 동일한 경우로 태어난 모든 사람이 그렇게 생각할 것이라고 하는 보편화가 가능하다면, 그때 어머니가 나를 낙태시키지 않은 것이 옳은 행위라고 말할 것이다.

두 번째로 모든 인격체는 어떠한 경우도 목적을 위한 수단으로 사용될 수 없다고 한다면, 임산부는 잠재적 인격체로서 태아를 오로지 인간성의 실현을 위한 목적 그 자체로서 대해야 하는 것이다. 강간을 당해 임신한 경우라도 임산부는 잠재적 태아를 다른 어떠한 이유에 의해서 희생시킬 수 없는 것이다.

위에서와 같이 칸트주의자들은 강간에 의한 임신의 경우와 같은 동일한 상황에서 낙태를 시키는 것이 누구에게나 보편타당한 행위의 법칙이 될 수 있는가에 대한 숙고와 그리고 임산부뿐만이 태아를 고유한 인격체이기 때문에 목적 그 자체로 대해야 한다는 인간존엄성의 사상에 근거하여 낙태에 대한 반대 논의를 할 수 있다. 이러한 칸트주의자들의 탈맥락화된 낙태에 대한 논의는 인간존엄성사상에 근거하여 태아의 살 권리만을 옹호하는 것이 아니다. 또한 임신의 지속으로 인해 산모의 생명에 위협을 주는 경우, 태아의 위협에 대한 산모의 정당방위로서 낙태를 옹호하는 자들처럼 산모의 생명권만을 일방적으로 옹호하는 것이 아니다. 칸트주의자들의 논의는 보수주의자들이 주장하는 태아의 생명권에 대한 우선과 여성주의자들이 주장하는 산모의 선택적 권리간의 대립 구도를 넘어선다. 그러나 태아의 살 권리와 임산부의 살 권리 중 어느 하나를 선택해야 하는 딜레마 상황에서 구체적인 행위지침을 줄 수 없는 점은 판단자의 논리적 추론에 의한 사고 실험이라는 비판으로부터 벗어날 수 없게 한다. 그럼에도 이러한 칸트주의자들의 도덕적 사고의 실험은 누구에게나 어떤 상황에서나 태아를 포함하여 존엄한 인격체로서의 모든 사람들의 입장을 서로 바꾸어 보편화시켜 생각해 볼 수 있는 도덕적 상상력과 이성적 추론을 할 수 있는 훈련을 할 수 있도록 한다.

01-3 생명여성주의와 사회적 고통

여성주의 생명윤리의 주된 이론들은 특히 (1) 자유주의와 급진주의 생명여성주의, (2) 문화적 생명여성주의이다. 자유주의나 급진적 생명여성주의는 의료기술의 배후에 있는 사회, 정치적인 제도나 관행에 대한 비판과 변화를 위한 정치적 성격이 강하다. 반면에 문화적 생명 여성주의는 의료현장에서 돌봄의 윤리를 강조한다. 그러면 이러한 생명 여성주의 이론들이 지닌 핵심 이슈가 무엇이며, 특히 여성의 몸과 관계된 첨예한 윤리적 쟁점인 임신중절이 어떻게 (3) 사회적 고통과 관계하는지 살펴보기로 한다.

01-3-1. 자유주의와 급진적 생명여성주의

우선 자유주의 생명여성주의는 자유주의라는 정치사상으로부터 파생되어 나왔음을 알 수 있다. 재거는『페미니즘 정치학과 인간본성』에서 여성은 공적인 영역에서의 자율성에 기초한 여성의 권리신장을 위해 투쟁해야 한다고 말한다.[7] 자유주의 생명여성주의는 임신, 출산, 낙태 등에 있어서 도덕적 주체로서 여성의 자유로운 선택, 즉 여성의 성적 자율권, 여성의 생식권, 재생산에 대한 자유, 신체적 온전성의 권리를 주장한다.

초기 자유주의 페미니스트들은 강간이나 피임실패 등으로 인해 원하지 않은 임신을 한 여성의 경우에, 여성은 사적인 권리로서 자신의

7) A. M. Jagger(1983). *Feminist Politics and Human Nature*, Totowa, N.J.: Rowman & Allanheld, p. 31.

몸에 대한 자율적 권리가 있다고 주장한다. 이들이 여성의 낙태의 선택을 옹호하는 입장은 여성은 생식의 자율권을 지니며, 태아와의 신체적 관계 때문에 생물학적 어머니는 태아의 운명을 결정하는 데 있어 가장 적격자라는 것이다. 그래서 생물학적 어머니가 태아의 운명을 결정하지 못하게 하는 것은 여성으로부터 생식권을 뺏는 행위라는 것이다. 여기서 임산부는 임신의 지속으로 인해 자신의 생명이 위독하게 되거나, 태아가 중증의 기형아로 탄생될 우려가 있는 경우 자율적 선택권을 지닌다.

그러나 초기 자유주의자들은 공공의 복지보다 여성 개인의 권리를 강조하여 복잡한 사회적 권력 관계에서 파생하는 사회적 불평등의 문제에는 접근하지 못했다는 비판을 받았다.[8)] 자유주의 여성주의가 여성 개인의 권리 신장을 목표로 한다면, 급진적 여성주의는 사회적 평등을 지향한다. 그래서 그들은 특히 여성이 성적 권리이나 임신과 출산과 관련된 재생산권이 가부장적인 사회질서 내에서 억압을 받아왔음을 지적한다. 또한 급진적 여성주의는 여성의 몸을 통제하는 생명의료기술의 사용이나 그 배후의 의료제도나 문화적 관행에 대해서도 비판한다.

그래서 급진적 여성주의는 사회적 문화적 정치적인 힘의 불평등한 억압구조에 대한 비판적 차원에서 낙태의 문제에 접근한다. 이들은 낙태를 태아의 생명권과 여성의 선택권간의 갈등 차원에서 다루지 않는다. 우선적으로 여성의 임신이나 출산에 대한 권리를 통제하는 국가나 사회제도, 가부장적 문화적 관행 등에 주목하며, 여성과 태아 모두에 대한 사회적 보호와 양육과 책임이라는 사회적 · 정치적 제도에 관심을 지닌다.

특히 한국사회에서 낙태의 문제의 배후에는 1960년대 이후 인구

8) 로즈마리 통(1995). 『페미니즘 사상–종합적 접근–』(이소영 옮김). 한신문화사, 48쪽.

조절책으로서 가족계획사업을 시행을 한 국가의 생명정치와 가부장적 가족제도, 그리고 성규범이 있다. 한국의 가족계획운동에서 국가는 경구피임약, 정관수술, 난관수술 등 각종의 피임방법을 적극적으로 보급하며 저출산장려정책을 시행해왔다. 또한 가부장적인 한국의 법제와 문화가 부추기는 '남아 선호관'은 의학기술의 발달로 가능해진 태아성감별을 통해 여아낙태 행위로 이어졌다. 또한 결혼이라는 제도 내에 허용된 성과 임신과 출산의 규범에 따른 미혼여성의 낙태, 출산으로 인해 노동을 할 수 없는 생계의 위협상황에 처한 빈곤 여성들의 낙태 등을 볼 수 있다. 이렇듯 가족계획정책, 여아낙태, 미혼, 빈곤 등으로 인해 낙태를 하는 여성의 몸은 다양한 사회적 고통이 각인된 몸인 것이다.[9)]

그래서 여성이 낙태를 선택하지 않고 여성과 태아의 생명과 건강을 보호하고 양육할 수 있는 사회적 제도나 관행 등이 중요한 것이다. 그래서 이들은 태아의 생명권을 옹호하는 보수주의나 혹은 여성의 낙태의 선택권을 일방적으로 주장하는 자유주의자에 대해서도 비판한다. 특히 임신 중 여성과 태아의 생명체계가 상호의존하고 있다. 그래서 태아의 생명권은 여성에 의존되어있기 때문에, 태아를 책임감 있게 양육할 수 있는 여성의 능력과 건강한 유아로 성장하기 위한 태아의 보호와 양육이 무엇인가에 대한 사회적 제도에 중점을 둔다. 여성이 미혼이나 기혼이든 출산과 양육을 책임질 수 있는 선택적 자유의 능력을 우선적으로 보장해 줄 수 있는 사회적 평등이야말로 낙태의 문제해결에서 가장 중요한 관건이 되는 것이다.

여성들에게 특히 장애를 가진 아이를 낳는다는 것은 단지 개인적인 불운의 문제가 아니라 국가적 · 사회적 지원의 부재 속에서 아이를 돌보기 위해 인생의 경로가 바뀌어야 하는 사건이 된다. 물론 한

9) 공병혜(2014).「생명윤리와 정치 사이에서–낙태를 중심으로–」.『인문학 연구』37, 24쪽.

국 사회 전반에 정상성에 대한 집착과 압박과 만연해 있는 것도 사실이지만 돌봄과 생존이 모두 개인의 책임으로 맡겨져 있는 사회에서 출산이란 공포가 되는 것이다. 출산의 책임이 오롯이 개별 가정, 그 중에서도 엄마의 책임이 되는 사회에서 여성들은 장애가 있는 자녀를 출산하는 경우 비난의 화살이나 져야 될 책임에 대해서 두려움을 느낀다. 그래서 이들은 개인의 혼인상태, 연령, 계급등과 관계없이 성관계, 피임, 임신, 출산, 출산, 양육 등을 통합적으로 생각해야 한다고 말한다. 특히 우리사회에서 심각한 미혼여성들의 낙태는 남성 파트너와의 지속적 관계의 불가능, 미혼모와 그 자녀에 대한 차별, 빈곤 혹은 저 연령으로 인한 자기 자립 불능 등의 원인 때문이다. 미혼여성도 자녀를 출산할 수 있도록 출산정책 패러다임의 변화가 일어나야 한다. 이것은 생명존중, 모성적 돌봄과 책임의 존중, 다양한 가족의 활성화 등 재생산정책에로의 변화를 의미하는 것이다. 다음의 여성주의자의 견해를 살펴보자.

" … 특히 한국 여성들이 낙태를 고려하면서 가장 크게 느끼는 문제는 결혼 제도 내에서 계획된 출산으로 이어지지 않는 한 여성의 섹슈얼리티와 모든 성 행위를 문제적인 것으로 보는 사회 분위기가 있다는 점이다. 사춘기의 성이든, 결혼 제도 밖의 성이든, 아니면 기혼 여성의 성이든, 여성의 성은 거의 언제나 문제가 되며, 예기치 않은 임신은 낙태와 관련되지 않는다고 하더라도, 그 임신의 원인이 된 성 행위 사실을 공중에 드러낼 수밖에 없게 만든다는 점에서 여성들은 임신에 대해 두려움을 느낀다."[10]

10) 백영경(2013). 「성적 시민권의 부재와 사회적 고통」. 『아시아 여성연구』52(2), 66쪽. 오늘날 여성주의자들은 낙태를 여성의 자율권을 존중한 임신종결이라는 표현을 쓰기를 원한다.

위의 견해는 낙태의 배후에는 여성이 성과 임신, 그리고 출산이라는 모든 과정에 대한 책임을 자율적으로 감당할 수 있는 양성 평등과 성문화가 조성되지 않은 사회적 상황을 보여준다. 그래서 임신에서 출산 이후까지 아이의 건전한 양육을 위해서는 사회적 돌봄에 대한 국가적 책임을 포괄하는 사회적 권리가 중요하다. 1994년 이집트 카이로에서 개최된 ICPD에서는 기존의 가족계획정책의 시각을 벗어나 여성인권의 시각에서 재생산권이 재조명되기 시작하였다. 그것은 1) 신체적 통합과 자기결정(self-determination), 2) 성성(sexuality)과 출산(fertility)에 있어서의 양성평등 원리, 3) 사회권, 또는 권리 실현의 조건을 마련하는 것이다.[11] 이것은 여성의 낙태문제를 성적 자기결정권, 임신 종결권, 출산정책, 양육정책을 연결하는 재생산의 통합적 사회적 정책이라는 맥락에서 이해하고 그 사회적 해결책을 찾아야 함을 제시하는 것이다.

01-3-2. 문화적 생명여성주의

자유주의나 급진적 페미니즘이 여성의 억압으로부터의 자유와 해방에 대한 정치적 성격이 강한 반면에, 문화적 생명여성주의는 돌봄의 윤리에 중점을 둔다. 그들은 기본적으로 인간을 자율적이며 독립적인 존재가 아니라, 타자와 연결된 상호의존적인 관계적 존재라는 이해로부터 출발한다. 돌봄의 윤리에서는 원칙과 규칙에 따라 논리적으로 사고하는 것 그 이상으로 특정한 상황에서 도덕적 문제에 얽혀있는 모든 사람들의 관심과 느낌에 대한 사려 깊고 세밀한 이해와 배려와 책임감이 중요하다.

돌봄의 윤리에서의 낙태에 대한 접근에 대해 살펴보자. 여성들은

11) 양현아(2006).「여성의 임신종결권리의 필요성과 그 함의」,『한국생명윤리학회지』7(1), 26쪽.

낙태와 같은 도덕적 갈등에 처하게 되면 그 상황에 관련된 사람들의 여러 가지 관심사와 그들의 개인적 인간관계에 초점을 맞추어 도덕적 고려를 한다. 그 결과 여성들은 가능하면 아무에게도 피해를 주지 않으면서 그 사안에 관련된 모든 사람들의 이익을 만족시킬 수 있는 해결책을 모색하게 된다. 거기서 여성은 태아와 임산부의 관계를 포함해서 그 상황과 관련된 사람들에 대한 이익과 이에 대한 책임을 자율적으로 선택하여 낙태를 결정한다. 또한 돌봄의 관계는 돌보는 사람(one-caring)과 돌봄을 받는 사람(cared-for) 사이에서 생긴 공감이라는 정서적 몰입상태를 통한 상호성에 의해 형성된다. 특히 모성애(mothering)란 자연적 돌봄의 실제적인 실천이다. 여기서 낙태의 결정은 결국 언제 인간의 생명이 시작되는가가 아니라, 언제 임산부와 태아사이의 돌봄의 감정이 일어나 정서적 교감, 즉 보호와 책임이라는 보살핌의 관계가 형성되었는가에 달려있다.[12] 따라서 '모성적 사고'란 아이를 돌보며 양육하는 인간관계 속에서 아이의 성장을 바라고 기다려주는 마음과 같은 평화주의 사유이다. 이것을 낙태에 적용해 보면 임신지속이나 종결을 결정해야 하는 여성은 자신의 몸, 일, 가족, 파트너와의 관계, 태어날 아기가 놓일 환경, 조건 등의 다양한 요소와 가치들을 종합하여 사색을 한다.

다음의 낙태 경험한 여성과의 인터뷰한 내용을 살펴보자:

"흔히 낙태를 여성의 이기적인 결정이라고 이야기하곤 하지만, 인터뷰 과정에서 만난 여성들에게 낙태는 자기 자신에 대한 배려나 태어날 아이에 대한 배려였을 뿐만 아니라, 동시에 가족과 주변 사람들에 대한 배려인 경우가 있었다. 낙태를 반대하는 사람들의 비난과는 달리 낙태

12) N. Noddings(1997). *Caring, A Feminine Approach to ethics and moral education*, Los Angeles: University of Califonia, p. 88.

는 단지 자기실현을 위한 여성의 욕심 때문이 아니라 여성에게 낙태가 최선은 아니더라도 차선이나 차악의 결정이라고 느낄 수밖에 없게 만드는 사회적 상황이 있기 때문에 일어나는 일이다."[13]

위의 내용은 이러한 주위 상황이나 인간관계의 책임에 대한 종합적 사색의 과정을 통한 여성의 낙태의 선택은 일종의 소극적 형태의 태아와 주위 상황과의 관계 속에서 자율적 책임을 동반한 자신의 복지에 대한 배려행위이다. 이러한 모성적 돌봄은 태아의 생명존중과 어머니의 자기결정이 서로 충돌하는 관계가 아니라, 이미 언제나 서로 의존하는 관계임을 보여준다.

01-3-3. 여성 몸과 사회적 고통

페미니즘운동이란 맥락에서 낙태는 여성의 성적 자유, 몸과 생존에 대한 통제와 직결되는 정치적 사안으로 여겨지면서 여성 재생산권과 관련된 여성주의 윤리와 정치의 핵심적 담론을 형성해 왔다. 그러나 한국에서의 낙태는 종교계가 중심이 되어 생명존중에 대한 윤리적 담론이 지배하고 있음에도 불구하고 우리나라의 여성들은 여성운동을 위한 실천적 필연성을 지니지 못했다. 왜냐하면 한국에서 낙태는 1953년 이래로 형법상 범죄행위이며 1973년 모자보건법에서 인공임신중절 사유가 제시되었음에도 불구하고[14] 그 사유에 해

13) 백영경(2013), 50쪽.

14) 우리나라 형법 제269조는 낙태에 대해 부녀의 자기 낙태, 의사에 의한 낙태, 부동의 낙태죄 등으로 처벌한다. 자기낙태죄란 임산부가 스스로 낙태함으로써 성립하는 범죄이며, 임신한 여성이 낙태를 부탁하거나 시술자가 임부의 동의를 받고 행하는 동의낙태죄가 있다. 임부의 승낙 없이 임의로 또는 낙태행위를 하는 경우에는 부동의 낙태죄로 처벌하며, 임부가 모르게 낙태하게 한 경우 뿐 아니라 유효하지 않은 촉탁, 승낙에 의한 경우도 포함한다. 동의낙태죄, 업무상동의낙태죄, 부동의 낙태죄를 범하여 임부의 상해 또는 사망의 결과를 발생시킨 경우에는 낙태치사상죄가 성립한다.
모자보건법 제 14조(인공임신중절수술의 허용한계)

당하지 않는 경우에도 특별히 법적 제재를 받지 않으며 낙태가 시행되어져 왔다.[15] 이러한 한국에서 낙태의 문제의 배후에는 1960년대 이후 인구조절책으로서 저출산 장려정책을 시행해온 국가의 생명정치와 가부장적 가족제도와 성규범이 있는 것이다. 이러한 국가차원에서 인구통제를 위한 가족계획사업의 주요대상은 주로 여성이었다.[16] 특히 국가의 이러한 저출산 장려정책은 피임 없는 성관계 그리고 원치 않는 임신에 대한 최종 대책으로서 낙태 허용과 친화적이었으며, 모자보건법에서 제시된 임신중절허용사유도 이러한 인구조절정책과 관계함을 보여준다. 그동안 현재는 폐지되었지만 호주제를 비롯한 한국의 법제가 그동안 남아선호사상을 부축이었고, 이는 의학기술의 발달로 가능해진 산전진단인 태아성감별 검사를 통해 종종 여아낙태 행위로 이어지게 하였다. 특히 결혼이라는 제도 내에 허용된 성과 임신과 출산은 미혼여성의 임신을 출산으로 이어지지 못하게 하였다. 그리고 출산으로 인해 노동을 할 수 없는 생계의 위협상황에 처한 여성들은 낙태 외에 다른 선택을 하기가 어려웠다.

그러나 오늘날 급격한 출산율 감소로 인한 국가 차원에서의 출산장려정책은 낙태율 감소가 출산율증가에 큰 도움이 된다는 정치적 공론을 형성하게 하였다. 또한 다른 한편에서 여성학자들은 기존의

---

①의사는 다음 각호의 1에 해당되는 경우에 한하여 본인과 배우자(사실상의 혼인관계에 있는 자를 포함한다. 이하 같다)의 동의를 얻어 인공임신중절수술을 할 수 있다.

1. 본인 또는 배우자가 대통령령이 정하는 우생학적 또는 유전학적 정신장애나 신체질환이 있는 경우
2. 본인 또는 배우자가 대통령령이 정하는 전염성 질환이 있는 경우
3. 강간 또는 준강간에 의하여 임신된 경우
4. 법률상 혼인할 수 없는 혈족 또는 인척간에 임신된 경우
5. 임신의 지속이 보건의학적 이유로 모체의 건강을 심히 해하고 있거나 해할 우려가 있는 경우

15) 임공임신중절은 수술의 의미로서 의사가 그 시술주체지만, 여성의 낙태행위라는 표현은 여성의 낙태결정행위와 낙태시술을 치러내는 행위를 지칭한다. 여성법학자들은 임신종결(termination of the pregnancy)과 같은 통합된 임산부 주체가 드러나는 용어를 제안한다.

16) 백영경, 박연규 엮음(2008). 『프란켄슈타인의 일상-생명공학시대의 건강과 의료』. 도서출판 밈, 253~254쪽.

생명권 대 여성의 선택권이라는 이분법적 대립을 넘어서는 여성 중심의 "다초점 정책"이라는 이름으로 낙태에 대한 문제를 접근하였다. 다초점 정책이란 서로 태아의 생명권과 여성의 선택권사이의 모순되는 요구들을 동시적으로 고려할 수 있는 재생산권리 개념을 제시하며 여성의 선택과정에서 전개되는 고유한 모성적 사유를 존중하는 것이다. 이들은 여성의 특성인 성, 임신, 출산이 분리가 아닌 통합성이 재생산 정책의 기준이 되어야 한다고 주장한다. 이는 성과 임신과 출산행위의 긴장과 갈등을 직접 경험하는 여성의 모성적 사유에 기반을 둔 재생산정책의 정책이라는 맥락 속에서 낙태문제를 보아야 함을 강조하는 것이다.

한국의 여성학자들은 이러한 통합적 재생산과정이라는 여성주의적 관점에서 낙태의 문제를 접근하고 있다. 낙태의 원인인 원치 않는 성교에 의한 임신과 피임의 실패와 그리고 기혼 여성들의 경우에 기존 자녀수, 성별, 터울, 가족의 경제적 상황, 돌보는 자의 부족 등이다. 이는 성교에서 양육 조건에 이르기까지 여성들에게 자기 몸과 삶의 조건에 대한 통제권의 부족이 낙태의 원인임을 보여준다. 이것은 한국사회에서 만연된 낙태의 원인이 국가가 여성의 재생산권에 대한 사회적 보장을 제대로 하지 못하고 있기 때문이라는 것이다.[17] 즉 우리나라 형법상 자기낙태죄의 행위 주체는 오로지 임신한 부녀에 국한되지만, 가족의 압력, 경제적 사유, 미혼 등에 의해 여성은 자기 결정권, 건강권 그리고 모성권이 통합된 재생산권을 보장받고 있지 못하다. 특히 혼인 이전의 동거 등으로 미혼 여성의 임신 가능성은 높아질 수밖에 없지만, 우리 사회에서 그들의 출산과 양육은 사회적으로 철저히 통제되어 있다는 딜레마는 결국 미혼여성의 낙태를 더욱 증가시킬 수밖에 없게 한다. 미혼여성들의 낙태는 남성

17) 양현아(2006), 81쪽.

파트너와의 지속적 관계의 불가능, 미혼모와 그 자녀에 대한 차별, 빈곤 혹은 저연령으로 인한 자기 자립 불능 등 여러 조건에 기인하며 출산을 선택할 수 없는 사회적 · 제도적 · 경제적 상황에 그 원인이 있는 것이다. 또한 여성주의 법학자들은 여성의 낙태결정에 우선권과 신뢰성이 주어져야 하는 이유는 임신한 여성은 낙태에 임하여 그 누구보다도 자녀의 출산 후 여건을 가장 잘 예측할 수 있으며, 자신과 태아 사이를 교류하면서 모성적 사유를 하기 때문인 것이다. 따라서 그들은 사회의 변화에 따른 여성인권으로서 재생산권의 취약함을 인식하여 한국의 낙태관련법에서 특히 미혼여성의 성적 자유와 자기결정권, 재생산권이 보호받을 수 있도록 해야 한다고 주장한다. 이는 낙태의 사회경제적 사유를 고려하여 미혼여성도 자녀를 출산할 수 있도록 출산정책 패러다임이 변화되어야 함을 의미한다. 이러한 낙태정책의 방향 전환은 생명존중, 모성적 돌봄과 책임의 존중, 성의 평등, 특히 정상가족에 대한 인식을 넘어 다양한 가족의 활성화 등 재생산정책에로의 변화인 것이다. 우리사회가 여성이 성과 임신, 그리고 출산이라는 재생산과정에 대한 책임을 자율적으로 감당할 수 있는 양성 평등과 성문화 그리고 사회적 돌봄과 책임을 지니는 사회적 제도의 중요성을 강조하는 것이다.

여성에게 낙태경험은 낙태된 태아와의 떼어낼 수 없는 관계로 인한 평생 지울 수 없는 상처의 기억을 안고 살수밖에 없는 실존적 고통이다. 그 고통의 경험은 표현되어 공유되길 원하지만, 또한 다른 사람의 고통으로 환원될 수 없는 극히 개인적 주관적 경험일 수 있다. 개인마다 매우 다양한 조건 속에서 낙태를 결정하고 경험하지만, 그것은 한 개인이 평생 안고 살 수밖에 없는 실존적 상처인 것이다. 개인의 실존적 고통은 또한 사회적 · 문화적 · 제도적 관계가 서로 영향을 미치는 국가의 생명정치라는 틀 속에서 사회적 고통의 한 양상으로 드러날 수밖에 없다. 즉 이러한 실존적 고통의 이면에는 정치적 · 경제적 · 제도적 권력이 인간에게 미치는 영향력에서 비롯되는 '사회적 고통(social suffering)'이 있는 것이다.[18] 어떤 사회에서 인간의 고통이 형성되고, 인식되고, 의미화되어 서로 소통이 되는 방식에는 그 사회가 지닌 '체제', '역사', '관점'이 영향을 미친다. 그것은 그 '시대'를 체험하는 몸의 경험을 통해 각인되기 때문에 여성의 낙태 경험은 우리사회의 제도와 국가의 인구조절 정책으로서 가족계획의 역사를 포함하며 성과 임신, 출산을 바라보는 우리시대의 문화적 관점 혹은 관행을 잘 드러내 준다. 한국사회에서 여성의 몸에 각인된 고통의 경험은 바로 이 시대의 제도적 · 역사적 · 문화적인 차원이 담긴 사회적 고통에 해당된다.

실제로 사회적 고통은 언제나 복잡한 인간 삶에서의 성과 임신과 출산, 양육과정이라는 사회적 법적 제도와 관행 등이 서로 얽혀 있는 차이의 재생산정치 아래서 형성된다. 특히 우리사회에서는 개인의 혼인상태, 연령, 계급 등과 관계없이 성관계, 피임, 임신, 출산, 임신 종결을 비롯한 재생산활동을 위한 권리나 출산 이후 건전한 양육을 위한 사회권적 권리는 결혼이라는 제도권 내의 '정상 가족'이라는 범위 내에서 허용된다. 정상성의 규범에 밀려난 임신과 출산을 원하지 않게 하는 문화적 시선이 바로 사회적 고통을 야기한다고 볼 수 있는 것이다. 한국 사회 전반에는 정상성에 대한 집착과 압박이 제도적 · 문화적으로 만연해 있다. 그래서 정상성에서 벗어난 아이의 임신이나 출산 이후의 돌봄과 생존이 모두 개인의 책임으로만 맡겨져 있는 사회에서 출산이란 여성에게 공포가 되는 것이다. 실제로 정상성에 대한 재생산정치를 둘러싼 압박은 산전 진단을 통해 임신된 장애아동의 낙태를 결정하게 하고, 또한 장애여성의 임신 그 자체를 문제 상황으로 받아들이게 하는 경향이 있다. 특히 여성학자들

18) 클라인 만 외(2002). 『사회적 고통』. 그린비 출판사, 9쪽.

이 지적하는 결혼 제도 내에서 계획된 출산으로 이어지지 않는 여성의 모든 성 행위와 상대와의 관계와 임신을 도덕적 잣대로 판단하는 문화적 관행은 여성이 경험하는 차이의 재생산정치의 현실을 그대로 보여주는 것이다.

낙태는 사회적 고통의 현상으로 소통이 되고 공유되어야 하며 그 고통에 대한 사회적 돌봄과 생명에 대한 책임의식이 중요하다. 왜냐하면 우리 사회에서 여성의 고통의 경험에 대한 공유는 태아와 임산부를 포함한 모든 인격체에 대한 생명존중을 향한 도덕적 감수성을 높힌다. 또한 이는 여성 스스로 임신과 출산, 양육에 이르기까지의 모성적 사유와 경험을 자율적으로 실천할 수 있는 돌봄과 생명에 대한 책임 의식을 갖게 한다. 그래서 사회적 고통으로서 낙태에 대한 실천적 정책방향은 여성의 혼인, 비혼인, 장애인, 동성애자 등을 불문하고 생명을 잉태하는 모든 여성의 임신과 출산을 존중하고 그리고 태아를 지키고 양육할 수 있는 생명존중과 미래에 대한 책임의 윤리로 나아가야 할 것이다. 이를 위한 사회적 · 제도적 조건을 만드는 정책적 실현이 무엇보다도 중요한 것이다.

02 재생산 보조기술과 여성의 몸

02-1 여성의 출산과 의료기술

여성주의자들은 임신과 출산의 과정에 의료기술이 개입됨으로써 일어나는 생명윤리의 문제를 다음과 같은 시각에서 제기하고 있다. 우선 여성의 출산과 피임에 개입하는 의료기술의 발달은 한편으로는 불임의 고통으로부터 해방시키고 여성의 자율적 선택의 자유를 증대시켰다. 그러나 다른 한편으로 편리한 출산, 난자체취, 인공 수정, 인간 배아의 연구, 대리모를 통한 임신, 태아의 유전병검사, 유전자 치료 등의 의료기술은 임신과 출산이란 생물학적 어머니로서의 총체적인 모성성을 무력화시켜 여성의 몸을 지배하며 가부장적인 출산 전통을 유지하도록 하였다는 것이다. 여성 운동의 초기의 페미니스트들은 여성들의 생물학적 · 심리적 특성들이 여성을 남성에 종속하게 하는 근원이라고 하였으나, 이제는 여성들의 출산과 양육 능력이나 이에 연관된 돌봄의 능력을 여성 고유한 힘의 원천임을 강조하기 시작했다. 그래서 여성의 몸에 관여하는 남성 중심적인 의료기술의 발달이 여성들의 임신, 출산능력을 통제한다는 점에 주목하게 된 것이다. 특히 여성주의자들은 생식보조기술의 사용으로 인한 '난자 생산라인', '자궁 여건', '모성환경', '배아운반기'라는 말이 쓰이는 곳에서 여성은 생식을 위한 자원이라는 이미지로 그려지고 있다고 비판한다. 이것은 곧 모성의 무력화, 생물학적 어머니상의 해체를 암시하며, 여성의 모성체험이 이루어지는 시공간이 점점 과학자와 의료진, 그리고 여성들의 공동 출자로 메워지고 있음을 보여준다. 그러면 출산 기술의 의료화 그리고 재생산기술에 대한 여성주의 시각은 어떠한지 살펴보기로 한다.

오늘날 여성건강운동을 주도하는 여성주의자들은 임신과 출산 영역의 의료기술과 전문가에 의한 의료적 관리에 대해 비판적으로 바라본다. 그들은 자연출산과정에 개입하는 의료적 처치, 마취제, 촉진제, 진통제 투여를 통한 무통분만, 그리고 제왕절개 수술의 확산 등의 출산방식에 대해 주목한다. 그들은 이러한 출산방식의 의료화가 한편으로는 여성들에게 출산의 노고와 고통의 경감을 위한 출산방식을 선택할 수 있게 했지만, 동시에 여성 자신의 몸과 태아, 그리고 배우자 등 인간관계 속에서 이루어지는 출산 행위자로서 자기 소외를 가져왔다고 말한다. 그들은 특히 자연출산방식 등을 통한 출산 행위의 주체로서의 여성의 경험을 중요시하고 인간관계의 경험으로부터 소외되지 않는 출산방식에 대해 제안한다.

근대 의료체계의 발달이 여성의 산파와 가족 중심의 출산문화를 산부인과와 조산원을 포함한 의료기관 중심으로 변화시켰다. 이러한 변화는 여성의 임신과 출산을 자연적 · 생리적 과정이 아닌 의료처치의 대상으로 다루면서 출산의 주도권을 의사가 지니게 되는 결과를 가져왔다. 1960년대부터 시작된 페미니즘 건강운동은 19세기 말부터 여성의료인들이 중심이 되어 피임, 인공유산의 권리로부터 시작해서 전통적 의료체계에 대한 문제를 제기하였고, 여성의 지혜나 자율성을 존중하는 의료 만들기 운동으로 발전되었다.[19] 이 운동은 1970년대에 여성의 몸의 자율성을 강조하면서 주류 의료체계에 대한 비판과 건강에 대한 총체적 이해 등 건강 패러다임의 변화를 위한 실천이 되었다. 특히 여성주의자들은 여성의 몸이 인간관계부

19) 조영미(2000). 「한국 출산운동의 방향모색」. 『여성건강』1(2), 92~116쪽.

터 철저히 소외되고 관료화된 병원 의료 환경에서 이루어지는 출산 행위에 대해 비판적이다. 임신과 출산 과정의 의료화는 출산의 고통과 위험으로부터 벗어나게 하였지만, 자연스런 삶의 과정으로부터 임신한 여성과 태아를 고립시켜 환자로 규정하는 방식으로 가고 있다는 것이다. 특히 이들은 제왕절제술과 무통분만 등에 대한 과도한 의료조치에 대한 관행이 여성 스스로 출산행위자로서의 자기 몸에 대한 신뢰를 잃어버리게 할 수 있다는 점에 주목한다. 예를 들어 의료인뿐 아니라 여성 스스로 자신의 출산능력을 신뢰하지 못하고, 출산을 피하고 싶은 고통으로만 인식하여 제왕절개를 선택하는 경향이 있는 것이다.

여성주의자들은 여성 자신의 몸의 능력을 신뢰하고 몸과 자연과의 연결, 그리고 가족과 연결된 인간관계의 속에서 출산행위에 대한 가능성을 조산원 출산에서 보고 있다. 조산사가 여성의 몸의 능력을 조력하고 지지하며 자연출산에 대한 지식과 경험을 공유하며 격려해 주기 때문이다. 그들은 조산원에서의 자연출산은 산모, 조산사, 태아 사이 상호작용을 증진시키며 공동체의 협력적인 재생산활동으로 변화시켜준다는 점을 강조한다. 다음의 조산원 분만에 대한 여성의 경험에 대한 연구사례를 살펴보자.

"조산원에서 출산한 여성은 자신의 몸으로 직접 느끼면서 아이를 낳기 때문에 출산 과정동안 자신이 스스로 조절하면서 출산하였음을 느낀다고 표현하였다. … 조산원에서 출산하는 여성에게 '자연출산'은 어떠한 의료적 개입 없이 오직 내 몸으로만 온전히 아기를 낳고 싶다는 열망을 실현하고, 출산과정과 자신의 몸을 스스로 또는 다른 사람의 도움을 받아 본인이 원하는 대로 통제할 수 있게 하는 행위였다."

"… 조산원 출산에서는 태아 또한 신생아가 출산의 중요한 주체로 호명되었고 즉 태아 또는 신생아는 '찢어서 끄집어내거나, 눌러서 밀어내는 출산의 결과물'이 아닌 임신과 출산과정을 통해 끊임없이 여성과 가족, 그리고 조산사와 소통하는 존재였다."

" … 여성의 몸과 감정, 다른 행위자와의 관계가 조산원 자연출산에서 중요한 역할을 하기 때문에, 임신. 출산에서 태아 혹은 신생아, 여성의 배우자를 임신과 출산의 또 다른 능동적이고 적극적인 행위자로 호명하는 방식은 조산원 자연출산의 특징이다. 즉 직접 출산하는 몸이자 주체는 여성이었지만, 여성이 자연출산을 하는데 중요한 정서적 지지와 격려, 상호작용을 하는 존재로서 태아 혹은 신생아 그리고 배우자의 역할이 매우 중요했다."[20)]

02-2 보조생식기술과 여성의 몸

여성주의자들은 여성의 출산과 통제를 위한 의료기술이 지닌 윤리적 문제를 일반적으로 다음과 같은 시각에서 제기하고 있다:

1. 여성의 출산과 피임에 개입하는 의료기술의 발달은 한편으로는 불임의 고통으로부터 해방시키고 여성의 임신과 출산에 대한 자율적 선택의 자유를 증대시켰다.
2. 그러나 다른 한편으로 편리한 출산, 난자체취, 시험관 수정, 인간배아의 연구, 대리모를 통한 임신, 태아의 유전병검사, 유전자 치료 등의 의료기술은 임신과 출산이란 생물학적 어머니로서의 총체적인 모성성을 무력화시켜 여성의 몸을 지배함과 동시에 가부

20) 이은주, 박영숙(2012). 「조산원 출산 여성의 '자연출산' 의미와 경험–페미니스트 접근」. 『여성건강간호학회지』제18권(2), 142~144쪽.

장적인 남성의 출산지배의 전통을 유지하도록 하였다.

이러한 재생산기술에 대한 여성주의 시각은 보살핌에 중점을 두는 윤리적 입장이라기보다는 오히려 여성의 자율적 권리의 신장과 사회적 · 문화적 불평등으로부터 해방이라는 권력 비판에 중점을 두는 윤리적 입장임을 알 수 있다. 와츠맨은 재생산 신기술에 대한 여성주의 시각을 여성 해방을 촉진시키는 수단으로 보는 1) 기술옹호론, 가부장적인 지배수단으로 보는 2) 기술비관론, 다양한 문화적 정치적 권력과의 관계에 따라 다양한 의미를 부여하는 3) 기술 중립론으로 구분하고 있다.[21] 이들의 윤리적 입장을 살펴보면 다음과 같다:

우선, 1) 기술옹호론으로 대표되는 초기의 자유주의 여성주의자들은 임신조절기술의 진보가 남녀평등을 향한 거대한 사회적 변화를 일으키는 열쇠로 보며, 피임법과 임신중절시술의 광범위한 보급은 여성의 자율적 권리로서 자신의 몸에 대한 통제력을 가질 수 있게 하였다고 주장하였다. 그래서 여성해방운동 초기에 재생산의 기술은 특히 섹슈얼리티와 출산과의 연결고리를 끊어놓는 가능성을 열어주었다는 점에서 진보적이다. 파이어스톤(Firestone)은 '성의 변증법'에서 여성억압의 원인은 본질적으로 여성의 생물학적 모성의 기능, 즉 임신, 출산의 기능이라고 보고 있으며, 여성의 해방을 위해서 효과적인 피임, 출산기술의 발전이 필요함을 역설하였다.[22] 이러한 페미니스트들은 여성의 생물학적 모성의 기능에 의해 선택이 불가능했던 임신과 출산을 피임기술이나 체외수정술 같은 기술로 인해 스스로 선택할 수 있는 기회를 높여주었다고 생각하였다. 이 같

21) 주디 와츠맨(2001). 『페미니즘과 기술』(조주현 옮김). 당대. 106~121쪽.

22) 마르크스주의자인 파이어스톤은 여성억압의 뿌리가 생물학적이라고 믿었기 때문에, 여성해방은 생물학적 혁명을 필요로 한다고 말한다. 로즈마리 통(1995). 112~113쪽.

은 입장은 특히 이러한 기술의 혜택을 받을 수 있는 여성들과 불임 전문의, 생명과학자들로부터 지지를 받고 있다.

그러나 여성을 생물학적 모성으로부터 해방시키는 재생산기술로 인해 성적 평등이 가능할 수 있다는 입장은 여성주의 내부에서도 많은 비판에 부딪히게 된다. 그들은 피임과 임신중절 기술이 여성 자신의 몸을 통제할 수 있는 선택권을 강화시켜주었다면, 재생산기술은 오히려 불임을 고쳐야 할 질병으로 규정함으로써 여성의 모성의 역할을 더욱 고착화시킨다는 것이다. 특히 전통적으로 모성의 역할이 강조되는 사회에서 재생산 신기술은 오히려 성별화된 여성의 역할을 강화하는 데 공헌한다는 것이다.

따라서 2) 기술비관론으로 일컬을 수 있는 급진적 페미니스트들은 1984년 재생산과 유전공학에 저항하는 FINRRAGE(Feminist International Network of Resistance to Reproductive and Genetic Engineering) 결성한다. 그들은 재생산 신기술을 여성에 대한 가부장적인 지배수단이며, 또 다른 형태의 폭력이라고 강력히 저항한다.[23] 그들은 오히려 생물학적 모성경험이 여성 고유의 정체성을 이루는 여성의 잠재력의 근원으로 파악하고, 피임이나 출산기술을 여성의 자연적 출산능력을 탈취하는 시도로 간주한다. 그들은 남성이 여성을 지배하는 가부장적 지배의 주도적 양식이 결혼을 매개로 한 섹슈얼리티 영역에서 오늘날은 과학과 기술을 매개로 모성애의 영역, 즉 출산과 육아의 영역으로 옮아가고 있음을 지적한다. 즉, 체외수정, 난자제공, 태아성감별, 배아 검사라는 재생산을 위한 신기술은 결국 강력한 가부장적인 남성지배의 사회통제수단이 될 수 있다는 것이다. 또한 이들은 여성의 재생산을 통제하려는 가부장적인 욕망을 재생산기술과 유전공학을 통해 자연지배의 '마지막 미개척 분

23) 주디 와츠맨(2001), 112쪽.

야'인 여성의 자연적 출산력을 정복하려는 것으로 이해한다.

그러나 또 다른 페미니스트 그룹으로서 3) 기술 중립론자들이 있다. 이들은 재생산 신기술을 남성지배적이고 여성종속이라는 구도로 이해하는 것은 여성들 간의 차이와 그리고 국가, 의료진이라는 다양한 힘의 관계를 드러내지 못하다고 비판한다. 이들은 재생산이라는 신기술 그 자체가 속해 있는 다양한 문화적, 정치적 권력 관계와 여성들 간의 차이 속에서 그 의미를 이끌어내야 한다는 것을 강조한다. 재생산 신기술은 여성들 간의 계층, 나이, 인종, 제3세계에서 서로 다른 함의를 지니기 때문이다. 따라서 재생산 신기술은 어떤 조건 하에서는 여성에게 더 많은 선택의 가능성을 제공했지만, 다른 한편으로는 재생산기술을 지배하는 의료진과 국가가 여성의 삶을 통제할 수 있는 가능성은 오히려 더 커질 수 있는 것이다. 이러한 맥락에서 페미니스트들은 기술적으로 주어진 재생산에 대한 선택가능성을 어떻게 하면 의료진과 국가의 여성 통제강화로 넘어가지 않고 실질적인 여성의 재생산권으로 실현할 수 있는지를 고민해야 한다고 주장한다. 따라서 기술 중립론의 대안은 여성 스스로가 과학과 기술에 대한 지식과 자원을 얻어, 이에 대해 자율적으로 결정할 수 있는 조건을 만들어 가는 것이다.

또한 오늘날 여성주의 윤리에서는 생명공학과 의료기술로 인해 침해받을 수 있는 여성의 인권을 보호하기 위한 정책수립이나 제도적 장치를 개선하기 위한 4) 의사소통 윤리에 대한 논의가 일어나고 있다. 예를 들어 인공수정을 위한 여성들의 난자 적출과 자궁착상 등의 과정에서 여성 개인은 어떻게 자율권을 행사할 수 있는가, 체세포복제를 위해 필요한 미수정 난자를 어느 여성에게서 구하는 가 등에 대한 의사결정이 여성의 목소리가 반영된 제도적 법적 장치 내에서 이루어져야 하는 것이다.[24] 이에 대한 의사소통 윤리가 여성주의 실천적 담론이다. 이는 여성 개인의 실존적 삶은 물론 정치적 이슈로서 정책 결정과 제도적 장치를 구성하기 위해 여성들의 다양한 목소리와 체험을 귀담아 듣고 이에 대한 토의와 분석을 통해 대안을 모색하기 위한 것이다. 그래서 여성의 몸과 관련된 윤리적 문제에 대한 진상을 정확히 파악하기 위해 여성들을 직접 만나 대화하여 사례를 수집하고, 그 사례에 대한 공개적 토론의 장을 주선하는 일이 중요할 것이다.

최근 보고된 시험관 아기 시술을 경험한 우리나라 난임여성들과의 인터뷰를 통해 직접 모은 사례들을 살펴보자.

"모든 시술과정의 목표는 임신을 시키는 데에 있기 때문에 여성은 전 과정이 순조롭게 진행될 수 있는 최적의 상태로 자신의 몸을 조정하는 데 집중해야 한다. … 불임치료과정에서 여성은 임신될 때까지 그리고 임신 후 12주까지 계속 호르몬주사를 맞는다. 많은 여성들이 이 치료과정에서 부작용을 경험한다. 발열, 구토, 아랫배 팽만감, 심한 경우는 온몸에 두드러기가 나거나, 복수가 찬다든지, 난소가 붓고 심한 복통을 제대로 느낀다. 몸이 제대로 말을 안 들어 거의 누워 지내는 경우도 있다. 그러나 무엇보다도 시술과정에서 여성이 느끼는 최대의 고통은 유산의 경험이다. … 그러나 의료진의 관심은 오직 임신의 성공과 지속에 있기 때문에 여성이 겪는 물리적 정신적 고통은 여성 스스로 감당해야 할 몫으로 남는다."[25]

---

24) 개체복제 금지, 배아 복제 행위의 원칙적 금지, 유전자 치료, 검사 및 유전정보 보호 등의 포괄적인 내용을 담은 「생명윤리 및 안전」에 관한 법률이 2004년 제정되었다. 여성단체에서는 그 당시 특히 불임클리닉에서의 인공수정에 대한 합리적인 규제방안으로서 난자의 과도한 적출에 대한 방지, 인공수정의 횟수를 제한하는 방안, 난자 매매 및 대리모 금지 등이 법률에 포함되어야 함을 제안하였다.

25) 조주현(2003). 「재생산 신기술과 여성이 재생산권」. 『생명공학과 여성』. 한국여성학회 월례발표회. 28~30쪽.

여기서 한국사회가 요구하는 정상가족을 위해 시험관 시술을 받은 여성들은 자신의 삶의 가치의 우선순위가 아기의 출산으로 바뀌게 되는 경험을 하게 된다. 여성들은 난자채취, 배아이식, 자궁착상, 임신의 전 과정에서 자신의 몸은 난자와 배아나 태아로부터 철저히 소외되어서 오로지 사회적 의무로서의 출산을 위해 헌신하는 자신의 몸의 도구화를 경험하게 된다. 물론 인공수정은 난임여성에게 출산의 가능성을 통한 삶의 행복의 기회를 열어주는 측면이 있다. 그리고 난임은 재생산기술을 통해 극복 가능한 일종의 질병으로 인식되어 가는 경향이 있다. 더구나 오늘날 우리사회에서는 시험관 아기 시술을 국가경쟁력의 지표로 삼고 있으며, 과학자들이 연구할 자유, 기술자들이 개발할 자유, 개별 시민이 그 기술을 이용하여 개인적 소망을 충족시킬 자유가 합쳐져 국가적 차원에서의 생명정치가 이루어지고 있다.

이러한 난임 클리닉에서 이루어지는 난자채취, 수정란, 배아이식, 자궁착상 등의 과정에서 여성의 몸은 보호받아야 한다. 이를 위해 여성들 스스로 실존적 삶의 주체로서의 능동성을 확보하고 사회적 평등을 향해 요구되는 바람직한 실천적 대안이 필요하다. 여성주의적 · 실천적 담론은 바로 여성 자신을 삶의 실존적 주체자로서 인식하게 하고, 불평등한 의사소통구조에 대한 비판을 통해 자유롭고 합리적인 의사소통 행위에 적극적으로 참가하면서 인간상호 간의 보살핌의 윤리를 실현한다. 그렇다면 우리나라에서 여성의 임신과 출산과 관련된 생명공학과 의료기술에 대한 여성주의 실천적 담론은 과연 어떠한 방향으로 나아가야 할 것인가?

첫 번째로 우선 먼저 여성들의 자아에 대한 인식을 통한 모성에 대한 재구성 작업이 필요할 것이다. 여성들 스스로 모성성에 대한 자아인식은 자신의 몸의 주체성을 회복시켜줄 것이다. 여성의 자율권 행사가 자신의 난자, 자궁 등의 생물학적 모성의 기능까지도 처분이 가능한 소유권 개념으로 이해하여 난자매매와 자궁대여 등을 정당화시켜 준다면, 여성 자신의 삶과 몸의 소외현상은 더욱 심각하게 될 것이다. 따라서 진정한 여성의 재생산에 대한 자율적 권리는 여성의 모성에 대한 자기 인식과 재구성과정을 통해서만 출산에 대한 자율적 선택의 권리를 행사할 수 있을 것이다.

두 번째로 여성들은 여성의 몸을 도구화하는 제도로서의 의료 권력에 대한 비판적 의식을 갖고, 이에 대한 공적인 정책결정과 제도개선에 능동적 참여를 해야 할 것이다. 여성들이 출산의 기회와 가능성에 대한 전문적 지식을 공유함으로써 언제 어디서 어떤 선택을 해야 할 지에 대해 좀 더 주체적인 관여를 할 수 있어야 한다. 그러기 위해서 여성주의 실천적 담론은 불임치료를 위한 인공수정, 난자적출에 대한 생명윤리법안이나 공공정책 수립에 있어서 여성들의 다양한 입장과 차이가 적극적으로 대변 될 수 있는 의사소통 행위의 구조를 형성하는 데에 기여해야 할 것이다.

이러한 맥락에서 여성의 차이의 정치학을 강조하는 페미니스트들은 기술적으로 주어진 생식보조기술이 의료진과 국가의 통제를 벗어나서 실질적인 주체적인 여성의 삶으로 실현할 수 있는지에 대해 성찰해야 한다고 말한다. 왜냐하면 생식보조기술이 국가의 정책이나 사회적 · 경제적 · 문화적 상황과 어떤 방식으로 상호작용을 하느냐에 따라 어떤 여성은 수혜자로 어떤 여성은 피해자로 만들기 때문이다. 오늘날 우리나라에서는 국가의 출산 장려정책과 맞물려 시험관아기 시술이 장려되고 있다. 그 과정에서 여성의 몸에서 적출된 잔여냉동난자가 불치병치료를 위한 배아복제연구로 사용되고 있음에 대해 비판적으로 감시해야 하는 것이다. 즉 여성 스스로 과학과 기술에 대한 지식과 자원을 얻어서 자율적으로 결정할 수 있는 조건을 만들어 가야 하며, 또한 자기 몸에 대한 이해를 해야 한다. 그래서 여성주의자들은 국가정책이나 가족, 의료인집단 그리고 과학기술이 지닌 권력이 어떻게 작용하는지 인식하여, 여성 스스로 실천적 방안을 모색할 것을 제안한다.

마지막으로 여성들은 생명의료 영역에서의 여성적 의식과 모성적 체험을 사적인 인간관계의 차원을 넘어서 사회적 보살핌을 위한 도덕적 잠재력으로 확장시켜나가야 할 것이다. 여성적 윤리학자인 노딩스는 자연적 성향으로서의 모성적 보살핌의 차원을 넘어서 생면부지의 타자나 내가 혐오하는 사람까지 보살펴야 하는 윤리적 보살핌을 '윤리적 이상'(ethical Ideal)으로 삼는다.[26] 이렇듯 여성적 윤리는 생명공학과 의료혜택으로부터 소외된 사회적 약자들의 고통을 함께 나누고 배려하는 보살핌의 윤리를 제안한다. 특히 여성주의 실천적 담론은 생명공학의 의료기술을 이용하여 자신들의 욕구와 이익을 무한정으로 추구하고자하는 전문가집단과 의료 권력으로부터 사회적 약자를 보호하고, 이들의 요구와 필요를 이해하고 충족시킬 수 있는 사회적 보살핌의 방향을 제시하는 것이다.

26) 허란주(1999). 「페미니즘과 자율성」. 『여성과 철학』(김혜숙 외). 철학과 현실사, 46쪽.

03
의사소통과 여성적 돌봄

03-1 의료현장에서의 의사소통

의료현장에서 의료인과 환자와의 관계에서 의사소통은 환자에게 질병이나 치료과정, 예후 등에 대한 충분한 설명을 하고 동의를 얻는 과정에서 환자와의 신뢰적 관계와 치료를 위해 중요하다. 의료현장에서 의사소통은 우선적으로 의료인들은 환자를 자율적 인격체로 대하여 자신의 질병상태나 가능한 치료대안들, 그 예상 징후 등에 대하여 충분한 설명을 하고, 환자는 이러한 정보에 대해 충분히 알고 동의 여부를 자율적으로 결정하는 과정에서 이루어진다. 오늘날 환자의 권리신장과 함께 의료현장에서 중요시되고 있는 '충분한 설명에 의한 동의'(informed consent)는 의료인, 환자와의 관계에서 자유로운 의사소통 과정에서 이루어진다. 충분한 설명에 근거한 동의는 환자가 의료행위의 과정에 참여하여 진실을 들을 권리, 사생활의 비밀이 보장될 권리, 그리고 자기의 생명과 권련된 문제에 최종적인 결정을 내릴 권리가 보장되어야 한다는 '환자의 권리장전' 등의 선포 이후 그 중요성이 더욱 강조되고 있다. 그래서 의사협회가 공포한 의사윤리선언에는 '의사는 환자가 자신의 의사를 자유롭게 선택할 권리와 담당의사의 진료방법 등에 대해 알 권리를 인정하고 존중'하며, '환자의 질병상태와 예후, 수행하려는 시술의 효과와 그 위험성, 진료비 등에 대해 환자나 보호자에게 알림으로써 환자의 권리를 보호하고 환자의 적극적인 역할'을 제고해야 함을 강조하고 있다. 또한 간호사의 전문직 단체인 간호협회 윤리강령에서도 간호사는 대상자가 정확한 정보와 설명에 의해 의사결정을 하도록 돕고 대상자가 간호행위를 선택하거나 거부할 권리가 있음을 존중해야 한다.

의료행위과정에서 충분한 설명을 통한 동의의 과정에서 의사소통은 바로 이러한 의료인과 환자 사이에서 인간관계의 신뢰와 치료의 과정에서 필수적이다. 특히 여성주의자들은 의료현장에서 의료인과 환자 사이의 일어나는 의사소통의 담론의 구조와 그것을 방해하는 요소에 관심을 지닌다. 그래서 그들은 충분한 설명에 근거한 동의과정에서 자유로운 의사소통을 방해하는 병원의 관료적 제도나 의사중심의 의료관행, 그리고 가부장적 가족문화에 대해 지적한다. 또한 여성적 돌봄의 윤리(feminine ethics of care)는 환자를 독립된 자율적 판단의 주체로서 인식하기 이전에 보호를 받아야 하는 취약한 존재로서 이해하고 환자나 가족의 권리를 옹호하고 자율성을 증진시키기 위한 공감적 의사소통과정을 중요시한다. 그러면 의료현장에서의 의료인과 환자사이의 의사소통과 돌봄의 윤리가 어떻게 실천될 수 있는지 설명 동의의 과정을 통해 살펴보기로 한다.

우선 여성주의 담론은 환자와 의료인사이의 대화적 의사소통을 증진하기 위한 의사소통 모델에 관심을 지닌다. 이를 위해서 자유로운 의사소통을 방해하는 병원의 관료적 제도나 의사중심의 전문적 권력에 따른 의료관행 그리고 가부장적인 가족문화에 대해 비판하고 특히 이를 교정할 수 있는 의사소통 행위 모델에 대해 제안을 한다.[27] 이들은 특히 하버마스의 의사소통 행위이론에서 의료현장에서 의사소통구조에 대한 중요한 이론적 토대를 발견한다.

27) 박은정(2001). 『생명공학시대의 법과 윤리』. 이화여자대학교 출판부, 507쪽.

03-2 충분한 설명에 근거한 동의

하버마스에 따르면 의사소통 행위는 일종의 사회적 행위이다. 그리고 그것은 어떤 목적달성을 성공시키기 위한 전략적 행위와는 구분된다. 의사소통 행위는 상호주관성에 바탕을 둔 상호 이해를 지향한다.[28] 전략적 행위가 상대방에게 자신의 의도나 목적을 관철하기 위해 영향력을 행사하는 행위인 반면에 의사소통 행위는 행위자 상호 간의 이해 도달을 목표로 한다. 이해 도달을 지향하는 의사소통 행위는 2인 이상의 언어행위자들이 서로 간의 '합의'를 통해 행위조정을 이루고자 한다. 여기서 상대방은 자신의 목적을 달성하기 위한 전략적, 수단적 대상이 아니라, 합의에 이르기 위해 서로를 필요로 하는 협력자로 등장해야 한다. 그래서 의사소통 행위는 '상호주관성'에 바탕을 두고 상호이해의 과정에서 구현되는 행위인 것이다. 정상적인 대화에 참여하기 위해서 대화자는 의사소통능력이라고 불리는 말과 상징적 상호작용의 기본적 자질을 갖추고 있어야 한다. 이 능력을 바탕으로 대화의 과정에 참여하길 원하는 사람은 항상 대화를 성립시키는 네 가지 타당성에 대한 요구를 충족 시켜야 한다. 그러면 대화에 참여하는 자의 의사소통의 조건으로서 네 가지 타당성의 요구에 대해 살펴보자.

28) 위르겐 하버마스(2006). 『의사소통 행위이론』(장춘익 옮김). 나남출판사, 415쪽.

03-2-1. 이해

어떤 것을 이해하도록 표현한다(이해성).

03-2-2. 참(진리)

말하는 자는 듣는 자가 그의 지식을 함께 나눌 수 있는 참 명제(주장)를 전달해야 한다(진리성).

03-2-3. 규범

말하는 자와 듣는 자가 서로 인정된 규범적 배경과 관련해서 서로 이해할 수 있는 적합한 언표를 사용하여야 한다(적합성).

03-2-4. 진실성

말하는 자는 듣는 자가 그의 언표를 믿을 수 있도록 그의 의도를 진실 되게(wahrhaftig) 표현해야 한다(진실성).

여기서 네 가지 타당성의 요구를 충족시키는 과정은 다음과 같다. 언표(언어적 표현)에 대한 이해가 어려우면 1) "그것은 무엇을 의미하는가?" 또는 "그것을 어떻게 이해해야 하는가?"라는 질문을 하며 이에 대한 답은 의미 해석이다. 언표의 주장에 대한 사실이 의심스러울 때에는 2) "사실은 주장하는 그대로인가?"라는 질문이 나오며, 이에 대한 대답은 확신과 설명이다. 또한 그의 언표가 규범적 배경에 적합한가가 의심스러울 때 3) "그렇게 말하는 것이 그 상황에 적합한가?"라고 묻는다. 4) "그는 나를 속이고 있는가?"라는 의심이 들 때 그의 언표에 대한 진정성에 대해 질문을 한다.

이렇듯 의사소통 행위에 참여하는 대화자들은 서로 제기하는 물음에 대해 대답하는 상호 이해의 과정을 통해 합의에 도달하게 된다. 대화자의 불확실한 타당성에 대한 주장은 대화를 통해 분명해질 수 있다. 이렇듯 화자와 청자는 서로의 언어행위의 타당성에 대한 요구를 하는 대화의 과정을 통해 상호 주관적 합의에 이를 수 있으며, 이것을 통해 행위조정을 합리적으로 할 수 있다.

그러면 의료현장에서 설명 동의가 이루어지는 의사소통과정에 대해 생각해 보자. 설명 동의는 생명의료 윤리의 '자율성 존중의 원칙'에 근거하여 일반적으로 논의되어진다. 여기서 환자의 인격을 존중하여 충분한 설명을 통해 자율적 동의를 얻기 위해서는 환자의 동의 능력과 자발성, 동의의 내용과 이해정도 등에 대한 논의가 사전에 이루어져야 한다. 그래서 환자가 의사의 설명을 이해하고 자발적으로 동의할 수 있는 능력을 지녔는가, 설명의 주체인 의사는 동의의 주체인 환자로부터 어떠한 영향력을 발휘하지 않고 자발적인 동의를 확보할 수 있는가, 그리고 설명과정에서 과연 환자나 보호자가 이해할 수 있는 용어를 사용하고 소통이 가능한 담론의 구조를 형성했는가의 물음들이 제기된다.

우선 설명 동의의 과정에 참가하는 의료인과 환자, 그리고 가족은 언어를 통한 합리적인 의사소통능력이 있다는 것을 전제로 한다. 그리고 대화의 참가자들은 질문과 응답이라는 대화의 과정에서 언제든지 의사소통의 네 가지 타당성에 대한 요구를 할 수 있어야 한다. 즉, 환자나 가족은 설명의 주체가 사용하는 용어나 담론이 이해하기 어려울 때 항상 질문할 수 있으며, 의사는 이에 대해 이해할 수 있도록 설명하여야 한다. 의사는 환자의 질병, 증상, 치료 방법 및 과정과 예후 등에 있어서 사실에 부합하는 내용을 제공해야 하며, 이에 대한 물음에 대해서는 증거를 제시하여 설명하여야 한다. 그리고 의료인은 환자와의 관계에서 의료행위를 하는 법적 · 규범적 맥락에 적합한 전문적 지식에 근거하여 설명하여야 한다. 또한 왜 이러한 치료방식을 택해야 하는지에 대한 이유를 제시해야 하며, 그 의도가 정직해야 한다. 이렇듯 의료인과 환자는 설명 동의과정에서 환자의 질문에 성실히 응답하는 대화적 이해를 통해 진정한 동의에 도달할 수 있다. 예를 들어 심장병을 앓고 있던 60대 여성 환자는 의사로부터 당장 수술을 해야 한다는 소리를 듣고 귀가 조치를 받은 후 집에 자식들에게 편지를 쓰고 자살하였다. 이 경우는 의사는 심장병을 고치기 위한 전략적 목표에만 충실하여 환자와 상호 이해의 과정이 없는 전략적 의사소통의 결과인 것이다.[29)]

최근 의사소통 행위이론에서는 후기자본주의사회에서 생활세계가 법적 질서 등의 형태를 가지고 체계화되고 화폐 가치가 막대한 영향력을 행사함에 따라서 자유로운 의사소통의 장애가 발생한다는 점에 주목한다. 즉 가정이나 학교, 병원에서 의료, 노인돌보기 등의 생활세계는 상호이해의 과정을 통해 의사소통 행위가 일어나야 하는 영역이다. 그러나 그 영역에서조차 상호대화보다는 법과 관료적 행정과 돈이라는 매체가 지배함에 따라 의사소통의 상호성이 붕괴되고 있다는 것이다. 거기서 당사자들의 자유로운 인격이나 욕구, 관심, 경험 등의 삶의 구체적인 연관성이 무시되면서 상호이해의 의사소통의 장애가 일어나게 되는 것이다.

이러한 의사소통의 장애는 설명 동의가 일어나는 의료 현장에서도 쉽게 발견된다. 의료현장에서 설명 동의는 일반적으로 수술이나 검사 등 의료적 침습행위를 위한 제도적인 절차나 법적 의무로서 인식되고 있다. 실제 의료 현장에서 의사는 어려운 용어를 사용하고, 제한된 시간동안 일반적으로 치료의 과정이나 결과, 그리고 이에 동반되는 위험만을 강조하는 의사 중심의 일방적인 설명이 주를 이루는 경우가 많다. 의사는 환자가 동의 주체임에도 불구하고 가족에게 설명을 제공한다. 이것은 환자 자신의 이해력과 적극성 부족이

29) 공병혜 외(2019). 『생명윤리』. 현문사, 207~212쪽.

나 의존적 태도 때문이기도 하지만, 설명 동의가 의료인에게는 법적 의무와 치료를 위한 행정적 절차로서 인식되고 있고, 의사와의 권위적 관계 속에서 이루어지기 때문이다. 실제 우리나라 의료현실에서는 치료의 결정과정에서 환자 자신보다는 자신을 맡은 의료진과 가족의 의사결정에 따르려는 오랜 전통의 온정적 간섭주의 성향이 강하다.

따라서 의료 현장에서의 의사소통의 과제는 충분한 정보제공을 통한 상호 이해와 동의에 이를 수 있게 하는 의사소통의 조건을 형성해주는 것이다. 실제로 의료 현장에서의 설명 동의 과정은 환자의 인격을 존중하고 의료인과 환자와의 개별적인 신뢰관계 형성과 치료효과에서 중요한 역할을 한다. 자유로운 대화적 의사소통을 위해서는 특히 환자의 자율성을 보호하고 증진할 수 있는 돌봄이 제공되어야 한다. 현실적으로 의사소통은 전문적 지식과 기술을 독점하고 있는 의료인과 그들에게 의존할 수밖에 없는 환자와의 비대칭적 관계 속에서 이루어질 수밖에 없다. 따라서 의료인과 환자사이의 자유로운 대화적 의사소통 구조가 형성되기 위해서는 취약한 상황에 처한 환자나 가족에게 자율성을 증진시켜주는 돌봄의 과정이 선행될 때 지켜질 수 있는 것이다.

03-3 의사소통과 돌봄의 윤리

대부분 의료현장에서 이루어지는 의사소통은 환자가 처한 의존적 상황이나 그들의 요구와 필요, 그래서 환자가 자신의 질병과 치료 방법을 어떻게 수용하는 지에 이해가 결여되어 있다. 그러나 여성적 돌봄의 윤리에서는 의사소통과정에서 환자가 처한 구체적인 삶의 맥락을 고려하고, '이야기체적 사고방식', 그리고 인간관계 능력으로서 공감능력과 이들에 대한 책임감을 중요시 여긴다. 여기서 '이야기체적인 사고방식'이란 돌보는 사람이 환자가 지금까지 살아온 삶에 대한 총체적 관심을 가지고 그 개인을 이해하고 수용하는 공감능력과 이에 대한 책임감을 포함한다. 그리고 정의의 문제에 있어서도 모든 사람에게 공평하게 똑 같이 분배하는 것이 아니라, 개인이 처한 상황이나 요구와 관심에 따라 돌봄을 제공하는 형평성에 따른 분배적 정의를 중요시 여기는 것이다. 즉, 돌보는 사람은 타자가 무엇을 기대하고 그가 기대하는 상황에 대해서 무엇을 느끼며, 그 상황이 우리에게 무엇을 요청하는 가에 대해 인식한 후에야 비로소 돌볼 수 있다.[30] 그리고 무엇보다도 여성적 돌봄의 윤리에서 중요한 것은 타자를 수용하면서 타자와 함께 보고, 느끼며 함께 있는 것이다.

이러한 돌봄의 윤리에 따르면 의료인은 설명 동의의 과정에서 각각의 환자나 환자가족이 처한 삶의 구체적인 맥락과 특수성에 대해 관심을 갖고 환자나 가족의 이야기에 귀를 기울여야 한다. 의사는 환자나 가족에 대해서 똑같은 내용과 방식으로 설명을 제공하는 것이 아니다. 그는 개인의 질병체험이 담고 있는 총체적 삶의 이야기를 통해 그들이 처한 개별적 상황을 이해하는 정서적 공감의 과정을 거쳐서 환자의 안녕에 대한 책임감을 가지고 그들의 요구와 관심에 따라 설명의 내용과 방식을 달리하는 형평성을 지녀야 하는 것이다. 이러한 설명 동의 과정에서 설명의 주체는 아니지만, 간호사가 함께 있고 그 과정에서 환자의 이해를 증진시켜 줌으로써 환자의 알 권리에 대한 옹호를 할 수 있다. 여성주의 윤리는 전통적으로 의사에 의한 질병치료 중심의 병원체계 속에서 주변부로 밀려나서 논의되고 있는 간호사 등의 돌봄 종사자들의 돌봄에 관심을 지닌다. 특

30) 공병혜 외(2017), 211~212쪽.

히 오늘날 검사, 처치, 수술 등의 신체에 해를 가하는 침습적 의료행위가 증가하고 있는 임상현장에서 간호사들은 설명의 주체인 의사의 조력자로서 그리고 동의의 주체인 환자를 옹호해야 하는 자신의 역할 사이에서 다양한 도덕적 갈등 상황을 경험하며, 그들은 자주 그 갈등 상황을 회피하거나 무력감을 느끼는 도덕적 고뇌를 경험하기도 한다. 그러나 간호사는 설명의 주체인 의사와 환자사이의 조정자의 역할을 수행하며, 동시에 환자가 동의 능력이 없을 경우, 환자의 권리를 보호하고 존중해 줄 수 있는 대리인 선정을 통해 의사소통을 촉진시킬 수 있는 돌봄을 수행해야 한다. 즉 돌보는 자는 환자나 보호자(가족)가 의사로부터 충분한 설명을 듣지 못했을 경우 적절한 정보를 얻을 수 있도록 조정해 주고 스스로 결정하도록 도와준다. 그리고 그들은 양질의 적정진료가 이루어지도록 감시하며, 특히 의사와 환자 혹은 가족 사이의 상호이해에 따른 의사소통을 촉진시키는 역할을 해야 하는 것이다. 다음의 임상사례를 살펴보자.

"김씨는 45세의 주부로서 장암판정을 받고, 수술 후 검사결과가 좋지 않아서 매월 5~6일씩 입원하여 항암 치료를 시행하고 있었다.

그녀의 남편은 이미 수술 전부터 김씨가 충격을 받으리라는 생각 때문에 그저 "염증"이라고 말했다. 그러나 김씨는 매월 반복되는 화학요법으로 나타나는 증상(탈모증)에 시달렸고, 다인용 병실에서 항암제를 맞고 있다는 옆의 환자와 같은 주사를 맞고 있음을 의아해했다.

김씨가 간호사인 나에게 "나도 암입니까?"하고 물으면 나는 솔직한 답을 줄 수 없었다. 왜냐하면 김씨의 남편은 계속 아직 말할 때가 아니라고 했기 때문이다. 그러나 그 환자는 "주위사람들이 나를 속인다.", "나는 암일 것이다."라는 생각을 표현하였다.

얼마 후 복수가 차고 간으로 암이 전이되어 급속히 악화되는 상태에서도 남편은 끝까지 진실을 알리려고 하지 않았다. 김씨는 이미 죽음에 다가서고 있음을 감지하고 있었으며 자신이 두려워했던 죽음에 대해 어느 정도 받아들이며 남은 가족들에 대해 걱정하는 모습을 보였다. 나는 김씨의 남편과의 대화를 통해서 아내에게 진실을 말하지 않았던 이유가 남편 자신 스스로가 암과 죽음에 대한 두려움이 컸기 때문이었음을 알게 되었다."[31]

우선 위의 사례에서 환자를 돌보는 간호사는 어떻게 환자의 자율성을 증진시켜주고 의료인과 가족 간의 신뢰를 촉진시킬 수 있는 의사소통을 할 수 있는가? 간호사는 환자와 그리고 남편과의 의사소통을 통해서 환자의 요구와 관심을 이해하고 환자와 가족 간의 상호신뢰를 할 수 있는 의사소통을 촉진시켜주는 역할을 해야 한다. 실제로 의료인과 환자와 그리고 가족 사이에서 이루어지는 의사소통과정은 서로 상호 신뢰할 수 있는 배려와 책임을 다하는 돌봄이어야 한다. 무엇보다도 이 과정에서 중요한 것은 환자의 권리를 옹호해주는 돌봄인 것이다. 따라서 의료행위과정에서 의료인과 환자나 가족 사이의 상호신뢰를 할 수 있는 공감적 의사소통과 동의능력이 없는 환자나 이를 대리하는 가족에게 자율성을 증진시킬 수 있는 돌봄이 이루어져야 한다.

31) 공병혜(2019), 212쪽.

04
21세기 생명정치

04-1 생명공학과 생명정치

근대 이후 급속히 발전한 생명공학과 의료기술이 인간 탄생에서 죽음의 과정에 개입하면서 생명 자체가 주요한 정치적 주제가 되어가고 있다. 특히 21세기 급속도로 발전해 가고 있는 인간 게놈 프로젝트와 뇌 과학 연구는 인간 몸과 생명에 대한 생명공학과 의료기술의 개입을 더욱 강화시키면서 동시에 인간의 건강과 생명자체를 중요한 정치적 관심사로 부각시키고 있다. 인간 게놈 프로젝트와 같은 생명공학의 성장이 생명의 정의와 인간의 정체성을 유전자 단위로 바꾸어 놓고 있으며, 건강과 질병에 대한 새로운 지식-권력을 형성하고 있다. 특히 인간의 생명에 대한 생명공학과 의료기술의 영향력이 커갈수록 생명공학에 대한 지식은 우리의 삶 곳곳에서 권력을 행사하고 있다. 오늘날 생명정치 이론은 이러한 지식에 대한 권력이 새롭게 나타나는 현상을 다룬다. 특히 미셸 푸코(M. Foucault)는 이러한 생명정치를 이해하는 데에 선구자적 기여를 하였다.

푸코는 『성의 역사』에서 권력의 다양한 메커니즘을 분석하면서 **주권 권력과 생명 권력**을 대비시키고 있다. 여기서 주권권력은 "죽게 만들거나 살게 내버려주는 권력"이며, 주권자에 의해 주체의 생명을 박탈할 수 있다는 특징을 지닌다. 이는 군주제의 전제정치에서 볼 수 있는 사형 같은 죽이는 행위인 것이다. 그러나 생명 권력은 "살게 만들거나 죽게 내버려주는 권력"이다. 생명 권력에는 특히 개인의 몸에 대한 규율적 기술과 인구라는 집합적 신체에 가하는 조절적 통제가 있다. 개인의 몸을 감시하고 통제하는 몸에 대한 규율적 기술은 이미 17세기부터 출현하였으며, 군대, 감옥, 학교, 병원 등에서 인간 몸을 규율하는 정치가 이루어져 왔다. 특히 오늘날 병원에서 이루어지는 의료권력은 의료기술에 의해 죽게 내버려 두거나 혹은 죽음을 앞당기는 행위 등과도 관계한다. 그러나 18세기 후반에는 다른 권력기술이 출현한다. 여기서 등장하는 권력의 기술은 개인의 몸을 감시하고 통제하는 규율적 기술이 아니라 인구라는 집합적 신체에 가하는 조절적 통제인 것이다. 인구에 대한 통제는 생물학적 신체의 출현 과정과 현상(출생, 사망, 건강상태, 수명 등)을 조절한다. 물론 거기에는 생물학적 몸에 초래 할 수 있는 위해를 예방하고 보상하기 위한 안전의 기술이 있다. 여기서 인구의 조절과 통제의 수단으로 나타나는 안전의 기술은 예를 들어서 인구조절정책으로 산아제한이나 출산장려정책, 혹은 생명보험, 통계(출생률, 사망률 등)이며, 푸코는 국가적 차원에서의 이러한 기술의 사용을 '생명정치'라고 불렀다.[32)]

특히 푸코는 『생명관리정치의 탄생』에서 사용하는 통치(government)의 개념은 국가에 의한 관리뿐만이 아니라, 20세기 이후의 자유주의 통치술과 관련된 삶의 기술, 자기 삶에 대한 배려, 자기 삶의 창조와 관련된다. 여기서의 통치란 중세의 지배개념이나 초기 근대의 국가 이성에 의한 통치 합리성과는 다른 의미를 지닌 자유주의에서 사용하는 통치의 개념이다. 여기서의 생명정치 전략은 국가의 강제로 오는 권력에 의거하지 않는 일종의 자기 배려라는 삶의 기술과 관계하는 자기 통치를 실천하는 것을 말한다.[33)]

32) 토마스 렘케(2007). 『생명정치란 무엇인가』 (심성보 옮김). 그린비, 90~91쪽.
33) 미셸 푸코(2014). 『생명관리의 정치의 탄생』 (오트르망 옮김). 난장, 468쪽.

04-2 포스트-게놈 시대의 생명정치

이러한 푸코 철학의 통치의 개념을 이어받아 인간의 생명과정을 정치의 주제로 삼은 영국의 사회학자는 로즈이다. 그는 21세기 생명정치는 인간의 생물학적 삶의 과정에서 추구하는 행복, 복리, 만족을 좌우하는 모든 요인을 다룬다는 점을 강조한다. 로즈는 특히 푸코의 생명정치 통치성의 개념을 발전시켜 포스트 게놈 시대의 생명정치의 특징을 분석한다. 그래서 그의 생명정치는 특별히 생의학을 바탕으로 생명의 제작, 생명의 성장, 생명의 최적화 현상에 대한 탐구와 관련이 있다. 그의 생명정치의 특징은 우선 1. 최근의 분자생물학이나 유전체생물학의 발달에 힘입어 분자 수준, 유전체 수준으로 인간생명을 이해하는 것에 있다. 2. 의학의 영역이 질병치료에서 건강관리로 확장되면서 개인이 스스로 건강을 관리하는 의무와 책임을 지게 되었다. 그래서 결국 건강이 인간 삶의 가치의 중심이 되면서 개인은 생의학을 기반으로 하여 스스로 건강을 유지하면서 생명연장에 대한 욕망을 채운다. 3. 전지구적 생명경제가 일어나고 있다. 이는 개인의 욕망을 채우기 위해 생의학연구에 공공과 민간회사들이 엄청난 투자를 하면서 자본을 축적하고 소비되는 현상이다.

로즈는 오늘날 21세기 생명정치 변화의 틀을 1. 인간생명의 분자화(molecularization), 2. 최적화(opimization), 3. 주체화(subjection), 4. 전문성(expertise), 5. 생명경제학(bio−economics)이라고 칭하고 있다.[34)]

1. 분자화란 인간의 생명의 과정에 대한 의학적 시선이 가시적인 해부학적 시선에서 분자수준으로 생명을 바라보는 시선으로 이동했음을 의미한다. 특히 합성생물학에서는 인간의 생명의 단위를

34) 김환석 편저(2014), 68~72쪽.

DNA염기서열로 구분해서 바라보며, 유전자 편집 기술 등은 인간 생명에 대한 조작을 가능하게 하며, 유전체의학에 기반 한 맞춤형 정밀의료에 영향을 주는 것이다.

2. 최적화란 병리적 현상을 치료하던 의학이 생명과정을 통제해서 이를 최적화하고 관리하는 쪽으로 이동하고 있음을 의미한다. 오늘날의 생의학은 미래를 예측해서 현재의 삶을 관리하도록 한다. 즉, 우리는 유전자 검사를 통해 온갖 종류의 질환에 대한 민감성(susceptibility)을 예측하고 현재 건강 관리함으로써 더 나은 미래를 만들고자 한다. 즉, 미래의 의학은 개인의 질병을 예측하여 사람마다 다른 예방법으로 대처할 수 있게 한다. 또한 미래의학은 참여의학으로서 유전체 서비스 회사에서 개인의 질병정보와 유전적 정보를 빅데이터로 관리해서 소비자에게 유전자 서비스를 제공하여 환자가 주체가 된 진료서비스를 받게 될 것이다.[35] 유전체학에서 질병이란 단일 유전자 혹은 돌연변이의 산물이 아니라, 인간 게놈 전체에 퍼져있는 다양한 장소들에서 나타나는 변이들의 복잡한 조합의 산물이며, 다시 그 모든 것이 환경과의 부단한 상호작용에 의해 형성된 결과라는 것이다.[36] 여기서 사람들은 서로 다른 방식으로 특정한 종류의 질환들에 대해 유전적 민감성을 지니고 있기 때문에, 우리 모두는 미래에 특정한 질병에 걸릴 위험에 처해 있고, 이에 대한 지식과 노력을 통해 그러한 위험을 예측하여 미래를 위해 관리해야 하는 것이다. 유전체의학은 모든 사람이 유전적 리스트에 취약하기 때문에 현재 건강한 사람도 잠재적 환자에 포함되어 있음을 강조한다. 이것이 바로 리스크 담론인 것이다. 이러한 최적화에 대한 사고에는 개인들이 생

35) 김경철(2018). 『유전체, 다가온 미래 의학』. 메디게이트뉴스, 18~19쪽.

36) 유전체학은 결정론에 근거해서 사람들에게 특정한 종류의 질환에 대해 유전적 소인에 대한 정보를 줄 수 있지만, 오늘날 유전체학은 유전적 확률론으로 이동하였다(김경철(2018), 17쪽.).

명을 연장하고자 하는 욕망이 담겨져 있고, 이것이 새로운 생명과학, 의료기술, 경제활동을 자극하는 것이다.

3. 주체화란 오늘날 시민들은 생물학적 몸의 성질과 구조에 기반 해서 스스로 판단하고 행동하며, 또한 이와 관련해서 국가에 대해 주체적으로 어떤 요구를 한다. 이를 로즈는 생물학적 시민권이라고 칭한다. 예를 들어 능동적 형태의 생물학적 시민권이란 개인들이 자신들의 생물학적, 생의학적 권리를 중심으로 조직하고 결집하고 운동을 펼치는 것이다. 생물학적 시민으로서 개인들은 국가나 기업에게 우리 자신을 치료하고 유지하고 통제하고 조절하고 관리할 수 있는 것들을 제공해 줄 것을 요구할 수 있다. 그들은 자신들이 걸린 특정한 질환에 대해 투자를 하여 연구하여 치료법이 개발되기를 요구한다. 생물학적 시민은 자신의 생물학적 특성에 대한 책임을 지고 이에 대한 통제권을 스스로 갖는다.
4. 생의학에 대한 전문성은 자신의 몸을 주체화하는 데 영향을 미친다. 생의료 전문가들은 이에 대한 전문적 지식을 우리가 이해할 수 있는 언어로 제공하고, 스스로 판단할 수 있는 규범과 생명관리 과정에 개입할 수 있는 기법 등을 미디어 등을 통해 제공하게 된다. 의사와 생명윤리학자, 유전자상담자와 과학자, 제약회사와 생명공학회사의 대리인이 과학지식을 대중화하고 가치판단을 퍼뜨리고 도덕적 성찰을 주도하고 있다. 그래서 개인이 건강하게 살고자하는 이러한 노력은 정치적 · 과학적 · 의료적 · 경제적 이해관계와 긴밀히 연결될 수밖에 없는 것이다.
5. 21세기 생명에 대한 치료법, 생명의 과정에 대한 지식획득과 관리는 생명경제에 의해 실천되고 있다. 현재 포스트-게놈 시대의 생명정치에서 부각되고 있는 유전자와 신경전달물질에 대한 지식의 기반은 생물학이며, 우리의 유전자 특성에 맞게 몸 관리의 규칙을 정하는 사람은 생명전문가이다. 우리는 생명전문가에 의

해 형성된 생물학적 몸의 지식에 대한 믿음을 기반으로 건강유지와 수명연장에 대한 기대와 희망을 갖게 된다. 이러한 기대와 희망에 의해 바이오산업과 생명자본이 형성되고 생명경제가 활성화되는 것이다. 특히 오늘날 인공지능과 결합한 맞춤형 유전체의학이나 유전자 편집기술등은 더욱 개인의 건강과 수명연장에 대한 욕망을 부추기는 것이다.

오늘날은 유전적 시민권이라는 관점에서 환우 단체, 자조집단, 가족단체는 새로운 집합적 건강 주체를 대표하게 된다. 이러한 시민들은 비전문가와 전문가, 기술진보의 수동적 수혜자와 능동적 연구자 사이에 있는 경계를 제거한다. 또한 오늘날 인간 유전학은 개인의 유전구조를 겨냥하여 개인의 건강증진과 질병예방에 매진한다. 따라서 유전적 시민권을 지닌 개인은 건강을 지키기 위해서 우리가 어떠한 생명에 대한 지식을 가지고 있으며, 그 지식으로 우리 자신의 건강을 위해 무엇을 해야 하는지, 그리고 무엇을 희망할 수 있는지에 대한 기대를 지니게 된다. 시민들은 이러한 생명에 대한 지식과 건강관리의 주체가 되는 것이다.

그래서 21세기 생명정치에서는 건강의 주체인 개인 스스로의 역할이 중요하다. 오늘날 시민들이 스스로 생명과학과 그것을 이용한 의료기술이 자신의 삶을 어떻게 변화시키며, 그 변화가 어떠한 의미가 있는지 진지하게 숙고하는 것이 중요하다. 그래서 시민들은 오늘날 서로 연대해서 공적 세계에서 자신의 생명과 건강을 에워싸고 있는 국가나 바이오산업을 이끄는 기업 주도의 권력관계를 주체적으로 변화시키는 역할을 해야 하는 것이다.[37)]

37) 토마스 렘케(2017), 157쪽.

참고문헌

- 공병혜 외(2019). 『생명윤리』. 현문사.
- 공병혜(2004). 「여성주의와 생명윤리」. 『범한철학』59, pp. 18~119.
- 김환석 편저(2014). 『생명정치의 사회과학』. 알렙.
- 김경철(2018). 『유전체, 다가온 미래 의학』. 메디게이트뉴스.
- 로즈마리 통(1995). 『페미니즘 사상-종합적 접근-』(이소영 옮김). 한신문화사.
- 미셸 푸코(2014). 『생명관리의 정치의 탄생』(오트르망 옮김). 난장.
- 박은정(1999). 「생명윤리, 여성주의, 법」. 『법철학 연구』2.
- 박은정(2001). 『생명공학시대의 법과 윤리』. 이화여자대학교 출판부.
- 백영경(2013). 「성적 시민권의 부재와 사회적 고통」. 『아시아 여성연구』52(2).
- 양현아(2006). 「여성의 임신종결권리의 필요성과 그 함의」. 『한국생명윤리학회지』 7(1).
- 클라인 만 외(2002). 『사회적 고통』. 그린비 출판사.
- 이은주 외(2012). 「조산원 출산 여성의 '자연출산'의미와 경험-페미니스트 접근」. 『여성건강간호학회지』제18권(2).
- 임마누엘 칸트(2005). 『윤리형이상학 정초』(백종현 옮김). 한길사.
- 위르겐 하버마스(2006). 『의사소통 행위이론』(장춘익 옮김). 나남출판사.
- 주디 와츠맨(2001). 『페미니즘과 기술』(조주현 옮김). 당대.
- 조영미(2000). 「한국 출산운동의 방향모색」. 『여성건강』1(2).
- 조주현(2003). 「재생산 신기술과 여성이 재생산권」. 『생명공학과 여성』.
- 토마스 렘케(2007). 『생명정치란 무엇인가』(심성보 옮김). 그린비.
- 페터 싱어(1993). 『실천 윤리학』(황경식, 김성동 옮김). 철학과 현실사.
- Jaggar, A.(2001). "*Feminist Ethics*". in: L.C. Becker and C. B. Becker (ed.), *Encyclopedia of Ethics*, New York & London.
- Tong, R.(1997). *Feminist Approach to bioethics. Theoretical Reflections and practical Applications*, Westvier Press.
- Noddings, N.(1997). *Caring, A Feminine Approach to ethics and moral education*. Los Angeles; University of Califonia.

LIFE AND DEATH.

PART

09

죽는다는 것

인간만이 자기 존재에 대해 놀라워하고, 자기 존재의 의미를 묻듯이 이 지구상에 인간만이 죽음의 의미에 대해 질문을 한다. 이러한 죽음의 의미는 인간이라는 유한한 현존재가 어떻게 실존적 주체자로서 삶의 의미를 발견할 수 있는가에 대한 철학적 성찰과 관계하는 것이다. 이 글에서는 현대의 실존철학자들이 인간의 실존적 한계 상황과 죽음의 의미를 어떻게 성찰하였는지 살펴보고자 한다. 또한 우리 인생의 말년에서 자기다운 삶을 이룬다는 것은 죽음을 준비하는 우리 자신의 실존적 삶의 자세이다. 인간은 내 개인의 죽음을 넘어서 내 삶의 의미가 영원히 기억되고 보존되길 원하며, 이는 자신의 죽음 이후에도 지속되는 미래의 세대들에게 남기는 삶의 이야기가 무엇인가라는 질문과 관계한다. 이러한 나의 삶의 의미에 대한 성찰은 우리가 불가피하게 직면할 수밖에 없는 타자의 죽어감과 죽음의 경험을 통해서 이루어진다.

01
죽음에 대한 이해

01-1 죽음에 대한 실존철학적 이해

일상의 삶에서 우리는 항상 죽음을 생각하면서 혹은 죽음을 체험하면서 살지 않는다. 그러나 어느 순간 언젠가 죽을 수밖에 없는 존재라는 생각에 불현듯 불어 닥친 불안과, 타자의 죽음에 대한 목격은 인간의 삶에 대한 의미를 생각하게끔 한다. 이는 비켜갈 수 없는 죽음 앞에서 무력한 우리 자신의 실존적 삶에 대한 깊이 있는 통찰을 하게 한다.

일찍이 플라톤은 철학함을 죽음을 준비하는 예술이라고 하였다. 인간에게서 삶의 의미에 대한 사색은 필연적으로 죽음에 대한 예비와 사색을 동반하기 때문이다. 성 아우구스티누스는 인간은 신체가 존재하기 시작하는 순간부터 언제나 죽음에 처해 있다고 말한다. 이러한 인간 현존재에 대한 자각은 인간은 필연적으로 유한한 육체를 가지고 이 지상에 거주하는 동안 죽음을 향한 시간적 존재임을 강조한 것이다. 우리는 타자의 고통과 죽음을 목격하거나, 혹은 죽음에 다가서는 자신을 들여다보면서 무수한 삶의 의미에 대한 물음을 던질 수밖에 없다. 과연 죽음이 삶의 끝인가? 혹은 사후에 그들의 혹은 나의 존재는 어떻게 되는 것일까? 죽음이라는 사건이 인간에게 새로운 미래의 가능성을 열어 놓는 것은 아닐까?

이러한 죽음 이후에 대한 수많은 성찰은 종교적인 믿음의 문제로 넘어가게 한다. 그러나 죽음에 대한 진정한 철학적 성찰은 미래의 죽음을 예고하는 현재의 삶의 질문을 통해서 우리 삶의 실존적 의미를 얻는 것이다. 그러면 인간의 죽음은 자연의 순리로서 다른 생명체의 순환과정처럼 삶과 죽음이 분리되지 않는 자연스러운 자연의 활동에 불과한 것인가? 인간의 죽음이 다른 생명체처럼 자연의 순리에 따르는 자연의 활동이고 한다면, 도대체 왜 그토록 우리는 죽음을 두려워 하는가? 왜 인간은 이에 대한 도피와 은신처를 마련하려고 하고, 종교적 피안의 세계라는 희망의 세계를 꿈꾸며 혹은 오늘날까지 쉬지 않고 인간의 자연스러운 생명과 죽음을 관리하려는 온갖 과학과 의료기술들을 지속해서 개발하고 있는가? 이것은 바로 인간만이 죽음에 대한 자기 자신의 의식을 지니기 때문일 것이다. 죽음에 대한 자기 인식은 결국 죽음이 단순히 우리의 삶의 종말이 아니라, 인간 삶의 자기 이해의 길로 인도하며, 궁극적으로 죽음을 향하여 인간이 어떻게 살아야만 하는가라는 실천적 질문을 낳게 하는 것이다. 실존철학자인 칼 야스퍼스는 자신의 죽음에 대해 철학함을 철학적 믿음이라고 부른다. 그 이유는 철학적 믿음이 죽음을 원하는 것은 아니지만, 불가항력적인 한계 상황으로서 죽음을 받아들이는 자세를 요구하기 때문이다.[1)]

또한 실존철학자인 시몬느 드 보봐르는 자신의 소설 『인간은 누구나 죽게 마련이다』에서 만일 인간에게 갑자기 불사의 선물이 내려져 죽음이 삶에 대해서 더 이상의 한계를 긋지 않는다면, 삶의 모든 기쁨, 사랑과 체험의 모험성, 사회적 유대와 책임이 아주 사라져버리게 될 것이라고 말한다. 죽지 않는 사람에게는 중요한 것이 없다. 고통도 기쁨도 결정적이 아니며, 모든 것이 유희적이며 피상적일 것이다.

인간만이 자기 존재에 대해 놀라워하고, 자기 존재의 의미를 묻듯

1) 정동호 외(편저, 1986). 『죽음의 철학』. 청람, 63~73쪽.

이 이 지구상에 인간만이 죽음의 의미에 대해 질문을 한다. 이러한 죽음의 의미는 인간이라는 유한한 현존재가 어떻게 실존적 주체자로서 삶의 의미를 발견할 수 있는가에 대한 실존철학적 성찰과 관계한다. 따라서 우리는 현대의 실존철학자들이 어떻게 실존적이며 주체적 삶을 위한 죽음의 의미를 성찰하였는지 살펴보기로 한다. 우선 현대의 실존철학자들, 특히 사르트르, 카뮈의 인간 실존의 한계상황으로서의 죽음의 의미, 그리고 키엘케골의 종교적 믿음에로의 비약을 향한 죽음의 의미와 하이데거의 죽음으로 가는 존재로서의 인간 삶의 실존적 의미를 고찰해 본다. 또한 레비나스 철학에서 죽음의 의미를 타자의 고통과 책임의 윤리라는 측면을 통해 고찰해 보고자 한다.

01-1-1. 사르트르의 죽음과 자유

무신론자인 사르트르는 인간은 "자유롭도록 단죄 받았다."라고 말한다. 오로지 인간의 자유로운 의식만이 그의 실존을 가능하게 한다. 따라서 인간의 본질은 본래 규정된 것이 아니라, 인간의 자유가 바로 인간의 본질을 만들어 나가는 것이다. 인간 존재의 본질이란 그의 자유에 있는 것이다. 그러나 자유라는 것은 각자 나의 자유이며, 오직 그때그때 상황 속에서 구현되는 특정한 자유이다. 자유는 스스로를 만들어 나가고 결정하는 상황 속에서 존재한다. 인간 삶이 처한 상황은 자유가 실현될 수 있는 장소인 것이다. 그러나 나의 이웃들, 즉 타자와 그들의 자유는 곧 나의 자유의 한계이다. 그리고 나의 죽음은 나의 자유의 가능성들을 허무하게 만드는 것이므로 나의 가능성 밖에 놓여 있다. 나의 자유는 주어진 것을 무한히 초월하는 그 어떤 한계에도 부딪치지 않고 부딪쳐서는 안 된다는 것에 근거하지만, 그러나 죽음이란 마치 타자처럼 내가 어찌할 수 없는 나의 자유의 가능성 밖에 놓여있는 것이다.

사르트르는 죽음을 하이데거처럼 각자 자기의 죽음으로서 개별자의 고유한 미래의 가능성이라고 말하지 않는다. 그에게서 죽음은 자유에 의해 스스로 만들어가는 삶의 영역 밖에 있는 것이다. 즉 죽음은 자유로운 나의 의식구조에 속하지 않는다. 죽음은 나의 자유의 절대적 피안이며, 나의 자유로운 삶의 계획에 의해 잡혀질 수 있는 것이 아니다. 나는 나의 죽음을 경험할 수도 없지만, 타자의 죽음을 경험한다. 또한 타자에 의해 나의 죽음이 경험되어지거나, 혹은 나는 타자에 의해 언제가 죽을 자로서 현재하고 있다. 즉 나는 타자에 대한 인식을 통해 나의 자유의 한계, 죽을 자로서의 유한한 존재임을 인식하는 것이다. 그러므로 개별자로서의 유한성과 나의 자유의 제한은 내가 죽을 자로 인식되는 타자와의 관계 속에 이루어진다. 나의 자유의 밖에 놓인 인간의 죽음의 가능성에 대한 인식은 유한한 인간이 어찌할 수 없는 인간의 자유의 한계에 대한 철저한 인식이다. 이것은 오로지 타자와의 관계 속에 이해되는 인간 유한성에 대한 실존적 자각이다. 죽음은 나의 자유의 가능성의 저편에 놓여 있고 인간은 무력할 수밖에 없다. 따라서 인간은 타자를 통해 경험하는 죽음이라는 자유의 한계를 받아들이고 그 한계 내에서 자신의 삶을 선택하고 책임질 수 있다.[2)]

카뮈는 세계와 삶에 대한 확실한 근원적 경험은 일종의 **부조리**한 감정을 통해서 일어난다. 즉 부조리한 감정은 세계와의 관계에 대한 인간의 근원적 경험이다. 그러면 이 감정은 언제 일어나는가? 이 감정은 인간의 모든 삶의 사건들을 해석하는 근거들, 즉 일상적 삶의 확실한 기준들이 갑자기 친숙함을 잃어버리고 무의미해지면서

2) F. 짐머만(1987). 『실존철학』(이기상 옮김). 서광사, 135~141쪽.

들이닥쳐 오는 느낌이다. 이것은 마치 삶의 의미를 보장해 주던 익숙한 가치들이 갑자기 낯설어지면서 인간이 죽을 수밖에 없다는 유한성의 자각 앞에서 겪게 되는 허무의 경험이다. 이러한 부조리한 감정의 분위기는 특히 '이방인'이란 그의 소설을 통해서 가장 잘 나타나 있다. 즉 현실은 지탱할 수 없고 해결될 수 없는 이율배반들로 꽉 차 있다. 인간의 절대적인 것, 영원한 것에 대한 염원에도 불구하고 죽음과 덧없음에 대한 경험, 통일성에 대한 향수에도 불구하고 현존재의 다양성, 균열에 대한 경험, 삶에 대한 열정에도 세계의 근원을 알 수 없는 모순 속에서 바로 부조리에 대한 의식은 싹트기 시작한다. 부조리에 대한 의식은 언젠가는 죽을 수밖에 없는 인간이 삶의 의미에 대해 질문을 하지만, 이에 대해 이 세계는 침묵한다. 죽음 앞에서의 나와 침묵하는 세계와의 관계 속에서 생기는 부조리에 대한 의식은 앞으로 어떻게 살것인가에 대한 질문을 던진다.

카뮈는 이에 대한 실천적 대답은 부조리와 함께 더불어 살고 그것을 저항 가운데서 받아들이는 것이라고 말한다. 이러한 실천적 요구를 카뮈는 **내기**라는 용어로서 설명하고 있다. 나는 이성에 의해 파악할 수 없는 삶의 부조리에 대해 반항하면서 인생을 적극적으로 살기로 내기를 거는 것이다. 즉 내기란 부조리한 삶으로부터 도피하거나, 포기하는 것이 아니라, 그것에 적극적으로 반항하면서 삶을 긍정하는 인간 자신 속에 거주하는 자유를 인정하는 것이다. 그러면 여기서 인간의 자유는 무엇인가? 자유는 건너뛸 수 없는 끊임없이 현재 하는 죽음의 가능성과 도대체 알 수 없는 세계 부조리에 반항하면서 삶을 강렬하게 붙잡는 것이다. 자유는 인간 존재와 함께 미리 주어지는 것이 아니라, 오히려 매순간마다 쟁취해야 할 일종의 수행이다. 수행으로서의 자유는 자기 자신에 대한 솔직함의 자세이다. 솔직함의 자세는 죽음 후의 세계를 단념하면서, 자신의 현재의 부조리를 인식하고 이에 대해 반항하면서 자신의 고유한 현재를 달성하는 태도이다. 따라서 이러한 솔직성은 '부조리에 반항하여 삶을 긍정하고 강렬하게 살아라'라는 삶의 준칙을 함유한다. 솔직성은 자유의 보존이다.[3)]

이렇듯 죽음 앞에 대면한 부조리한 삶에 대한 정직한 인정과 이에 대한 반항으로 매 순간을 강렬하게 획득하는 행위가 인간의 자유인 것이다. 시지프는 매번 밀어올린 바위가 산 정상에서 떨어지는 것을 의식함에도 불구하고 반복적으로 산정상에 바위를 밀어 올린다. 이것이 시지프신화에 나오는 인간 삶의 부조리에 대한 반항적 의식이다. 인간은 죽음 앞의 부조리한 삶에 직면하여 일상 삶이나, 종교적 피안의 세계에로의 도피가 아니라, 오로지 부조리에 대한 명철하고 솔직한 의식과 이에 대한 반항으로서 강렬하고 적극적인 삶을 살 수 있는 것이다.[4)]

01-1-2. 키엘케골

빗나간 본질로서의 절망은 곧 죽음에 이르는 병이다.

키엘케골은 기독교적인 유신론적 실존주의 사상가로서 "나는 어떻게 그리스도인이 될 수 있는가"에 대한 질문에 그의 사상이 집중되어 있다. 따라서 그의 죽음에 대한 이해도 결국 신에 대한 믿음을 받아들여 자기 자신이 되는 실존적 물음과 관계한다. 그는『죽음에 이르는 병』이라는 저서에서 죽음의 의미를 믿음을 통해 자기 자신으로 돌아가는 실존적 진리라는 비약의 단계로서 설명한다. 거기서 그는 본래의 자기 자신을 되찾기 위한 방황의 과정으로서의 자기 자신

3) F. 짐머만(1987), 159~168쪽.

4) A. 카뮈(2016).『시지프신화』(김화영 옮김). 민음사, 179~185쪽.

에 대한 절망을 죽음에 이르는 병이라고 칭하고, 이 절망을 통해서 신에 대한 믿음으로 전환할 수 있다고 한다.

키엘케골은 죽음에 이르는 병으로서의 절망은 개별자가 자기 자신으로부터 도피하면서 끊임없이 자기 자신을 추구하는 것이라고 규정한다. 즉, 일반적으로 우리는 치명적인 병을 죽음에 이르는 병이라고 하지만, 이러한 병은 죽음에 이르는 병이라고 할 수 없다. 그리스도교적 입장에서 죽음 그 자체는 삶으로 나아가는 통로이다. 왜냐하면 기독교적 의미에서 지상에서의 어떠한 육체적 병도 죽음에 이르는 병이 아니기 때문이다. 죽음에 이르는 병이란 엄밀하게 말하자면, 스스로 헤어 나올 수 없는 자기 자신에 대한 절망이다. 키엘케골은 절망에 대해 다음과 같이 말하고 있다.

" … 절망이란 마치 치명적인 병으로 병석에서 죽음과 사투하면서도 죽지 못하는 환자의 상태와 흡사하다. 죽도록 앓고 있다는 것은 죽을 수도 없지만, 또한 그에게 살아날 수 있는 희망이 있는 것은 아니다. 오히려 최후의 희망인 죽음마저도 배제된 그러한 절망을 의미한다. 죽음이 최대의 위험이 될 때, 사람은 살기를 원한다. 그러나 다시 더욱 무시무시한 위험을 알게 될 때, 차라리 죽기를 바란다. 위험이 극에 이르러 죽음이 희망이 될 때, 죽을 수조차 없는 암담한 상태가 절망이다."[5]

절망은 궁극적인 의미에서 죽음에 이르는 병이다. 만일 인간이 병으로 죽듯이 절망으로 죽는다면, 즉 자신의 육체가 병으로 죽는 것과 같은 의미로 죽을 수 있어야 하지만, 이것은 불가능하다. 왜냐하면 절망에 의한 죽음은 끊임없이 삶으로 전환되기 때문이다. 절망하는 자는 무언가에 대해 절망하는 것처럼 한순간 그렇게 보이지만 사

5) S. 키에르케고르(2011). 『죽음에 이르는 병』(임춘갑 옮김). 치우, 31쪽.

실은 자기 자신에 대해 절망하고 있는 것이며, 그 때문에 자기 자신으로부터 벗어나고 한다. 그러나 그가 자기 자신으로부터 도망갈 수 없다는 바로 이점이 그에게는 가장 견딜 수 없는 것이 된다. 그러나 동시에 절망을 통하지 않고서는 자기 자신과의 올바른 관계를 얻을 수 없다. 절망 속에서 개별자는 자신에게서 도피할 수 없음에도 불구하고 도피하려는 자신의 한계에 부딪힌다. 그는 자기 자신 속에서 자신의 근거를 확립하려는 무기력한 기도 속에서 자유를 경험하기도 한다.

그러나 이와는 달리 자기 자신 속에서 자신의 근거 확립을 포기하는 것은 바로 자신의 한계를 인정하여 자기 자신이 됨을 의미한다. 그 한계는 믿음을 통한 신에 의해 설정된 것이다. 따라서 오로지 자기 자신의 한계를 인정하고 자기 자신을 포기할 때, 신 안에서 자신과의 올바른 관계가 성립될 수 있는 것이다. 그러나 절망하는 자는 이러한 자기 자신을 인정하려 하지 않고 자기 확립을 기도하면 할수록 자신으로부터 멀어지게 되는 것이다.

그러면 그는 믿음 안에서 자기 자신의 확립을 포기함으로써 자신과 올바른 관계를 어떻게 성립시킬 수 있는가? 그것은 자기가 자기 자신의 주인이 되고자 하는 절망적인 자기 확립의 무기력한 기도를 포기하고 죽음과 대면하여 자기 자신을 죽는 자로서 받아들일 때이다. 죽음 그 자체는 죽어 가는 사람에게는 귀중한 시간이 되도록 작용하고 있다. 마치 만일 죽어 가는 사람이 죽음과 흥정을 한다면, 하루가, 때로는 한 시간이 무한한 가치를 갖게 될 것이다. 이처럼 개별자가 자기 앞의 죽음과 대면하여 자기 자신을 죽을 것으로 받아들일 때, 비로소 시간은 귀중한 시간이 된다. 그 전의 시간은 그저 일반적인 시간일 뿐이다. 즉 바로 이 오늘 믿음의 결단을 내리기를 요구받고 있는 사람에게 죽음은 현재적이 된다. 이 순간 그리스도인은 죽음을 바로 오늘로 생각하고, 그는 매일 바로 오늘 밤에 결국 죽을 지도 모른다고 생각한다. 불안과 절망 속에서 헤매는 개별자는 오늘 바로 죽음의 가능성을 받아들임으로써 죽음을 진지하게 대하게 된다. 이것이 바로 신에 대한 믿음이라는 비약을 통해 자신을 맡기는 결단을 하는 것이다.[6)]

따라서 키엘케골에 있어서 '죽음에 이르는 병'으로서의 자기 자신에 대한 절망은 결국 자신을 버리고 신 안에서 본래 자기 삶을 의미를 획득하는 종교적 신앙으로 나아가게 하는 결단의 과정으로서 의미를 지닌다. 그러나 자신의 유한한 존재로서의 죽음을 내다보는 인간은 종교적 믿음을 통해서만이 새로운 삶의 의미를 획득할 수밖에 없는가? 이러한 의문은 여전히 남는 것이다.

01-1-3. 하이데거의 인간은 죽음에로 가는 존재

현대의 실존철학자 중에 하이데거처럼 죽음에 대한 철학적 성찰을 심도 있게 전개한 철학자는 없다. 하이데거는 인간을 본질적으로 '죽음으로 가는 존재'라고 규정하고 있다. '죽음으로 가는 존재'라는 규정은 자신의 현존에 대해 항상 관심을 가지고 질문을 던지는 인간의 이해 방식에 대한 분석으로부터 나온 것이다. 하이데거는 『존재와 시간』에서 '죽음으로 가는' 인간 현존재에 대한 분석을 통해 인간 삶의 실존적 의미를 밝히고 있다.

하이데거는 구체적인 주위 세계와 관계를 맺고 교류하는 인간 현존재의 특성을 '세계 내 존재'라고 규정한다. 인간은 환경과 타자와의 관계를 맺으며, 배려하며, 염려하며 더불어 살아간다. 하이데거는 인간 현존재가 자기 자신과 관계하는 염려{care, Sorge}라는 존재방식의 성격을 세 가지 방식으로 구분하는데, 이것은 바로 실존성,

6) F. 짐머만(1987), 78~90쪽.

현사실성, 퇴락성이다. **실존성**은 현재 처한 자신을 앞서 나가서 자신의 존재 방식을 이해하며, **현사실성**은 세계 내에 존재함을 그대로 받아들이는 방식이다. **퇴락성**은 일상의 공동의 세계에 빠져있어 자신의 가능성으로서의 미래를 내다보지 못하고 과거의 인과성 속에 본래의 자기가 은폐되어 퇴락한 상태이다.[7] 인간은 이러한 일상 삶의 퇴락한 상태로부터 참된 실존으로서의 본래의 자기를 찾도록 노력해야 한다.

여기서 공동의 세계 속에 빠져 있는 인간은 자기 자신을 받아들이든가, 혹은 회피하든가에 대해 결단해야 한다. 이것은 자기 염려를 통해 본래의 자기를 되찾기 위한 자기 결단이다. 인간은 이러한 결단 앞에서 불안을 느낀다. 인간의 자기 자신에 대한 염려의 성격은 근본적으로 인간이 처해 있는 상황, 즉 불안에서 발견된다. 이 불안은 바로 인간이 죽음으로 향한 존재라는 인식에서 오며, 이것은 숙명적이며 벗어날 수 없는 것이다.

여기서 죽음에 대한 불안이란, 삶의 종말로서의 죽음의 의미가 아니라, 자신의 미래의 가능성으로서 그리고 현존재의 가장 극단적인 가능성으로서 현존재 안에 파고 들어오는 의식이다. 현존재의 실존성은 죽음의 가능성으로부터 도망치는 것이 아니라, 죽음의 가능성을 신중하게 받아들이는 데에 있다. 즉 현존재는 죽음의 가능성을 미리 내다봄으로써 자신의 본래의 삶의 의미를 찾을 수 있는 것이다. 죽음을 향하고 있는 본래적 존재는 죽음을 기대 혹은 소망한다는 의미가 아니라, 오로지 죽음을 통해 자신의 가능성으로 미리 달려가 보는 것이다. 미리 앞서 달려간다는 것은 죽음을 가장 고유하고 확실한 현존재의 가능성으로 이해하는 것을 의미한다. 이것은 불안 속에 처해 있을 때, 죽음의 가능성에 대해 도피하는 것이 아니라,

7) M. Heidegger(1984). *Sein und Zeit*. Tuebingen: Max Niemeyer, p. 192.

지속적인 죽음의 위협 속에서 미래를 향해 자신을 개방하는 것이다. 죽음으로 향한 내면의 분위기는 본질적으로 불안이고 죽음을 향한 본래의 존재는 죽음 앞에서 결단을 내리는 용기가 필요한 것이다. 그래서 본래의 자기 자신에 대한 염려에 뿌리를 둔 죽음에 대한 불안에서 양심의 소리가 들린다. 즉 양심의 소리를 듣고, 그것을 받아들인다는 것은 죽음에 대한 마음의 불안을 받아들이며, 그래서 죽음으로 미리 앞서 달려가 본다는 것이다. 이것은 본래적 자기 자신에 대한 양심을 지니는 것이며, 자기 자신에 대한 염려에서 비롯된 인간 본래의 존재 양식이다.[8)]

따라서 하이데거에 있어서 인간은 단지 이 세계에 던져진 '세계 내 존재'로서만 머물지 않고 앞을 향하여 미래를 향해 스스로 던지는 존재로서 자신을 이해할 때 삶에 대한 본래적 의미를 획득할 수 있다. 즉 인간은 단지 이 세계에 던져져 있다는 과거의 필연성에 얽매여 사는 것을 넘어서, 곧 죽음을 향한 미래의 가능성을 미리 예견하여 본래의 자기 자신이 가능한 것이다. 죽음으로 향한 인간 실존의 가능성은 오로지 죽음 앞에서 자기 자신에 대한 결단을 내리는 불안에 대한 용기에 의해 가능한 것이다. 그러면 이러한 죽음에 대한 미래의 가능성 앞에서 인간은 어떻게 자유롭게 자신의 미래에 대해 자유로운 결단을 내릴 수 있는가?

이것은 하이데거에 의하면 양심의 소리에 의해 가능하다. 양심이란 세상 사람들이 퇴락한 일상성 속에서 본래의 자기 자신을 되찾으려는 부르짖음이다. 이 양심의 부르짖음에 따라 미래의 가능성으로서의 죽음에 대한 불안 드러나며, 미래의 죽음을 받아들이기로 결단한다. 죽음을 받아들이는 결단을 함으로써 현존재는 자신의 존재방식을 미래의 죽음을 향하여 자유롭게 선택하고 계획할 수 있는 것이

8) F. 짐머만(1987). 『실존철학』(이기상 옮김). 서광사, 192~199쪽.

다. 결론적으로 하이데거에 있어서 죽음을 향하는 존재로서의 자기 자신을 이해하지 않고서는 인간은 진정한 자유와 삶에 대한 의미를 부여할 수 없다.

01-2 타자와 죽음의 의미

01-2-1. 타자의 윤리

레비나스의 죽음의 의미는 타자에 대한 책임의 윤리와 관계한다. 죽음의 의미를 그의 타자의 철학을 통해 탐구해 보기로 하자. 인간은 삶을 향유하고 이러한 향유를 보존하기 위해서 노동을 한다. 향유란 인간이 세계와 관계하는 가장 근원적인 존재 방식이다. 이 땅, 이 햇빛, 물을 향유한다는 것은 내가 그것을 삶의 도구로 생각하기 이전에 나를 드러낼 수 있는 최초의 모습이다. 그러나 인간은 이 세계에 대해서 자연에 대해서 향유를 하지만, 우리를 에워싼 환경은 나의 의지와는 무관하게 은혜를 베풀기도 하고 나의 생활과 생존을 위협하기도 한다. 햇빛이 화창한 날, 단비를 주는 날, 혹은 지진과 뇌우를 동반한 폭풍우, 무더운 가뭄 등등 이러한 환경은 내가 어떻게 규정할 수 없는 불가항력적인 힘으로서 체험된다. 그래서 인간은 생존 보존을 위해 스스로 관리하고 자연과 환경을 지배하고 정복하고 싶은 충동을 지닌다. 인간은 우리를 에워싼 환경에 자신을 그대로 내맡기지 않고 자신과 환경과의 거리를 취하고 자신을 보호하기 위해 노동을 하고 거주하고자 한다. 거주를 통해 인간은 자기의 자립성을 찾으며, 환경을 지배하고 다스릴 수 있는 노동의 자리를 얻게 되며, 거기서 타자를 만나고 타자와 친밀한 관계를 갖는다. 인간은 자신이 처한 환경을 인식하고 그 환경을 도구로 삼아 일하며 자신의 삶을 안위하고 소유하면서 언제나 타자의 존재를 경험한다. 타자는 나와 함께 일하기도 하고 갈등을 일으키기도 한다. 세계를 소유하고 나의 목적에 종속시키려고 할 때 타자의 욕구와 나의 욕구 사이의 갈등을 체험한다.[9] 그러면 이러한 타자의 존재는 무엇을 의미하는가, 타자가 내 앞에 나타난다는 것은 무엇을 의미하는가? 타자는 나의 삶의 소유를 앗아가려고 위협하는 존재인가? 나의 존재의 새로운 의미의 차원을 열어주는 만남인가?

레비나스에 따르면 나와의 새로운 윤리적 관계를 열어주는 타자는 얼굴로 나타난다. 타자의 얼굴과의 만남은 일반적인 사물과의 만남과는 전혀 다른 차원을 계시해 준다. 얼굴이 자기 스스로 내보이는 방식을 레비나스는 일종의 "계시"라고 부르고 있다. 타자의 얼굴이 가진 힘은 바로 도덕적으로 호소하는 힘이다. 그 도덕적으로 호소하는 힘은 타자의 상처받을 가능성, 무저항에 근거하고 있으며, 이 호소에 응답하는 것은 우리에게 일종의 도덕적 명령, 책임으로 주어진다. 물론 우리는 이러한 타자의 얼굴이 호소하는 것에 대해 무심하고 거부할 수도 있다. 그러나 이것은 불의를 자행하는 것이다. 레비나스는 다음과 같이 말하고 있다:

"얼굴로서 얼굴의 출현은 인류를 연다. 얼굴은 얼굴의 벌거벗음 속에서 가난한 이와 낯선 이의 궁핍을 내게 제시한다. … 얼굴의 현전은 궁핍이며 제삼자다. (우리를 응시하는 모든 인류)의 현전이고 명령하도록 명령하는 명령이다. 이런 이유로 타자와의 관계는 나의 자유를 의문시하고 네게 책임을 요구하는 타자에게서 오는 부름이며…나를 에워싸는 소유를 벗어던지게 하는 말이다."[10]

9) 강영안(1996). 『주체는 죽었는가』. 문예출판사, 231~235쪽.
10) E. 레비나스(2019). 『전체성과 무한』(김도형 외 옮김). 그린비, 136~137쪽.

타자의 얼굴이 지닌 비폭력적인 무저항적인 윤리적 힘은 나의 자유를 제한하며 나의 자발성에 제동을 건다. 타자의 곤궁과 무력함에 부딪힐 때, 나는 자신의 자의적 이기적인 욕구와 권리를 향유한 사람임을 인식하고 자신을 질타하게 되는 것이다. 레비나스가 말하는 죄책의 경험은 나의 자유가 자의적이며, 나 자신의 이기적인 욕구에서 기인한다는 의식에서 나온다. 진정한 죄책의 경험은 타자에 대한 관심과 책임에 의해 나온다. 이때 나의 자유는 타자에 대한 책임 있는 관심과 헌신으로 전환하게 되는 것이다. 타자의 윤리적 명령은 나에게 자신의 무력함과 궁핍을 호소함으로써 죄책감을 느끼게 해서 그를 위해 보살피고 헌신하라는 것이다.

01-2-2. 윤리적 존재와 죽음 저편

타자의 얼굴의 출현은 결국 거주와 노동을 통해 이 세계에서 오로지 나와 내 가족의 안전만을 추구하는 나의 이기심을 꾸짖고 윤리적 존재로서, 타자를 보살피는 윤리적 주체로서 내 자신을 세우도록 요구한다. 인간은 타자를 위해서 자신을 희생하여 자신을 상실해 버리는 결과를 가져오는 것에 대해 불안해 할 수도 있다. 그러나 레비나스에 따르면 오로지 타자의 존재를 자기 안에 받아들이고 타자와의 윤리적 관계를 형성할 때, 비로소 진정한 자아의 주체성이 정립될 수 있다. 그러한 인간에게 도덕적 삶의 윤리적 지평을 열어주는 타자는 과연 죽음의 의미와 어떠한 관계가 있을까? 죽음이 인간 삶의 끝이라면 윤리적 관계도 죽음을 통해 끝나 버리고 삶도 의미를 잃어버리는 것은 아닐까? 죽음은 이러한 인간의 삶에 어떠한 의미를 지니는 것일까?

레비나스에 의하면 죽음은 외부에서 오는 저항할 수 없는 일종의 폭력이며, 우리의 자유를 제거해 버리는 것이다. 죽음은 인간에게 익명의 전혀 낯선 존재이다. 하이데거에게 있어 미래에 다가올 죽음에 대한 자각에 인간의 자유, 즉 나의 현존재를 계획하고 스스로 나의 존재에 대해서 책임을 질 수 있다고 말하지만, 레비나스에게 있어서 죽음에 접근할 수 있는 길은 오로지 고통의 경험을 통해서이다. 고통에 직면해서 인간은 아무것도 할 수 없고 수동적이며, 자유에 대한 극한의 한계를 경험한다. 따라서 고통 속에서의 죽음에 대한 예견은 일종의 인간의 무력과 부자유에 대한 경험인 것이다. 죽음 앞에서 인간은 자신의 삶의 주도권을 상실하게 한다. 죽음은 본질적으로 알 수 없는, 절대적인 타자성으로서 나를 지배하는 미래에 올 사건인 것이다.

그런데 만일 죽음이 나의 삶의 끝이라면 그것은 어떤 의미를 지닐 수 있는가? 혹은 나의 죽음의 무의미성, 비극성을 극복할 수는 없는 것일까? 만약 내가 오로지 내 자신만을 위한 삶을 산다고 생각한다면, 죽음은 미지의 타자가 마치 내 자유를 위협하는 것처럼 출현하듯이 일종의 외부로부터 오는 가해이며, 폭력이다. 그러나 우리에게 죽음의 위협은 항상 연기되어 있고 지금 당장 죽음을 경험하지 않기 때문에 죽음의 비극성을 잊고 살 수 있다.

죽음에 대한 불안과 죽음에 대한 위협과 고통은 자신만을 이기적으로 생각할 때 일어난다. 그러나 우리가 타자를 나의 자유를 위협하는 존재가 아닌 외부의 상처에 노출되어 아무것도 할 수 없는 무력성 때문에 또한 내가 보살피지 않으면 죽을 수도 있는 존재라고 생각할 수 있다. 그때 타자는 살기 위해서 나의 관심과 보살핌이 필요한 존재이다. 타자의 무력성과 상처받을 수 있는 가능성 때문에, 나는 그를 보살펴야 한다는 요청을 받는다. 타자를 선하게 대할 때, 나의 존재의 의미는 나에게서 타자의 미래로 옮겨 간다. 이것을 통해서 죽음의 무의미성과 비극성이 극복된다. 왜냐하면 죽음은 자기중심적인 생각에서는 나의 삶의 마지막 지평이지만, 이타적인 관점으로 타자에 대한 선행을 통해 내 삶의 의미가 부여될 때, 죽음은 나의 삶의 마지막 지평이 아니다. 왜냐하면 나의 존재의 의미는 내 자신 속에 있는 것이 아니라, 타자와 그의 미래에 있기 때문이다.[11] 자기중심적인 삶의 집착에서 필연적으로 야기되는 죽음에 대한 불안은 타자에 대한 선행을 통해서 사라진다는 것이다.[12] 나의 죽음 이후에도 이어지는 타자의 미래 속에서 나 자신의 삶의 유한성과 한계를 초월할 수 있는 것이다. 이것이 바로 레비나스의 타자를 위한 윤리적 관점에서 본 죽음의 의미인 것이다.

정리해 보면, 레비나스 철학에서의 죽음의 의미는 타자와의 윤리적 관계 속에서 해석될 수 있다. 나의 죽음에 대한 유한성은 타자에 대한 보살핌, 보호라는 윤리적 책임을 통해 나 자신의 죽음을 초월한 타자의 미래의 지평으로 넘어간다. 즉 자기중심적 존재 의미 부여에서 필연적으로 야기되는 죽음에 대한 불안은 타자를 위한 선행을 통해 사라진다. 그리고 그 타자의 아이를 통해 열리는 미래의 시간들은 과거의 짐에서 벗어나 새로운 삶이 가능하도록 하며 시간의 연속성을 지닌다는 것이다. 그래서 타자를 위해 내가 받는 고통과 죽음의 의미는 삶에 대한 윤리적 전망을 열리게 한다. 자기의 존재의 의미를 타자에 대한 책임과 보호에 대한 윤리적 책임에 둘 때, 나의 고통과 죽음이라는 한계상황을 넘어서 타자의 미래의 세계 속으로 삶의 의미가 옮겨가는 것이다.

11) E. 레비나스(1997). 『시간과 타자』 (강영안 옮김). 문예출판사, 78쪽.
12) 강영안(2005). 『타인의 얼굴, 레비나스의 철학』. 문학과 지성사, 156쪽.

02
말년의 삶과 죽음

02-1 말년의 삶이란

인간은 누구나 말년의 삶과 부딪힌다. 그 말년은 우리의 삶이 통일되고 종합되어 풍성해지고 삶의 지혜가 모이는 완숙의 시기이기도 한다. 그러나 실제로 우리의 말년의 삶에서 생명력의 근원이며 모든 삶의 의욕이 일어나는 몸이 늙어가는 것을 인식하기 시작한다. 특히 생리적인 노화는 불가피한 생명의 자연스러운 흐름이며 전 생애동안 지속적으로 진행되는 과정이다. 노화란 생물학자들에 따르면 세포가 현저하게 감소하기 시작하고 신체의 기능이 퇴행되는 자연스런 변화이며, 일반적으로 개인과 그의 환경간의 상호작용에 의해 일어난다. 생리적 노화는 누구에게나 절대적으로 피할 수 없는 전 생애에 걸쳐 지속되며 그래서 나이가 들수록 각종 질환의 발병 가능성이 커지게 되는 것이다.[13] 따라서 말년의 삶에서 외부에 상처받기 쉬운 취약한 인간의 몸은 질병이나 상해 등에 노출되어 생리적 기능의 결핍을 체험하게 되며, 이로부터 신체의 호소로서 만성적으로 찾아오는 통증에 시달리며 살게 된다. 늙어가는 내 몸은 하루하루 달라지게 기력이 없어지며 피로가 찾아오고 숨이 자주 가쁘고 불편함을 느끼게 된다.

이렇듯 늙어갈수록 나의 몸이 뜻대로 자발적으로 움직여지지 않

13) 고성희 외(2006),『실버를 골드로-고령화시대의 아름다운 노년 맞이 방안』, 하나출판사, 94쪽.

아서 나의 삶의 의지를 실현시키기가 어려워진다. 그래서 기력이 약해지고 다양한 만성 질병에 노출되기 쉽기 때문에 내 몸의 상태와 느낌에 적응하여 생활하여야 한다. 그래서 몸의 자유가 제한되고 기동력이 떨어지기 때문에 자신의 몸 상태에 맞는 환경에 친숙하게 거주할 수 있는 몸 습관을 만들어야 편안한 몸으로 생활할 수 있다. 자기 몸이 편하다는 것은 자기 돌봄을 할 수 있는 친숙한 환경에서 일상생활을 할 수 있는 몸 습관을 지니고 있음을 의미한다. 그래서 우리의 삶의 말년에 몸이 편안하다는 것은 환경에 친숙하게 적응할 수 있는 몸의 습관에 따라 '잘 지내고 있음'에 대한 느낌이다. 이것은 우리의 의지가 자기 몸의 능력의 한계를 받아들이고 따를 때 가능한 것이다.

그러나 인생의 말년에서 있어서 질병이나 상해 등에 의해 갑작스런 몸 습관의 변화나 개조는 지금까지 살아온 삶에 대한 정체성에 대한 위협으로 다가올 수 있다. 특히 말년의 삶에서 서서히 진행되는 생리적인 노화나 혹은 갑작스런 병리적인 노화로 인해 몸이 자유롭지 못함을 경험하게 된다. 이러한 몸의 부자유는 어찌할 수 없이 몸이 자발적으로 움직여지지 않고 나의 의지를 몸을 통해 매 상황에 실현시킬 수 없다는 좌절감을 낳게 한다. 이러한 몸의 경험은 바로 자신의 의지를 이 세상 속에 실현할 수 없는 실존적 한계와 어찌할 수 없는 생명의 흐름에 승복할 수밖에 없다는 필연성을 보여준다. 자기 몸이 느끼는 정체성의 위협은 자기 몸을 뜻대로 움직일 수 없어서 자신이 처한 상황에 지금까지 적응해 온 자발적인 몸 습관에 장애가 생기기 때문이다. 특히 온갖 만성질병과 상해에 노출되어 있는 쇠약해진 신체적 조건과 자신의 의도대로 행동할 수 없는 의지와의 갈등은 더욱 자기 자신에 대한 소외감을 느끼게 한다. 더구나 일상적으로 이어져 왔던 사회적 삶의 리듬에 합류하지 못하는 삶을 경험하게 된다. 특히 정년이나 퇴직 등으로 인해 사회적 의사소통의 순환과정에서 점차 자신의 행위 능력과 역할을 잃어가는 과정을 체험하게 된다. 자식들의 분가, 결혼 등으로 가족관계가 해체되거나 사별 등으로 인한 인간관계의 소외경험은 또한 극심한 자기 정체성의 혼란을 가져다주기도 한다. 신체적으로 병약하여 뜻대로 움직일 수 없고, 또한 자신이 사회적 역할로부터 소외되어 더 이상 삶을 기획하고 희망할 수 없다는 체험은 우리의 삶의 말년을 더없이 허무하게 만드는 것이다.

그러면 인생의 말기에 자기다운 삶을 어떻게 유지하며 살아갈 수 있는가? 인생 말년의 삶은 지금까지 살아온 삶의 이야기가 종합이 되어 자기의 정체성이 확인되는 시기이다. 자기다운 삶을 지속하기 위해서는 우선 자신의 신체적 능력에 맞게 일상생활에 적응할 수 있는 몸 습관 만들기와 자신이 할 수 있는 역할을 통해 자기 존중을 지속시킬 수 있어야 한다. 특히 일상생활의 리듬에 적응하는 몸 습관을 유지하며 자신이 원하는 역할에 철저하게 몰두할 수 있는 행위 능력을 유지하는 것이 중요하다. 이는 가족, 사회라는 인간관계 속에서 서로 의존하여 보살핌을 주고받을 때 가능한 것이다. 우리 자신 삶 속에 다른 사람들의 이야기가 들어오고 또한 다른 사람의 삶 속에 내 삶의 이야기가 서로 상호 영향을 주면서 삶의 이야기가 형성된다. 이렇듯 우리는 말년의 삶에서 가족과 사회적 인간관계를 지속시키며 더불어 공동의 이야기를 만들어 나갈 때, 자기 존중을 지속시키고 자기다운 삶을 지속시킬 수 있다.[14)]

그러나 인생의 말년에 경험하게 되는 자기 존중능력의 상실, 자기 정체성에 대한 혼란은 바로 자신의 존재가 다른 사람, 가족들, 친구와 사회적 관계에 있는 사람들에게 어떤 존재로서 살아왔는지에 대한 물음에서 비롯된다. 인생의 말년에 있어서 다른 사람으로부터 존

14) 공병혜(2008).「한국 사회와 말년의 철학적 의미」.『오늘의 문예비평』. 산지니, 33쪽.

중받지 못할 때 겪는 자기 존재가치에 대한 상실감은 결국 지금까지 살아오면서 형성해온 자기 삶의 정체성에 대한 회의를 느끼게 한다. 따라서 말년의 삶에서 자기 정체성의 물음이란 결국 나와 관계를 맺고 있는 다른 사람들과의 관계 속에서 나는 누구이며 어떤 의미와 가치를 지니며 어떠한 역할을 하며 어떠한 이야기를 함께 만들 수 있는 가에 대한 물음인 것이다.

우리 사회에서 인생의 말년에 이른다는 것은 몸의 상태의 급격한 변화에 따라 쇠약해지고 온갖 질병에 노출되기 쉽고, 그래서 신체적인 돌봄을 가족이나 사회에 의존해서 살 수밖에 없는 시기이기도 하다. 그 시기에는 직업에서의 은퇴, 가족의 해체, 자식들의 혼인 등에 따른 사회와의 소통 창구와 단절되며, 배우자, 친구의 사별 등과 같은 낯선 경험들을 맞이하게 된다. 따라서 말년의 삶에서 자기 몸의 한계에 대한 체험뿐만이 아니라 무엇보다 자기 삶에 의미와 가치와 역할을 부여했던 인간관계의 그물망으로 이탈되는 경험을 이해하는 것이 중요하다.

우리의 전통사회에서 어른들에 대한 돌봄은 자기존중을 바탕으로 사회적 관계를 유지하도록 하는 돌봄이었다. 가정에서는 몸을 편안하게 하며, 그 몸이 일상생활하기 위한 편안한 환경을 만들며, 사회적으로는 정서적 유대를 통해서 귀속감과 존중의 뜻을 표하여 사회적 행위를 하도록 하였다. 우리의 전통사회에서 어른으로서 노인의 삶이란 언제나 존중과 존경의 대상으로서 가족이나 마을에서 의사소통의 중심에 있으며 문제를 조정하고 해결하는 역할을 하면서 서로의 의존적 관계를 유지해 왔다. 이러한 노인에 대한 돌봄은 바로 인격적, 가족, 사회관계라는 삶이라는 순환 속에서 서로 의존적 역할을 인정하고 자기 자신을 유지하며 살게 하는 방식이었다. 그러나 오늘날 노인 돌봄은 이러한 가족과 사회라는 친숙한 인간관계의 삶이란 맥락에서 이탈하여 제도적인 사회적 돌봄으로 이행해 가고 있다.[15] 따라서 자기 존중을 잃지 않고 진정한 자기다운 삶을 유지하며 죽음에 다가가는 말년의 삶에 대한 성찰은 바로 우리 시대의 중요한 삶의 과제인 것이다.

02-2 죽음을 앞둔 삶

궁극적으로 우리 인생의 말년에서 자기 존중에서 비롯하여 자기다운 삶을 이룬다는 것은 죽음을 준비하는 우리 자신의 실존적 자세일 것이다. 결국 내 개인의 죽음을 넘어서 내 삶의 의미가 영원히 기억되고 보존될 수 있지 않은가? 내가 삶의 의미가 결국 다른 사람과의 관계 속에서 다른 사람을 위한 삶 속에서 실현된다면, 내 삶의 이야기는 이 세상에 남겨진 다른 사람들의 이야기 속에서 엮어지며 죽음을 넘어서 영원히 이어질 수 있지 않을까? 나의 존재의 의미가 다른 사람들의 미래로 이어질 수 있다면, 죽음으로 내 삶의 의미가 끝나는 것은 아닐 것이다. 그래서 다가오는 자신의 죽음을 통해 미래의 세대들에게 남기고 가는 이야기가 무엇이며 이 세상을 넘는 초월의 세계에 대해서 과연 나는 무엇을 희망할 수 있는가?

철학자인 가다머는 자신이 100살 되던 해에 하이델베르그 의과대학 정형외과 강연에서 인간 생명이 이 세상과 처음 만나는 기력의 폭발로서 아이의 첫 울음의 고통에 대해 말한다. 그것은 바로 죽음에 대한 불안이라는 것이다. 인간이 첫 세상과의 만남에서 터뜨리는 울음이 언젠가 죽을 수밖에 없는 연약한 존재의 불안이라는 것이다. 인간은 그러나 시간이 흐르면서 이 존재의 불안이라는 고통으로부터 도망치며 죽음을 망각하고 산다. 그러나 인생의 말년에 체험하

15) 공병혜(2010). 「한국사회에서의 노인돌봄」. 『한국여성철학』13, 15~16쪽.

는 조용하나 지속적인 통증을 지닌 신체적 허약함, 사회적인 관계로부터 고립되어가는 상실감 등은 운명처럼 다가오는 죽음에 대한 예감을 갖게 된다. 이 세상에 막 태어난 순간이나 이 세상을 떠나가는 순간을 자신은 기억할 수 없다. 우리의 삶에서 죽음의 위협은 항상 연기되어있고 지금 당장 죽음을 경험하지 않기 때문에 죽음의 비극성을 잊고 살 수 있다. 그러나 다른 사람에 대한 고통과 죽음에 대한 경험을 통해서 미래에 자신에게도 닥쳐올 죽음을 예비하게 되는 것이다.

특히 인생의 말년에 우리에게 치닫는 신체적인 쇠약함, 그리고 사회적 관계로 부터의 고립, 사랑하는 사람과의 사별로 인한 고통을 경험한다. 이것은 모든 가능성을 불가능하게 하는, 아무것도 할 수 없고 철저히 수동적이며 무력하게 하는 고통은 바로 유한하고 무력한 자신의 삶의 주도권을 상실하는 부자유에 대한 경험인 것이다. 그러나 내 존재의 의미가 자신만을 위해서가 아니라, 다른 사람과 더불어서 다른 사람을 위한 삶속에 있을 때, 내 존재의 의미는 죽음으로 끝나는 것이 아닐 것이다. 특히 우리 주위에서 흔히 경험하는 가족, 자식을 위해 헌신한 삶은 자신의 죽음이 삶의 마지막 지평일 수는 없는 것이다. 왜냐하면 내 존재 의미는 내 죽음으로 끝나는 것이라, 남아 있는 다른 사람의 삶, 미래로 대를 이어 지속되는 삶 속으로 이어진다고 믿기 때문이다. 그래서 죽음의 의미는 한 개인이 겪는 실존적 한계상황을 넘어선다. 이는 오랜 인류의 역사를 통하여 이어져 온 죽음의 의례가 함께 더불어 살아온 사람들과 미래의 자손들을 위해 죽음의 의미를 부여했음을 보여준다. 죽음의 의례는 어쩌면 종교적 피안이나 최소한 영혼의 불멸을 믿고 싶은 욕구, 그리고 사후의 재결합을 믿고 싶은 심층적인 동기에서 비롯된 것일 수도 있다. 이 세상에 남은 자들은 죽는 자를 기리는 의례를 통해 죽은 자를 기억과 존경 속에 보존하여 대대로 이어가고 싶어 한다.[16] 그래서 살아남은 사람들에게 마지막 작별을 요구하는 의식은 어쩌면 그들의 기억 속에서 간직된 죽은 자의 모습을 영원히 보존하고, 그것을 생산적이고 긍정적인 형태로 재구성하기 위한 것이었을 것이다. 그리고 이것을 계기로 모든 인간의 참된 연대성, 즉 살아가는 사람은 누구나 죽음을 받아들일 수밖에 없다는 진리, 우리는 모두 이 세상의 경계를 넘어가는 사람들이라는 진리에 공감하는 것이다.

그러면 말년의 삶에서 다른 사람들의 죽음을 경험하면서 우리는 죽음에 대해서 어떻게 성찰해 볼 수 있는가? 우리의 말년의 삶에서 불가피하게 직면하는 다른 사람의 죽음에 대한 경험은 지금까지의 살아온 생애 동안 망각해 온 유한한 인간 존재의 근원적인 불안을 일깨운다. 특히 죽어가는 자를 지켜보면서 결국 모든 인간의 참된 연대성, 즉 인간의 연약함과 사멸성에 대한 진리에 공감하게 된다. 특히 죽어가는 자와 함께 하며 그가 살아온 고유한 인격에 대한 존중과 더불어 인간의 사멸성에 대한 깨달음을 주고받을 때 진정한 공감상태에 이를 수 있는 것이다.[17] 그래서 그 경험은 지금까지 살아온 삶의 끝이 죽음이 아니라면 남은 자들에게 어떤 의미로 어떤 이야기로 기억되어 남을 것인가라는 삶의 과제를 부여하는 것이다. 특히 가족과 사랑하는 사람들에 대한 죽음의 경험을 통해서, 자기의 삶이 이 세상에서 영원히 기억될 수 있는 이야기를 만들고 초월적 세상에 대한 믿음의 순간을 예비할 수 있는 것이다. 우리의 삶이 마치 잠에서 깨어나는 순간을 반복하듯이 삶에서 깨어나는 죽음의 의미와의 지속적인 만남을 통해서 우리는 말년에 다가서고 있다고 여겨진다. 특히 사랑하는 사람의 죽음과의 만남은 그가 두고 간 삶의

16) H. 게오르그 가다머(2002). 『현대의학을 말하다』(이유선 옮김). 몸과 마음, 108~109쪽.
17) 공병혜(2005). 「리쾨르의 이야기적 정체성과 생명윤리」. 『철학과 현상학 연구』제24집, 74쪽.

이야기를 기억하고 추모하면서 이 세상 너머에서의 만남을 기약하는 초월적 믿음을 위해 과연 좋은 삶을 향한 나의 이야기를 어떻게 남기는가에 대해 반성하게 하는 것이다.

참고문헌

- 공병혜(2005). 「리쾨르의 이야기적 정체성과 생명윤리」. 『철학과 현상학 연구』24.
- 공병혜(2008). 「한국 사회와 말년의 철학적 의미」. 『오늘의 문예비평』. 산지니.
- 가다머, H.G.(2002). 『현대의학을 말하다』(이유선 옮김). 몸과 마음.
- 강영안(2005). 『타인의 얼굴, 레비나스의 철학』. 문학과 지성사.
- 강영안(1996). 『주체는 죽었는가』. 문예출판사.
- 고성희 외(2006). 『실버를 골드로-고령화시대의 아름다운 노년 맞이 방안』. 하나 출판사.
- 레비나스, I.(2019). 『전체성과 무한』(김도형 외 옮김). 그린비.
- 레비나스, E.(1997). 『시간과 타자』(강영안 옮김). 문예출판사.
- 짐머만, F.(1987). 『실존철학』(이기상 옮김). 서광사.
- 카뮈, A.(2016). 『시지프신화』(김화영 번역). 민음사.
- 키에르케고르, S.(2011). 『죽음에 이르는 병』(임춘갑 옮김). 치우.
- Heidegger, M.(1984). *Sein und Zeit*. Tuebingen: Max Niemeyer.

LIFE AND DEATH.

PART 10

죽음에 대한 애도와 용서

이 글은 죽은 자에 대한 애도와 용서의 과정을 죽음에 대한 기억을 통해 고찰해 보기로 한다. 애도는 고인이 된 그를 기억해야 한다는 기억의 의무 속에서 작동하며, 나의 삶 속에 영향을 미치며 나의 이야기를 만들어 나간다. 사랑하는 사람에 대한 진정한 애도는 상실의 슬픔을 새로운 슬픔으로 변화시켜 인간의 사멸성에 대한 깨달음과 동시에 고인이 된 그를 온전한 타자로 받아들어 새로운 연민의 주체로 태어나게 할 수 있다. 그러나 진정한 애도란 고인과의 상처받은 기억을 치유하는 용서의 과정을 통해서이다. 애도의 과정에서 발생하는 용서야말로 고인과의 상처받은 기억에서 벗어나 미래의 삶의 지평위에서 새롭게 시작할 수 있는 힘을 얻을 수 있는 사건이다. 따라서 이글은 죽은 자를 기억하고 애도하고, 용서하는 과정이 살아가는 자의 삶의 의미의 지평에 어떠한 영향을 줄 수 있는지 고찰해 볼 것이다.

01
죽음에 대한 기억과 애도

01-1 타자의 죽음

전통사회에서 노인은 어른으로서 가족과 사회의 극진한 돌봄을 받으면서 인생의 조언자, 충고자로서 사회적인 존경과 공경의 대상이었다. 어린이에게 옛날이야기를 해주는 역사의 전달자, 문화의 전수자, 인생의 안내자이며 어른에게는 풍부한 삶의 경험과 실천적 지혜를 나누는 인생의 선배이며 상담자였다. 그래서 인생 말기의 어른들은 그들의 삶의 경험을 통해 축척해 온 지혜의 능력을 발휘하며 자기 존중을 유지하고 그것을 사회에 실천하면서 존경을 받았다. 그러나 오늘날 노인들은 가족이 해체되고 인간관계의 끈끈한 유대를 지닌 지역사회의 돌봄의 문화는 사라지면서 자신과 이웃을 돌보는 능력을 유지하고 강화시킬 수 있는 인간관계에서의 역할로부터 소외되어가고 있다.

오늘날 한국 사회에서 삶의 종말은 주로 병원에서 이루어진다. 존엄사법 시행 이후의 좋은 죽음이나 죽음의 자기 결정권에 대한 이해가 높아지고 있고, 이를 바탕으로 병원에서 시행되는 연명의료결정이나 중단은 죽어감의 과정이나 죽음의 시기를 앞당기거나 늦추기도 한다. 병원 중환자실과 호스피스 병동에서의 죽어감의 과정에 의료적 처치가 이루어지고, 의사의 의학적 판단에 의한 죽음의 선고와 그에 뒤이은 병원 내에서 영안실 차림 등이 빠르게 진행된다. 과거의 장례 절차에서 도시나 농촌이나 계와 품앗이로 상부상조라는 마을의 공동체 문화를 형성했던 향도의 자리에 상업적인 죽음의 전문 업자인 장의사가 들어서고 그들의 손에 장례가 맡겨진다. 죽은 이의 삶의 기억과 미래의 내세를 이어주던 복잡한 장례 절차는 간소화되고, 죽은 자를 기억하는 애도의 의식은 병원에서 이루어지는 죽음의 의료화과정 속에서 이루어지고 있다. 과거 우리의 전통 사회에서는 죽음의 확인을 거쳐 장례 절차가 진행되면 일상적 삶의 질서가 모두 중단된다. 일상적 삶의 리듬이 중단된 죽음의 의식을 통해 이 세상을 살아가는 자들은 망자와 이승에서의 마지막 작별 인사를 하는 과정을 거친다. 이때 보내는 자는 상실의 슬픔과 고통스런 죄책의 감정을 풀어내는 애도의 과정을 통해 삶의 위기를 경험하기도 하지만 또한 다시 삶을 시작할 수 있는 힘을 얻을 수 있었다. 그러나 오늘날 주로 병원에서 이루어지는 죽음의 의식은 살아가는 사람들의 삶의 편익을 위해 간소화되고, 고인을 기억하는 애도의 과정과 삶의 이야기들은 일상 삶의 리듬 속에서 빠르게 편입되어 간다.

여기서 우리는 불가피하게 직면할 수밖에 없는 타자의 죽어감과 죽음의 경험에서 보내는 자로서 고인을 기억하는 애도와 용서의 과정을 경험한다. 그래서 살아가는 자들에게 고인을 기억하는 애도와 용서의 과정이 어떻게 삶을 시작할 수 있는 다짐과 미래를 위한 약속의 기회가 될 수 있는지 생각해 보기로 하겠다. 왜냐하면 고인을 보내고 살아가는 자는 고인의 삶의 기억을 이 세상에서 영원히 기억될 수 있는 자기 삶의 이야기로 함께 만들며, 이것을 미래의 자기 삶을 위한 시작과 약속의 계기로 삼을 수 있기 때문이다. 이글은 특히 자기 삶의 새로운 시작의 계기로 작용하게 하는 고인에 대한 애도와 용서의 과정을 롤랑 바르트의 애도의 일기와 그리고 리쾨르의 후기 철학을 통해 고찰해 보기로 하겠다. 그래서 고인을 기억하고 애도하고, 용서의 과정이 살아가는 자의 삶의 지평에 어떠한 영향을 줄 수 있는지 고찰해 본다.

01-2 기억과 애도

철학자 리쾨르는 죽어가는 사람의 고통은 신체적, 심리적 고통의 차원이 아니라 '할 수 있다'는 행위 능력이 감소된 인간의 '연약함'의 차원에서 바라보아야 한다고 말한다. 특히 이들을 돌보는 사람이 할 수 있는 최상의 일 중 하나는 인간 누구에게나 해당하는 인간의 연약함과 사멸성에 대한 깨달음을 통해 마지막 순간까지 살아있고자 하는 그의 소망과 노력, 즉 그의 생명을 경외하는 것이다. '인간은 죽는다'는 사실에 대한 깨달음과 동시에 '죽음에 이르기까지' 타자의 생명을 경외하는 일은 사랑하는 사람의 상실에 대한 아픔을 넘어서 그의 죽음 이후에도 생존자의 기억 속에서 활동하게 한다. 이러한 죽음의 순간까지 그의 행위 능력을 존중하고 생명을 경외하고, 또한 고인을 애도하는 과정은 살아가는 자의 삶의 행위 속에서 지속되며 그의 삶의 변형을 가져온다. 그래서 죽음이란 상실이 아니라, 다시 얻음이며, 살아가는 자는 생명을 다시 얻기 위해 생명 경외를 멈추지 않아야 하는 것이다.[1)]

그렇다면 죽어가는 자 혹은 죽은 자를 위한 애도의 과정은 어떻게 이루어지는 것일까? 애도하는 것은 죽어가는 자, 죽은 자를 기억하는 것이다. 애도는 고인에 대한 기억과의 대화와 그에 대한 이야기를 통해 지속된다. 애도는 또한 고인을 그 누구와도 대체할 수 없는 '누구'로서 존중하고 기억하는 일이다. 그리고 애도는 후회와 죄책을 동반한 상처받은 기억이 치유되는 과정이며, 그래서 고인이 살아있는 동안 행한 잘못에 대한 서로의 삶의 부채를 없애주는 과정이기도 하다. 그 애도의 과정은 나의 기억 속에 그가 살아서 나의 삶의 행위가 되어 나의 삶의 변형이 이루어질 때까지 지속되는 것이다. 그래

1) 공병혜(2020). 「죽음에 대한 애도와 용서」. 『대동철학』92, 28~29쪽.

서 리쾨르는 죽음 자체가 애도를 통해 인간사를 '풀어주고 매어준다'고 말한다. 이는 살아가는 자에게 생명을 다시 얻도록 하는 계기가 죽음을 기억하고 애도하는 과정에서 발생한다는 것을 의미한다.

그렇다면 타자의 죽음이 어떻게 나의 삶 속에서 인간사의 '풀어주고 매어주는' 작용을 할 수 있는가? 애도란 그를 기억해야만 한다는 기억의 의무 속에서 작동한다. 그에 대한 기억의 의무는 더 이상 생존하지 않는 사람에 대한 상실감을 넘어서, 자기 자신의 깊은 곳으로 돌아와 자신의 죄책을 치유하는 작업으로 향한다. 애도의 끝에서 발생하는 기억의 치유란 고인의 죽음이 끝이 아니라, 오히려 살아남은 자의 기억 속에서 현재이고 미래 삶의 약속이 될 수 있는 것이다.

그러면 기억이란 무엇인가? 기억은 없어진 것, 지나간 것, 부재한 것과 관계하면서도 그것을 현존시키고 현재화시키는 활동이다. 기억작용은 항상 기억의 대상을 찾아내려 하며 무언가를 기억으로 불러들이는 행위이다. 기억을 계속 불러들이면 기억은 자기반성적으로 작용하여 과거의 사실을 의식적으로 회상해 내어 재구성하기도 한다. 이렇게 얻어진 반성적 기억은 기억이 왜곡되거나 선택적으로 망각될 수 있는 여러 가지 위험에도 불구하고 정당한 기억이 될 수 있다.

기억에는 두 가지 유형이 있다. '떠오름'과 '찾아감'이다. '떠오름'이란 습관적 기억으로서 기억이 자발적으로 생생하게 현재 나타남을 가리킨다. 찾아감은 후자인 의도적이며 회상적 기억이며 개인의 역사의 이야기의 주된 통로이다. 떠오름이란 마치 프루스트의 『잃어버린 시간을 찾아서』의 주인공이 홍차의 냄새를 통해 즉각적이며 순간적으로 떠오는 자발적인 비자의적인 기억들과 같은 것이다. 이는 자기 몸이 처한 상황 상황마다 정서적 반응과 함께 즉각적으로 떠오르는 기억이며, 흔히 자신이 살았던 환경과 관계하는 음성, 멜로디, 냄새 등의 몸의 느낌으로 소환되는 의식 밑에 침전된 몸의 기억이다. 그러나 반성적 기억은 그 떠오르는 기억에 대한 능동적 추구로서 의식적으로 불러낸 회상적인 것이다. 죽은 자의 과거를 기억하는 사람들은 '너는 기억해야 한다'라는 내면의 요구를 끊임없이 받게 된다. 그는 떠오르는 기억을 능동적으로 찾아가는 의식적인 작업을 하면서, 그가 경험한 과거에 대한 기억에 도달함과 동시에 이에 관련된 비참한 사건의 애도에 참여하게 된다. 따라서 애도에 참여한다는 것은 죽은 자에 대한 기억을 능동적으로 찾아서 고인을 불러일으키는 자기 반성적인 행위인 것이다.

01-3 애도와 새로운 슬픔

그렇다면 죽은 자에 대한 진정한 애도란 무엇인가? 무엇보다는 애도 과정의 체험에 대한 기록은 롤랑 바르트의 『애도의 일기』에서 찾아볼 수 있다. 문학비평가인 롤랑 바르트는 어머니의 죽음에 대한 애도를 의미 있는 일기 형식으로 남겼다. 그에게 애도란 우선 그 누구와도 대체할 수 없는 사람이 상실된 부재의 공간에서 발생한다. 그 상실이 남긴 부재의 공간은 마치 그 무엇으로도 채워질 수 없는 '파인 고랑'과 같다. 애도의 공간은 그 사람이 거기에 더 이상 존재하지 않는 절대적 공백의 공간이지만, 그 사람이 반드시 귀환해야 하는 기억의 공간인 것이다. 애도는 결코 고인을 떠나보내는 망각에서 시작하는 것이 아니라, 고인을 불러일으켜 온전한 타자로 살게 하는 그 기억의 공간에서 출발해야 하는 것이다. 자신의 어머니를 떠나보낸 바르트는 사랑하는 사람을 기억해야 하는 이유에 대해 다음과 같이 말한다.

"내가 너무도 사랑했었고 너무 사랑하고 있는 이들이, 이 세상에서 아무런 흔적도 없이 사라져 버리고 말 거라면, 그렇다면 무엇 때문에 나는 죽어서도 계속 기억되어야 할 필요가 있고, 내가 살았던 흔적을 세상에 남겨둘 필요가 있을까, 난 나 혼자서만 기념비가 되고 싶지는 않다."[2)]

그는 자신의 어머니가 흔적도 없이 이 세상에서 사라지는 것에 대해 견딜 수 없다고 말한다. 왜냐하면 그녀가 글을 쓴 적이 없기 때문에 자신이 그녀에 대한 글을 남기지 않으면 그녀에 대한 기억도 사라져 버리고 말 것이기 때문이다. 사랑하는 사람을 기억하며 이야기로 남기는 이유는 또한 자신이 죽어서 자신이 기억되어야 하기 때문이다. 이것은 사랑하는 사람의 기억이 나의 삶의 행위 속에서 지속적으로 영향을 때문이다. 그러나 그의 어머니에 대한 애도는 초기에 아직 타자의 부재라는 절대적으로 빈 공간 속에서 자기 상실감 속에 갇혀 있다. 그것은 자신의 슬픔에 파묻혀 진정한 타자로서 출현해야 하는 기억의 공간이 닫혀 버린 상태인 것이다. 그는 이것을 "애도의 끔직한 얼굴: 아케디아. 메말라버린 가슴, 아무런 감동도 느끼지 못하는 상태, 사랑의 불능상태"라고 말한다.

"사랑하는 사람이 죽으면, 우선은 급성의 나르시즘이 뒤를 잇는다: 일단은 병으로, 간호로 벗어나게 되니까. 하지만 그 자유로움은 차츰 빛이 바래고, 절망감이 점점 확산되다가, 나르시시즘은 사라지고 가엾은 에고이즘, 너그러움이 없어진 에고이즘이 대신 그 자리를 차지하게 된다."[3)]

2) 롤랑 바르트(2018). 『애도의 일기』(김진영 옮김). 걷는 나무, 84쪽.
3) 같은 책, 188쪽.

바르트는 어머니에 대한 상실감이 절망감으로 확산된 그 기억의 공간에서 그 어떤 삶의 너그러움도 허용할 수 없으며, 그래서 어머니가 진정 어떤 사람이라고 말하지도 못하고 또한 그녀의 초상도 그릴 수도 없는 자아 속에 갇혀 버린다.

그러나 자아 속에 갇힌 상실에 대한 슬픔 이외의 그 무엇으로도 채워질 수 없는 기억의 공간에 새로운 슬픔이 발생한다. 바르트는 어머니의 죽음 이후의 애도의 과정에서 '나만의 고유한 슬픔'을 넘어서 완전히 '새로운 슬픔'을 경험하게 된다. 그것은 어머니와의 온전한 해후이다. 즉, 나의 상실의 슬픔에 대한 집착을 넘어서 타자와 온전히 만나서 타자를 무조건 받아들이는 연민의 주체로 태어나는 순간이다. 그렇다면, 슬픔의 '에고(ego)'로부터 타자를 온전히 받아들이는 연민의 주체로 어떻게 건너갈 수 있는가? 바르트는 '겨울 정원의 사진' 속에 있는 어머니를 바라본다. 거기서 그는 "죽음과 죽어야 하는 것들을 껴안고" 그 사진 속으로 들어간다. 바르트는 다음과 같이 기술한다.

"작은 소녀였던 미망의 사진, 아주 먼 시절의 그 사진을 내 책상 위에 놓여 있고 늘 내 눈앞에 있다. 나는 이 사진을 그저 응시하기만 하면 된다. 그 사진을 그 모습 그대로 그냥 받아들이기만 하면 된다. (이 사진을 묘사하고 설명하려고 하면 안 된다) 그러면 그녀의 선함이 선물처럼 다가와서 또 다시 내 곁에 머문다. 나는 그 선함 속으로 잠기고, 휩싸이고, 완전히 빠져버린다. 망각이란 없다. 이때는 그 어떤 소리 없는 것이 우리 안에서 점점 자리를 잡아가고 있을 뿐이다."[4)]

바르트에게 그 사진이 불러일으키는 감정 안에서 또 다른 선율이

4) 같은 책, 237쪽.

들려오는데, 그것은 바로 연민이라는 것이다. 즉 바르트가 어머니 죽음을 받아들이는 순결한 새로운 슬픔 안에서는 또 하나의 사건, 즉 타자의 죽음을 보편적 진리로 받아들이며 경험하는 인간에 대한 연민이 발생한다. 이것은 바로 "죽을 자에 대한 예외도 없으므로 이 논리를 따라서 나 또한 죽어야 한다는 확신"에서 온다. 그가 어머니의 죽음을 보편적 진리로 받아들이는 '순결한 새로운 슬픔'을 경험하는 연민의 주체로 태어나는 순간에 그는 온전히 어머니의 본질과 만나게 된다. 그러면 어떻게 어머니의 온전한 타자성이 그 기억의 공간 속에서 귀환할 수 있는가?

바르트는 이 침묵의 사진을 바라보면서 어머니의 죽음을 받아들이는 연민의 감정 속에서 어머니의 본질에 끊임없이 매달린다. 그는 다음과 같이 말한다.

" … 그녀의 선함이 선물처럼 다가와서 또 다시 내 곁에 머문다. 나는 그 선함 속으로 잠기고, 휩싸이고, 완전히 빠져버린다."[5]

이렇듯 바르트에게서 진정한 애도의 순간은 자신의 슬픔 속에 갇혀 있는 것이 아니라, 어머니의 본질인 선함이 바르트의 슬픔의 순결함과 함께 조응하는 순간인 것이다. 여기서 나만의 고유한 새로운 슬픔은 타자를 죽어야 하는 자로 받아들이면서 어머니의 본질이 온전히 귀환하는 순간에 발생한다.[6] 여기서 바르트는 어머니에 대해 다음과 같이 기술한다.

"그래 나는 보았었다. 할머니의 눈물을, 할머니의 눈물이면서 어린

5) 같은 책, 237쪽.
6) 같은 책, 197쪽.

소녀의 눈물이기도 한 눈물을 … 그러다가 떠오른 생각: 미망은 내게 가르쳐 주었었다. 누군가를 사랑하면, 그 사람을 절대로 아프게 해서는 안 된다는 걸. 그녀는 사랑하는 사람을 한 번도 아프게 한 적이 없었다. 이것이 그녀가 어떤 사람인지, 그녀의 순진무구함이 무엇인지를 알려 주는 정의다."[7)]

바르트는 사랑하는 사람에 대한 애도의 슬픔을 억지로 누르지 말고 또한 시간이 지나면 그것들이 없어질 거라는 어리석은 생각도 하지 말아야 한다고 말한다. 그래서 애도의 슬픔이 정지 상태에서 반복해서 정체되지 않고 유동적 상태로 옮겨가도록 기다리면, 바로 고인을 온전한 타자로서 자신의 새로운 삶 속에서 만나게 된다는 것이다. 바르트는 다음과 같이 말한다.

"… 당신의 어머니가 아주 부드럽게 새로운 삶으로 깨어나 당신에게로 되돌아와서 그분이 머물렀던 그 자리에, 당신 곁에, 그 어떤 빈 곳도 남기지 않고 다시 존재하게 될 거라는 걸 말이죠, 물론 지금은 아직 불가능합니다. … 그리고 기다리세요. … 저 수수께끼 같은 힘이 찾아 올 때까지."[8)]

고인에 대한 애도는 나의 내면에 현존하는 상실감으로 갇혀버린 슬픈 마음의 상태를 가장 너그러운 인간에 대한 연민의 감정으로 변화시킨다. 이러한 기억의 활동은 자아에 갇힌 상실의 슬픔이 사라진 '순결한 슬픔'의 상태로 새롭게 변화되는 지점에 이를 때까지 지속된다. 그래서 진정한 애도의 과정은 타자의 상실의 감정에 갇힌 자아

7) 같은 책, 179쪽.
8) 같은 책, 184쪽.

에서 벗어나 나와 마찬가지로 죽을 수밖에 없는 존재로서 타자를 온전히 받아들이는 새로운 연민의 주체로 태어나는 과정이기도 한 것이다.

02
죽음과 용서

02-1 애도와 용서

고인의 죽음을 기억하고 애도하는 자가 피해자 혹은 가해자로서 상처 받은 기억을 치유하고 새로운 삶을 시작할 수 있는 것은 용서를 통해서이다. 왜냐하면 상처 받은 기억은 치유를 받아야 하며, 그 치유는 용서의 정신에 의해 이끌어지기 때문이다. 용서는 기억을 치유하는 것이고, 애도는 용서가 일어났을 때 멈춰질 수 있다. 임종을 목전에 둔 사람이나 이미 고인이 된 자에 대한 기억의 상처가 치유되는 애도의 과정은 그가 살아 있는 동안 내가 혹은 그가 잘못한 것, 부족함에 대한 삶의 부채를 없애주는 과정이기도 하다. 애도의 끝에서 발생하는 용서란 인생사를 풀고 매는 신비한 작업이며, 그를 기억해야만 한다는 삶의 부채의 중심에서 오는 기억의 의무에서 발생한다. 이것은 고인에 대한 상실의 슬픔을 넘어서 자신의 잘못에 대한 후회와 죄책감 등의 기억의 상처를 치유하는 작업으로 나아가게 한다. 리쾨르는 용서란 바로 인간이 가진 자기회복과 재생의 원천이라고 말한다. 이러한 그의 믿음은 "당신은 당신의 행위보다는 나은 존재이다."라는 깨달음 속에서 발생한다.[9] 그렇다면 죽은 자의 기억을 찾아가는 애도의 과정 속에서 이러한 깨달음은 과연 어떻게 발생하는가? 이러한 깨달음을 통해 용서가 어떻게 가능할 수 있는가?

9) P. Riecoer(2004). *Gedachtnis Geschichte Vergessen*. (Muenchen: Wilhelm Fink), p. 699.

인간이란 무엇인가를 '행위 할 수 있다'는 능력을 가졌지만, 동시에 그 능력이 위축되면 누구나 죄를 범할 수 있는 수수께끼에 싸여 있다. 인간은 끊임없이 잘못을 행하는 존재론적 운명을 타고났다. 그래서 기억과 망각의 반복을 통해서 용서는 궁극적으로 쉽게 베풀어질 수 있는 것도, 혹은 완전히 불가능한 것이 아니어야 한다. 용서는 어려운 것이다. 그렇다면 용서는 무엇이며, 그 용서가 어떻게 가능한 것인가?

02-2 용서의 단계

'용서(pardon)'라는 말의 어원은 본래 서로 주고 받는 관습적 교환 행위로서의 선물(don)이란 의미를 지니고 있다. 인간사회의 모든 선물이란 무수히 많은 유무형의 재화들이 적절한 의무감의 형태로 주어야 하는 의무, 받아야 하는 의무, 갚아야 하는 의무로 연속되는 수평적 교환이며, 이는 인류의 역사에서 경제적 양식이 되어 왔다. 그러나 리쾨르는 용서에 대한 요청과 베풂의 교환이 수평적이며 동시에 의무적으로 이루어져야 한다고 생각하지 않는다. 용서가 피해자와 가해자와의 관계 속에서 이루어진다면, 근원적인 용서의 관계는 수직적인 관계로서의 비대칭성으로 규정된다. 그 관계에서 피해자는 용서의 주도권을 쥐고 높은 자리에서 용서를 베푸는 자이며, 가해자는 용서를 구하는 자로서 낮은 자리에서 용서를 구하는 위치에 있다.

용서가 가능하기 위해서는 두 가지 단계가 요구된다.

02-2-1. 용서의 1단계

우선 가해자의 '죄책'이라는 '깊이'가 전제되어야 한다. 죄책이란 책임을 느끼는 것이다. 즉 '우리가 잘못이라고 느끼는 행위들에 대한 책임 묻기'이며, 잘못된 행위를 행위자로 연결 짓는 능력에 의한 것이다. 즉 인간은 자신을 잘못된 행동의 주인으로 인정해야 한다. 인간은 자기 존중 능력을 지닌 무엇인가 '할 수 있는 인간'이지만, 동시에 그것을 '하지 않을 수 있었던 가능성'을 동시에 상기시킨다. 그래서 잘못된 행동에 대한 책임 묻기는 그 행동을 할 수 있지만, 동시에 하지 않을 수 있었던 가능성에 대해 묻는 것이다.

인간의 '할 수 있음'의 능력이란 행위자인 인간이 사려 깊은 성찰을 통해 자기 자신의 행동 전반을 기억하여 (비의지적인 행동일지라도) 자신의 행동을 자기와 연결하는 능력이다. 즉 그는 저절로 떠오른 것에 대한 기억을 단순한 서술이 아니라, 망각 속에 은폐된 채 남아있는 것을 힘들게 더듬어서 진실을 찾아내야 한다. 그래서 인간은 자신의 행위를 적극적으로 떠올림으로써 기억을 통해 잘못된 행위의 책임을 물어서 자기와 연결 짓고 자기 잘못을 고백하고 인정할 수 있다. 우리는 자기의 잘못을 고백하고 인정하는 낮은 자리에 스스로를 위치시켜야 한다.

특히 야스퍼스는 인간의 개별적 행위의 죄책에 대해 말한다. 죄책이란 꼭 그렇게 행위하지 않을 수 있음에도 그런 행위를 함으로써 생기는 잘못에 대해 스스로 책임을 묻는 것이다. 이러한 죄책에 대한 의식은 인간 실존이 '자기 존재'와 만날 때 발생한다. 인간은 자기 행위에 일체의 책임을 회피하지 않고 의식적으로 그 죄책을 떠맡을 때 비로소 진정한 자기 자신이 된다. 야스퍼스는 피할 수 없는 죄책을 자기 것으로 받아들이는 결과를 '겸허'라고 말한다. 그래서 죄책은 삶의 깊이를 더해 주는 실존적 체험인 것이다.[10] 용서는 살아남은 자들이 새로운 삶을 시작할 가능성과 깊이 연관되어 있다. 그러나 이러한 그의 죄책의 고백은 용서를 요청할 수 있는 하나의 작은 계기를 준비할 뿐이며 용서의 충분한 조건이 되지 못한다. 용서를 구하는 자에게 자기 죄책의 고백은 단지 겸허한 기다림만으로 존재하는 것이다. 그는 상대에게 상처 입혔던 과거의 지평과 그 상처에 대한 기억으로 고통 받는 현재의 지평 사이를 오가면서 자신을 잘못한 행위의 주인으로 인정해야 한다. 그래서 그는 자신의 행위에 대해 책임을 스스로 묻고 용서를 구할 수 있다.

02-2-2. 용서의 2단계

용서는 피해자의 높은 자리에서 이루어진다. 용서를 구하는 자의 죄책은 자기 자신의 내면의 헤아릴 수 없는 깊이로부터 오는 반면, 용서는 피해자의 높은 자리에서 베풀어진다. 리쾨르에 따르면,

"용서란 용서할 수 없는 것을 향해 있고 혹은 용서란 할 수 없는 것이다. 용서를 할 수 있거나 단지 거기서 용서해야만 한다. 단지 용서가 존재 할 뿐이다. 용서란 용서할 수 없는 것에 대해 조건 없이 베풀어지는 것이다."[11]

용서란 "용서할 수 없는 것에 대해 조건 없이 베풀어지는 것"이다. 용서란 가해자의 용서 요구에 대한 교환이 아니라, 피해자에 의해서 용서가 '그저 있을 뿐'인 것이다. 마치 원수를 사랑하라는 명령

---

10) K. 야스퍼스(2019). 『철학III, 형이상학』(정영도 옮김). 아카넷, 193쪽.

11) P. Riecoer(2004), p. 713.

은 가해자와 피해자 사이의 상호성을 깨는 데서 시작되듯이, 용서의 주도권은 높은 자리에 있는 피해자에게 온전히 독점되는 것이다. 따라서 용서가 발생하는 시간과 공간에 대해서 아무것도 알 수 없다. 용서란 매우 어려운 것이다. 용서를 베푸는 사람과 죄책을 경험하고 용서를 구하는 사람이 함께 만들어갈 시간과 공간은 수수께끼이다. 그것은 미래의 지평에 속한다. 미래의 지평이란 바로 스스로 자기 책임을 묻는 사람 뿐만이 아니라, 그를 사랑의 힘으로 용서해 주는 사람 모두에게 기대되는 약속이 성취되는 지점인 것이다.

리쾨르는 또한 아렌트의 용서에 대한 한계를 지적한다. 아렌트에 따르면, 인간은 다양한 사람들 사이에서 '자신이 무엇을 행했는가를 알지 못하고, 알 수 있다고 할지라도 행한 것을 되돌릴 수 없다'.[12) 아렌트의 용서하는 능력은 누구나 용서란 이러한 행위의 취약성과 무능력을 전제로 한다. 그럼에도 불구하고 이러한 인격을 상호 존중하는 능력이며, 동시에 이를 통해 새로 행위를 시작할 수 있는 자유의 능력이다. 즉 아렌트에 있어서 용서라는 것은 인격적 사건이다. 이를 계기로 인간은 자신이 행위한 결과로부터 해방되거나 회복될 수 있다고 한다. 왜냐하면 인간은 항상 삶을 시작할 수 있다는 행위의 잠재력을 지니고 있기 때문이다. 아렌트는 용서의 과정에서 인간의 행위의 결과를 행위자와 연결시켜 책임을 묻기 보다는 오히려 행위자를 행위로부터 분리시킨다. 용서의 대상은 인격인 행위자가 되는 것이다. 즉, 우리는 인간의 살인 행위나 도둑질이라는 그 어떤 행위 그 자체를 용서하는 것이 아니라, 살인자나 도둑, 즉 인격을 지닌 '누군가'를 용서하는 것이다.[13)] 그러나 리쾨르는 용서하는 힘이 공적 영역에서 상호 인격 존중이라는 우애 관계 안에서 발생하는 것에 대

12) 한나 아렌트(2001). 『인간의 조건』(이진우, 태정호 옮김). 한길사, 301쪽.

13) J. Kiristeva(2008). *Das weibliche Genie Hannah Arendt*, Uebers. V. Wrobblewsky. Hamburg: EVA, p. 361.

해 비판적이다. 리쾨르는 예를 들어 반인륜적인 행위를 저지른 자에 대한 어려운 용서는 이러한 우애 관계 속에 포함될 수 없음을 강조한다.

리쾨르는 자신의 용서론에서 용서와 참회에 대해 말한다. 즉 참회를 하는 사람만이 용서를 구할 수 있으며, 용서라는 선물을 마음으로 받아들일 수 있다. 리쾨르는 불가능한 용서를 어렵게 베푸는 자에게 절대적 주도권을 있음을 분명히 한다. 동시에 그는 잘못한 자의 진정한 참회야말로 '할 수 있는 인간'으로 자기를 회복시킬 수 있는 유일한 길임을 주장하였다. 그렇다면 참회를 통해 '할 수 있는 인간'으로 자신을 회복할 수 있는 인간은 어떻게 가능한가? 참회한다는 것은 자기가 잘못을 저지른 것과는 다른 것을 '할 수 있는' 행위능력을 되찾는 존재가 될 것을 다짐하는 것이다. 이러한 자기의 잘못과는 다른 '행위하는 능력'은 사려 깊은 작은 행동들 안에서 높이 평가받게 될 것이고, 미래를 향해 다른 행위를 계획하고 다짐하는 약속의 능력을 통해 자기를 회복할 수 있다. 리쾨르는 다음과 같은 간결한 문구로 말한다: "너는 너의 행위보다 더 가치 있다."[14)]

리쾨르는 죄과 잘못을 저지를 수 있는 인간을 '인간의 본성 안에는 악에로의 성향이 있다'는 칸트의 근본악 개념을 통해 설명한다. 우리 인간은 심지어 가장 선한 행위를 하는 인간에게조차도 악의 성향이 있음을 발견하게 된다. 이 사실은 인간에게 본성적으로 악의 성향이 보편적으로 있음을 의미한다. 또한 인간이 선하게 태어났다고 하는 것은 인간에게 근원적 소질이 선하다는 것을 의미한다. 그러나 그것은 오히려 근원적으로 선한 소질, 즉 선한 소질이 내포하는 동기들을 자기의 준칙 안에 채용하는가, 혹은 하지 않는가에 따

14) P. Riecoer(2004), p. 758.

라서 자신을 선하게 혹은 악하게 만들 수도 있음을 의미한다.[15] 칸트는 인간이 악을 저를 수 있지만, 또한 후회와 참회를 통해 선한 행위를 '할 수 있는 인간'의 가능성을 철저하게 자신이 행위의 동기에 둔다. 이와 마찬가지로 리쾨르는 인류보편의 가능성으로서의 참회와 용서의 능력을 인간 자신이 다른 행위를 할 수 있는 가능성에서 규명하는 것이다.

용서는 용서를 구하는 자에게 대가 없이 베풀어진다. 이는 용서하는 자에게도 고통과 분노에 찬 과거의 기억으로부터 스스로를 해방시킨다. 용서를 구할 수 있는 자도 용서를 베풀 수 있는 자도 망각에 저항하며 기억의 작업을 멈추지 않는 사람들이다. 이들 모두가 '너희들은 너희들의 행위보다 가치가 있다'는 자기 회복의 가능성에 대한 자각으로부터 비로소 미래를 향한 새로운 삶을 약속할 수 있는 것이다.

02-3 용서와 죽음의 의미

용서는 기억하는 자들에게 이루어질 수 있다. 그렇다면 용서는 고인을 애도하는 기억의 과정에서 어떻게 발생하는가? 고인에 대한 애도의 과정에서 살아남은 자는 스스로 가해자로서 혹은 피해자로서의 기억의 상처를 치유해야 한다. 고인에 대한 애도는 저절로 떠오르는 기억을 통해서 뿐만이 아니라, 힘들게 더듬어 찾아가는 자기 반성과정에서 되찾게 되는 고인에 대한 기억을 통해 이루어진다. 고인에게 상처를 준 자신의 기억은 죄책감과 미안함으로 이어진다. 그리고 이러한 자기 행위의 잘못에 대해 자기 책임을 묻는 죄책의 과

15) 임마누엘 칸트(1997). 『이성의 한계 안에서의 종교』 (신옥희 옮김). 이화여자대학교출판부, 36쪽.

정은 실존적 자기로 되돌아가는 반성이기도 하다. 이것은 고인에게 상처를 주고 마음 아프게 한 자신의 행위를 적극적으로 떠올림으로서 자기책임을 묻는 과정인 것이다. 그래서 살아남은 자는 죽은 자를 기억하면서 자신의 잘못을 고백하고 인정하면서 고인이 베푸는 용서라는 선물을 겸허히 기다릴 수밖에 없다. 내가 고인에게 행한 결과에 대한 죄책에 대한 자기의식과 인정, 그리고 미래를 향한 새로운 주체로 회복될 수 있다는 자기 다짐은 고인이 나에게 베풀 용서를 겸허히 기다릴 수 있는 조건이 된다. 즉 용서를 구하는 조건은 타자에게 상처를 준 자신 행위에 대한 일체의 책임을 회피하지 않고 그것을 자기 것으로 인정해야 하지만, 또한 이와는 다른 행위를 '할 수 있는 인간'으로서 회복할 수 있다는 고인을 향한 자기 다짐과 약속에 있다.

이러한 애도의 과정에서 일어나는 용서의 과정은 고인의 기억이 차지하고 있는 대화의 공간 속에서 발생한다. 나는 자기 잘못에 대한 죄책의 인정과 이와는 다른 행위를 '할 수 있는 인간'으로 회복하겠다고 다짐한다. 이러한 자기 다짐은 고인의 기억과의 대화 속에서 마치 기적처럼 베풀어지는 용서의 순간을 경험하게 할 수 있다. 다른 행위를 '할 수 있는' 새로운 주체로서 태어나게 하는 용서의 선물은 그 기억의 공간 속에서 불현듯 발생할 수 있다. 용서는 항상 피해자가 가해자에게 베푸는 순간적이고 기적적인 사건이다. 즉 용서는 새롭게 나타났다가 사라지고 다시 새로운 미래에 대한 다짐과 약속의 힘을 주는 기적과 같은 선물인 것이다. 용서란 한번 일어나서 새로운 주체로 탄생하게 하는 것이 아니다. 용서란 고인을 기억하는 애도의 과정에서 늘 새롭게 반복적으로 일어났다가는 사라지는 기적과 같은 선물인 것이다.[16)]

16) 자크 데리다(2016). 『신앙과 지식, 세기와 용서』(신정아 최용호 옮김). 아카넷, 227쪽.

그래서 애도하는 자는 고인에게 상처를 준 과거의 기억에 대해 자신의 책임을 묻고 이를 인정하며 새로운 다른 행위의 주체로서 태어날 수 있다는 미래의 다짐을 하며 고인의 용서를 겸허히 기다릴 수밖에 없다. 그러나 언제 기억의 공간에서 출현할지 모를 고인의 용서는 오로지 이러한 새로운 다짐을 약속하는 애도하는 자에게만 베푸는 선물일 것이다. 살아가는 자가 고인에게 용서를 구하는 마음은 '할 수 있는 인간'으로 자기 존중을 회복하는 새로운 시작의 힘을 보여주는 것이다.

그러나 또한 고인으로부터 상처받은 기억을 가지고 살아가는 자는 어떻게 고인을 용서할 수 있는가? 상처 받은 고인에 대한 기억은 '죽을 수밖에 없는' 인간에 대한 연민과 누구나 잘못을 행할 수 있다는 인간 행위의 연약성에 대한 공감을 일으키며, 이는 조건 없는 용서로 향하게 할 수 있다. 고인을 기억하는 애도의 과정 속에서 발생하는 용서는 바로 자기가 받는 상처만큼이나 자신도 모르게 자기 행위로 인해 고인에게 상처를 줄 수 있었다는 자기반성을 동반한다. 이러한 자기반성은 이와는 다른 삶을 살고자 하는 다짐과 미래를 향한 약속의 계기를 내포하고 있다. 그래서 용서를 베푸는 자는 "너는 네가 한 행위보다 더 가치 있다."에 대한 자각을 통해 고인에 대한 기억의 상처에서 벗어나 미래의 삶의 지평위에서 새롭게 다시 시작할 수 있는 행위능력을 부여받을 수 있는 것이다.

죽은 자는 말이 없다. 그러나 죽음 그 자체가 보내는 자와 고인이 된 자 모두에게 용서를 베푼다. 보내는 자는 그에 대한 자신의 행위를 기억하고 자기 죄책을 수용하며 뉘우치며 기억의 공간에서 기적처럼 찾아올지 모를 용서를 구하는 마음으로 새로운 삶을 위한 힘을 얻는다. 또한 살아남은 자가 고인의 잘못을 무조건적으로 용서할 수 있는 힘은 바로 인간의 행위의 본성이 지닌 연약성에 대한 수용이다. 그리고 이는 결국 잘못한 행위와는 다른 선한 행위를 할 수 있는 인격에 대한 깨달음에서 비롯된다. 이 모두가 고인을 기억하는 애도의 과정에서 항상 새롭게 발생한다. 거기서 용서란 매번 새롭게 왔다가 사라지는 사건이며, 이를 통해 살아남은 자에게 매번 새롭게 살게 하는 힘을 지니게 한다.[17] 그래서 고인을 기억하고 애도하는 것은 결국 자신을 반성하며 자신의 잘못에 대해 용서를 구하고 용서를 베푸는 마음으로 나아가는 삶의 지속적 과정인 것이다.[18]

지금까지 우리의 삶에서 불가피하게 직면할 수밖에 없는 타자의 죽음의 의미를 고인을 기억하는 애도와 용서하는 과정을 통해 고찰해 보았다. 그래서 고인을 기억하는 애도와 용서의 과정이 과연 어떻게 살아가는 자들에게 다시 삶을 시작할 수 있는 다짐과 미래를 위한 약속의 기회가 될 수 있는지 생각해 볼 수 있었다.

정리하자면, 애도란 고인이 된 그를 기억해야만 한다는 기억의 의무 속에서 작동한다. 애도란 바르트가 말한 것처럼 사랑하는 사람을 떠나보내는 망각이 아니라, 사랑하는 사람이 반드시 그 자신으로 돌아오는 기억의 공간에서 출발한다. 사랑하는 사람의 기억을 보존하는 이유는 고인이 살아서 나의 삶의 행위 속에서 지속적으로 영향을 미치며 나의 삶의 이야기를 만들기 때문인 것이다. 사랑하는 사람에 대한 진정한 애도는 상실의 슬픔을 새로운 슬픔으로 변화시켜 인간의 사멸성에 대한 깨달음과 동시에 사랑하는 사람을 온전한 타자로 받아들여 새로운 연민의 주체로 태어나게 할 수 있는 것이다.

---

17) 그러나 데리다는 죄인이 참회하고 행실을 고치고 용서를 구하고 따라서 새로운 약속에 의해 변화된다는 조건, 그리하여 그가 더 이상 이전에 죄를 범했던 사람과 전적으로 동일한 사람이 되지 않을 것이라는 조건아래에서의 용서는 진정한 용서가 아니라고 말한다. 진정한 용서는 거래 조건이 없는 무조건적인 명령과 같은 것이다(자크 데리다(2016), 232쪽.

18) 공병혜(2020), 40~41쪽.

그러나 진정한 애도란 고인과의 상처받은 기억을 치유하는 용서의 과정을 통해서이다. 고인에게 잘못한 상처를 준 기억은 자기 자신의 깊은 곳으로 돌아와 자신의 죄책을 받아들이고 이를 치유하는 길로 나아가야 한다. 고인에게 상처를 준 과거의 행위에 대해 자신의 책임을 묻고 이를 인정하며 이와는 다른 행위를 할 수 있는 능력을 회복할 수 있다고 다짐해야 한다. 이것은 기억의 공간에서 언제 출현할지 모를 고인이 베푸는 용서의 조건이 될 수 있다. 또한 고인으로부터 상처 받은 기억은 '인간의 사멸성'과 '누구나 잘못을 행할 수 있다'는 인간 행위의 취약성에 대한 공감을 통해서 고인에 대한 조건 없는 용서로 향하게 할 수 있다. 애도의 과정에서 발생하는 용서야말로 고인에 대한 상처의 기억에서 벗어나게 하여 미래의 삶의 지평위에서 새롭게 다시 시작할 수 있는 힘을 얻을 수 있는 사건인 것이다. 그래서 고인을 진정으로 애도하는 것은 결국 나의 삶속에서 지속적으로 고인을 기억하여 살게 함으로써 자기 삶의 이야기로 함께 만들어 나가는 과정이라고 할 수 있다.

참고문헌

- 공병혜(2020). 「죽음에 대한 애도와 용서」. 『대동철학』92.
- 공병혜(2010). 「한국사회에서의 노인돌봄」. 『한국여성철학』13.
- 데리다, J.(2016). 『신앙과 지식, 세기와 용서』(신정아, 최용호 옮김). 아카넷.
- 바르트, R.(2018). 『애도의 일기』(김진영 옮김). 걷는 나무.
- 아렌트, H.(2001). 『인간의 조건』(이진우, 태정호 옮김). 한길사.
- 야스퍼스, K.(2019). 『철학III, 형이상학』(정영도 옮김). 아카넷.
- 칸트 I.(1997). 『이성의 한계 안에서의 종교』(신옥희 옮김). 이화여자대학교출판부.
- Kiristeva.J.(2008). *Das weibliche Genie Hannah Arendt*. Uebers. V. Wrobblewsky, Hamburg: EVA.
- Riecoer, P.(2004). *Gedachtnis Geschichte Vergessen*, (Muenchen: Wilhelm Fink).

찾아보기

ㅈ

저자소개

공병혜

고려대학교 의과대학 간호학과를 졸업하고 독일 만하임대학에서 철학, 독문학 석사 학위를, 하이델베르그 대학에서 철학박사 학위를 받았다. 대통령 소속 국가생명윤리심의 위원회 위원으로 활동하였으며, 현재 조선대학교 의과대학 간호학과 교수로 재직 중이다. 주요저서는『돌봄의 철학과 미학적 실천』,『탄생철학과 생명윤리』,『칸트-판단력 비판』,『간호윤리』, *Die aesthetische Idee in der Philosophie Kants*,『칸트와 윤리학』(공저),『칸트와 미학』(공저),『생명윤리』(공저),『생명, 인간의 경계를 묻다』(공저) 등이 있고, 역서로는『간호철학』,『미학입문』,『쉽게 읽는 쇼펜하우어-의지와 표상으로서의 세계』,『가다머 고통에 대해 말하다』,『탄생철학: 죽음의 철학을 넘어서』등이 있다.

삶과 죽음

인　　쇄 | 2023년 02월　1일
발　　행 | 2023년 02월 10일

저　　자 | 공병혜 저

발 행 인 | 회장 박철용 · 대표 박세원
발 행 처 | 수문사
주　　소 | 경기도 파주시 직지길 522
전　　화 | 031-955-7700(代)
팩　　스 | 031-955-7715
이 메 일 | soomoonsa@hanmail.net
홈페이지 | www.soomoonsa.co.kr
출판등록 | 1978년 1월 5일 제406-2009-000042호

ISBN　978-89-304-5279-3　　03130

정 가　29,000원

※ 표지이미지 출처 : Getty Images Bank